幼儿国学经典韵律活动指导

拓展幼儿多元智能

陈淑琴 茅琴美 著

上海社会科学院出版社

致谢

  本人因年龄大了,身体又不好,在这三本书出版的过程中,从稿子的整理、资料的查找、稿件的打印、稿子的校对……全过程得到了我许许多多学生的大力支持和帮助,特别是参加课题研究的实验园的园长和老师们,他们做了大量的工作,如上海市普陀区早教中心的奚岚园长、浦东新区天虹幼儿园的茅琴美园长,他们带领老师们加班加点地打印教案、整理稿件、查找资料……给了我很大的帮助,我万分地感谢他们——我亲爱的学生们。

  在我"幼儿游戏化音乐教育"36年的实验研究中,他们是我最好的学生,最得力的助手,最亲密的合作者和研究伙伴。我30多年的研究成果与他们的参与、帮助、支持分不开,特此,表示感谢!感谢我亲爱的学生们!

陈淑琴

2020年12月

前言

　　中国可以在世界上以文明古国存在几千年，是因为传统的文化被完整地保存和继承下来，生生不息了数千年。我们绝不应该忘记老祖宗的文化精髓——国学经典。这些经典具有韵律感，读起来朗朗上口，其博大精深的内涵对人生有一定的教育意义，它蕴含着丰富而深刻的人生哲理。这些经典，如《三字经》《唐诗》《百家姓》《弟子规》《童谣》等书中的传统民间故事，内容脍炙人口，蕴含着丰富的哲理，可以成就孩子的一生。

　　国学经典不但寓意深远，而且押韵，幼儿喜欢学、愿意学，但在幼儿园的课程中几乎无人问津。孩子们是否能够真正地体会到《三字经》《唐诗》等的内涵，是我们所思考的主要问题。现在许多小朋友会背一些《三字经》《唐诗》等，他们津津乐道地相互传诵着，有些孩子把书带到幼儿园中相互传阅。小朋友们对这些经典产生了浓厚的兴趣，也启发我们尝试探索对孩子们进行经典教学的想法。因此，我在几所幼儿园开展了民俗教学的研究，为了丰富经典教学的内涵，拓展幼儿教育的内容，我们选取了幼儿能够理解的，长期在民间流传的，如《黄香温席》《孔融让梨》《司马光砸缸》等传统美德的小故事作为教材进行尝试。《三字经》中的小黄香与孔融年纪虽小，但懂得孝敬父母，尊敬谦让兄长，表现了中华民族的传统美德，是每个小朋友都应该知道的。让幼儿从小接受传统美德的熏陶，并且在实际生活中应用。《三字经》等经典，只需要通过形象、直观、生动、声情并茂的教学方法，用浅显易懂的语言给孩子们讲解，孩子们是能够理解其主要内容的。不要求幼儿理解每个字的含义，只要了解小黄香、小孔融的好品质即可，并要落实到日常生活的实际之中，在受到周围人关爱的同时知道关爱别人。

　　再如，《唐诗》是三千年中华文学璀璨的明珠。诗歌是人类心灵的窗口，是情感的精灵，是灵感的造化。习诵古诗，孩子们定会被唐诗精妙的思想意境所熏陶，从而受益终身。如唐朝孟郊写的《游子吟》，歌颂了母爱的温暖、无私和博爱，是千古传诵的名篇。诗中讲到慈爱的母亲，手中拿着针线，为要出远门的孩子缝制衣裳，一针针一线线缝得密密匝匝，母亲很担心出远门的孩子迟迟不归，像小草一样的儿女即使用尽一生的情意也无法报答如春晖般伟大的母爱。古诗并配有歌曲，是对幼儿进行品德教育极好的教材,不单是教幼儿念古诗、唱古诗,更应该教育孩子知道母亲的辛苦及对自己的关爱,并要学会关爱母亲,懂得感恩。

在研究过程中,根据孩子学习中存在的问题,选择相应的教材,如幼儿不明白粮食来之不易,经常挑食,浪费粮食,我们选择了古诗《悯农》,引导幼儿通过感受古诗、唱古诗、用节奏乐演奏古诗等多种形式,使幼儿体会到农民的辛苦,萌发珍惜粮食、不浪费粮食的情感。为了激发幼儿的爱国主义情感,选择《京剧与脸谱》《中国功夫》《大中国》《四大发明》等教材,让孩子知道京剧是中国的国剧,只有中国才有。角色要画脸,脸上有红块、白块等各种图案叫脸谱,衣服有长袍、马褂、长裙、长袖,很花很漂亮,唱京剧时伴随着锣鼓点乐,走起路来很带劲,是幼儿所喜爱的戏剧。《中国功夫》是我们中华民族数百年流传下来的。中国武术源远流长,是以养身、健身、防身为一体的神功,深受广大人民群众的喜爱。

幼儿对祖国的大好河山特别向往,通过多渠道的感知,感受到《大中国》歌曲中赞美祖国大好河山的内容,从而进一步萌发了幼儿热爱我们大中国的情感。学习《四大发明》后,幼儿知道中华民族自古以来就聪明勤劳,会开动脑筋发明创造,造纸、印刷、指南针、火药,四大发明是中国人创造的,从而体会到中国人了不起,中国人最聪明,提升民族自豪感。《弟子规》,具体列述孩子在家、外出、待人接物与学习应该恪守的规范,讲解了孝敬父母、关爱兄弟、尊敬长辈、修身养性、为人处世、读书求学的具体要求,是启蒙养正、养成良好的行为习惯的最佳读物。

民俗教学的研究,根据幼儿的年龄特征,以教育学、心理学为依据,采用幼儿最喜欢的游戏活动进行;根据幼儿好动、好玩、好奇、好模仿、好胜、好参与的特点,让幼儿"乐在动中""乐在戏中""乐在寻中""乐在比中""乐在创造中""乐在参与中",设计游戏活动体现"趣学",教学活动体现"活中",让幼儿在玩中学,玩中乐,寓教于乐。如《司马光砸缸》这个教材,是中华民族几千年来家喻户晓的内容,讲述中华民族的传统美德——见义勇为、机智勇敢的好品质,是对幼儿进行教育的极好素材。《司马光砸缸》的音乐节奏鲜明、欢快,幼儿非常喜欢。我们设计了与教材相同的情景游戏,而且配有二声部朗诵,突出教材的主题思想,创设了和故事情节相吻合的游戏情境,使幼儿有身临其境的感觉,激发了幼儿内心的真实情感(朋友落水:着急、害怕、担心;朋友得救:高兴、快乐),像真的在参与抢救落水幼儿一样……

在研究过程中强调从兴趣入手,面向全休幼儿,让每个孩子充分感受理解,才能做到人人会主动的游戏,调动了每个幼儿的积极性、主动性、创造性,让孩子在唱唱、跳跳、做做、玩玩的过程中,真正学习祖国的经典的精髓。

儿童的天性未污染前,善言易入,先入为主,及其长而不易变;故人之善心、信心,须在幼小时培养,凡为人父母者,在其子女幼小时,即当教以读诵经典,以培养其根本智慧及定力……

孩子是祖国的花朵，民族的未来，家长的希望，望家长和广大幼教工作者能让孩子从小接触中华民族的传统经典读物，借先哲之风启发孩子的智慧，陶冶孩子的情操，全方位、多角度塑造孩子的性格，无疑是培养孩子成为栋梁之材的上上之选。我们就从其中国学的经典开始学习吧！这是实现孩子中国梦的好教材！

参加课题研究的实验园如下——

上海市普陀区小红帆幼儿园：奚岚、金晶、曹乐、袁泠、杨晓莉、马慧慧、王韫、樊珍兰、徐丽华、唐瑞琴、张翠屏。

上海市松江区机关幼儿园：谢惠萍、诸益华、林琼、贾朝阳、陆叶云、徐伟英、曹敏、戈丽敏、管静蕾。

上海市民办东展幼儿园：范珏、冯佩莉、朱菁、朱银琴、沈秋容、喻根容、陈娣、朱学寒、朱佳、唐燕、刘蕾、任懿、周丽林、李飞虹、宾丹、金丽。

上海市浦东新区百灵鸟幼儿园：许锡芬、王丹、韩铮、侯海芳、马虹妍、金依苓、戴伟赟、徐时英、赵颖。

上海市浦东新区天虹幼儿园：茅琴美、黄伦、王晓红、沈翠、祝晓隽、金筱隽、密晨旭、黄诗倩、王逸非、张荔华、刘珺雨、吴蔡堃、俞航、张艳。

广东省珠海市晨阳幼儿园：杨戈、葛小虹、李应常、赵佩雯、聂婷、郝蕾、邱琳、常娟。

浙江省义乌市儿童乐园幼稚园：徐欢、徐笑、倪远丹、毛逸萍、刘丹、胡敏芝、陈群雁、童晓丽、何淑萍。

上海市童的梦艺术幼儿园、上海市宝山区顾村幼儿园等。

目录

致　谢	(1)
前　言	(1)
韵律活动(大班):《三字经》之《黄香温席》《孔融让梨》	(1)
第一教时	(4)
第二教时	(7)
第三教时	(10)
音乐游戏(大班):《司马光砸缸》	(14)
第一教时	(21)
第二教时	(23)
第三教时	(25)
第四教时	(27)
韵律活动(中班):《春晓》	(31)
第一教时	(34)
第二教时	(36)
第三教时	(39)
第四教时	(42)
韵律活动(大班):《静夜思》	(47)
第一教时	(50)
第二教时	(53)
第三教时	(54)
韵律活动(大班):《游子吟》	(59)
第一教时	(63)

第二教时 ……………………………………………………………… (65)
　　第三教时 ……………………………………………………………… (67)

韵律活动(大班):《悯农》 ……………………………………………… (71)
　　第一教时 ……………………………………………………………… (74)
　　第二教时 ……………………………………………………………… (77)
　　第三教时 ……………………………………………………………… (79)

韵律活动(大班):《咏鹅》 ……………………………………………… (85)
　　第一教时 ……………………………………………………………… (89)
　　第二教时 ……………………………………………………………… (91)
　　第三教时 ……………………………………………………………… (93)

童谣游戏(大班):《摇到外婆桥》 …………………………………… (96)
　　第一教时 ……………………………………………………………… (98)
　　第二教时 ……………………………………………………………… (101)
　　第三教时 ……………………………………………………………… (104)

韵律活动(大班):上海叫卖小调《白兰花》 ………………………… (108)
　　第一教时 ……………………………………………………………… (109)
　　第二教时 ……………………………………………………………… (112)
　　第三教时 ……………………………………………………………… (115)

韵律活动(大班):民歌续编《花儿对对碰》 ………………………… (119)
　　第一教时 ……………………………………………………………… (121)
　　第二教时 ……………………………………………………………… (123)
　　第三教时 ……………………………………………………………… (125)

京剧操(大、中、小、托班):《北京,我们的首都》 ………………… (129)

音乐游戏(小班):上海童谣《卖糖粥》 ……………………………… (134)
　　第一教时 ……………………………………………………………… (136)
　　第二教时 ……………………………………………………………… (138)
　　第三教时 ……………………………………………………………… (139)

京剧舞蹈(大班):《京剧与脸谱》································ (142)
  第一教时 ······································· (145)
  第二教时 ······································· (147)
  第三教时 ······································· (150)

韵律活动(大班):《四大发明》 ···································· (153)
  第一教时 ······································· (155)
  第二教时 ······································· (160)
  第三教时 ······································· (163)

韵律活动(大班):《中国功夫》 ···································· (168)
  第一教时 ······································· (176)
  第二教时 ······································· (178)
  第三教时 ······································· (181)

韵律活动(大班):《大中国》 ······································ (187)
  第一教时 ······································· (193)
  第二教时 ······································· (196)
  第三教时 ······································· (199)

武术操(大、中、小、托班):《中国功夫》 ························· (203)

歌表演(大班):《北京,我们的首都》 ······························· (210)
  第一教时 ······································· (212)
  第二教时 ······································· (215)
  第三教时 ······································· (217)
  第四教时 ······································· (220)

参考文献 ··· (225)

韵律活动(大班)：
《三字经》之《黄香温席》《孔融让梨》

一、活动背景

《三字经》是中国儿童启蒙读物的经典，它不但寓意深远而且押韵，朗朗上口，幼儿喜欢学并愿意学，但在幼儿园课程中，较少涉及孩子是否能够理解《三字经》中的内容，是否能真正体会《三字经》的内涵，是我们思考的主要问题，值得开展民俗教学的实践研究。为丰富民俗教学的内涵，拓展幼儿园的课程内容，我们选取了幼儿能够理解的、长期在民间流传的《黄香温席》及《孔融让梨》的传统美德小故事作为教材进行尝试。

二、教材分析

（一）内容

1. 教学意义

此教材是《三字经》中两个传统美德故事，发生于东汉时期，广为流传，小黄香与小孔融年纪虽小，但懂得孝敬父母，尊敬谦让兄长，表现了中华民族的传统美德。通过学习可以让幼儿从小接受传统美德的熏陶并且在实际生活中应该学习的。

只要通过形象、直观、生动的、声情并茂的教学形式，用浅显易懂的语言，给孩子们讲解，孩子们是能够理解其主要内容的，不要求幼儿理解每个字的含义，只要了解小黄香、小孔融的好品德即可，在活动过程中萌发幼儿尊敬长辈、友爱朋友的思想感情，并要落实在日常生活的实际之中，在受到周围人关爱的同时知道关爱别人。

2. 内容解释

（1）香九龄，能温席，孝于亲，所当执。

东汉时，有个小孩，名叫黄香。在九岁的时候，母亲便病故了。黄香非常想念去世的母亲，常潸然泪下，乡里的人看到他思母的情景，都称赞他是个孝子。失去母亲的黄香，便把全部的孝心都倾注于父亲身上，家中大大小小的事情都亲自动手去做,一心一意服侍父亲。

三伏盛夏,酷热难当。黄香拿着扇子在床边扇枕席,一直扇到席子暑气全消,黄香才会请父亲上床睡觉。过了秋天,隆冬来临,黄香就会钻进冷冷的被窝儿里,用自己的身体把被子焐得暖烘烘的,然后再请父亲去睡。孝敬父母是每个子女都应该具备的好品德。这就是著名的"凉席温被"的故事。

(2) 融四岁,能让梨,弟于长,宜先知。

相传东汉末年,文学家孔融四岁那年,就知道把大的梨让给哥哥吃。弟弟尊重兄长的道理,大家从小就应该懂得。

(二)音乐

1. 此歌曲在原曲基础上摘取其中的两小段旋律,由陈淑琴改编而成,与经典朗诵、唱、接尾音突出重点内容的二声部读唱,边唱边表演,并加上节奏乐朗诵与突出主体的说白,集说、唱、朗诵、跳、奏于一体,既符合幼儿的年龄特点,又符合音乐的感知规律,使幼儿在唱唱、跳跳、奏奏、玩玩过程中受到教育。

文学经典《三字经》——"黄香温席""孔融让梨"

〔宋〕王应麟 著
谷建芬 曲
陈淑琴 改编 编儿歌 配器

1 = Be

(第一部分)经典朗诵。

| (5 1 6.1 6 5 | 3 2 3 5 0 6 6 | 3 5 2.3 2 1 | 1 2 1 5 0 6 6 |

经典朗诵: X X X | X X X | X X X | X X X
香 九 龄, 能 温 席, 孝 于 亲, 所 当 执。

X X X | X X X | X X X | X X X -
融 四 岁, 能 让 梨, 弟 于 长, 宜 先 知。 宜 先 知 -

(第二部分)唱。

(1)　　　　　(2)　　　　　(3)　　　　　(4)
1 1 1.2 | 3 3 2 3 | 2 2 2 3 2 | 1 1 1
香 九 龄, 能 温 席, 孝 于 亲, 所 当 执。

(5)　　　　　(6)　　　　　(7)　　　　　(8)
5 5 5 3 5 | 6 6 6 5 | 2 2 2 3 2 | 1 1 1
融 四 岁, 能 让 梨, 弟 于 长, 宜 先 知。

(第三部分)接尾音的二声部、唱。

$\underline{1\ 1}\ \underline{1\cdot 2}$	$\underline{3\ 3\ 2}\ 3$	$\underline{2\ 2}\ \underline{2\ 3\ 2}$	$\underline{1\ 1}\ 1$
香 九 龄，	能 温 席，	孝 于 亲，	所 当 执。

	$\underline{1\ 1\ 1\ 2}$	$\underline{3\ 2\ 3}$	$\underline{2\ 2\ 2\ 3}$	$\underline{\dot1\ \dot1\ \dot1}$
	香 九 龄	能 温 席	孝 于 亲	所 当 执

$\underline{5\ 5}\ \underline{5\ 3\ 5}$	$\underline{6\ 6}\ 5$	$\underline{2\ 2}\ \underline{2\ 3\ 2}$	$\underline{1\ 1}\ 1$
融 四 岁，	能 让 梨，	弟 于 长，	宜 先 知。

	$\underline{5\ 3\ 5}$	$\underline{6\ 6\ 5}$	$\underline{2\ 2\ 3\ 2}$	$\underline{1\ 1\ 1}$
	融 四 岁	能 让 梨	弟 于 长	宜 先 知

(第四部分)朗诵、节奏乐、说白

念 白:	香九龄	能温席	(拍手)×× ×	×× ×	孝敬父母	人人 夸
圆舞板:	0 0	0 0	×× ×××	×× ××	××××	×× ×

念 白:	小孔融	能让梨	(拍手)×× ×	×× ×	友爱朋友	我们要学他	要 学 他 — ‖
圆舞板:	0 0	0 0					× × — ‖
大 鼓:	0 0	0 0	×× ×××	×× ××	×× ××	××× ×× ×	‖
镲:	0 0	0 0		×× × —	× ×	— × × ×	— ‖

注:大鼓和镲开始时由教师敲,逐渐可以由能力强的幼儿演奏。

2. 旋律:简单、活泼,节奏感强,能激起欢快的情感。
3. 整个教材分四个部分:经典朗读—唱—结尾音的两声部—朗诵、节奏乐、说白。

(三)重点、难点

1. 难点:本首歌曲十六分音符较多,较难唱,学唱时可以放慢速度,有些字词:温席、所当执、弟于长、宜先知等,孩子不理解,不易咬准,老师用通俗易懂的语言给予解释。

2. 重点:

第一教时:幼儿学会朗读三字经后边感受边尝试学唱基本旋律,培养自学能力。

第二教时:较有感情地演唱除二声部以外整首歌曲;并学习用符合内容的不同动作表现与表达。

第三教时:用分析、比较的方法在探索中学唱接尾音的两声部。

第一教时

一、活动目标

（一）在听听、看看、说说、经典朗诵的过程中初步理解歌曲《三字经》中《黄香温席》《孔融让梨》音乐的欢快情绪及主要内容，并在反复感受的过程中试着将三字经唱进旋律中，培养幼儿的自学能力。

（二）在活动过程中，萌发尊敬长辈、谦让朋友的情感。

（三）体验集体活动的快乐。

二、活动准备

（一）幼儿已听过故事《黄香温席》《孔融让梨》，并学会了念《三字经》儿歌《夸夸小黄香和小孔融》。

（二）圆舞板、多媒体课件。

三、活动过程

（一）按节拍走路，边敲圆舞板边念《三字经》进入活动室

师："小朋友，让我们一边念《三字经》一边敲圆舞板进入活动室吧！"

《三字经》：香九龄，能温席，孝于亲，所当执。

融四岁，能让梨，弟于长，宜先知。

（二）发声练习

师："请你们一边看多媒体一边用歌声告诉我你看到了些什么？"

| 1 2 3 4 5 — | 5 4 3 2 1 — |

师：他　是　谁，　　幼：他　是　小　黄　香。
　　他　在　干什么？　　　他　在　温　　席。
　　他　是　谁，　　　　　他　是　小　孔　融。
　　他　在　干什么？　　　他　在　让　　梨。
　　我　们　大　家　　　　都　来　夸　他　们。

（接下来直接朗诵儿歌）

（三）儿歌朗诵

1. 小黄　香，真是　棒，
　　从小　知道　孝敬父　母，
　　天气　冷，被窝　凉，
　　他用　身体　去焐　热，
　　被窝　焐热　请父母　睡，
　　孝敬　父母　人人　夸，
　　人　　人　夸——。

2. 小孔　融，真懂　事。
　　　　　　　　　真懂　事。
　孝敬　兄长　会谦　让。
　　　　　　　　　会谦　让。
　大梨　让给　哥哥　吃，
　小梨　留给　他自　己，
　小梨　留给　他　自　己—。

（四）语言节奏游戏：《你帮爸爸（妈妈）做什么》

师："小朋友，我们也是孝敬爸爸妈妈的好孩子。我们用 ✗ ✗ ✗ ✗ ✗ ✗ 的节奏型（在多媒体上出示节奏）把你帮爸爸妈妈做什么事讲出来好吗？"一个说出，全体幼儿重复最后三个字。

师：你帮　爸妈　做什么？幼：我帮　爸妈　倒杯茶　全体幼儿：倒杯茶
师：你帮　爸妈　做什么？幼：我帮　爸妈　拿好包　全体幼儿：拿好包
　　　　　　　　　　　　　我帮　爸妈　拿拖鞋，摆碗筷……
　爸妈　干活　你干啥？幼：爸妈　干活　自己玩，会做的　事情　自己做……
　　　　　　　　　　　　　爸妈　干活　我看书，爸妈　干活　我安静……

（五）复习歌曲：《给爷爷奶奶敲敲腿，捶捶背》

《给爷爷奶奶敲敲腿，捶捶背》

金　潮　词曲
陈淑琴　编二声部

1 = D

孙孙｜ 3 5 6 3 ｜ 5 0 5 0 ｜ 3 5 3 6 ｜ 1 0 1 0 ｜ 3 5 3 5 ｜ 6 6 3 ｜ 5 — ｜ 5 0 ｜
　　爷爷　　　亲哟，奶奶　亲哟，　我是你的好宝　宝　哟。

爷爷｜　　　　　　 ✗ ✗ 　　　　　 ✗ ✗ 　　　　　　 ✗ ✗ ✗ ✗ ✗ ✗ ✗ ｜
　　（亲孙孙的动作和声音）（亲爷爷的动作和声音）　　你是　奶奶的好宝宝

孙孙｜ 3 5 6 3 ｜ 5 0 5 0 ｜ 3 5 3 6 ｜ 1 0 1 0 ｜ 6 1 6 1 ｜ 2 3 5 ｜ 1 — ｜ 1 — ｜
　　宝宝不撒娇哟，宝宝不胡闹哟，　我是你的好宝　　宝　　哟。

爷爷｜　　　　　　 ✗ ✗ ✗ 　　　　 ✗ ✗ ✗ 　　　　　　　　　　　　　　　｜
　　　　　　　　宝宝乖　　　好孩子你是我的好宝　宝　哟。

```
孙孙 ‖: 3 5 6 3 | 5 0 5 0 | 3 5 3 6. | 1 0 1 0 | 3 5 3 5 |
       咚咚咚咚 咚咚    敲敲背哟，  两只小手

爷爷           X X X          X X X
              真舒服          真舒服

孙孙    6 6 3 | 5 — | 5 — | 3 5 6 3 | 5 0 5 0 | 3͞ 5 3 6. | 1 0 1 0 |
       忙得   欢    哟。  咚咚咚咚   咚咚     捶捶腿    哟，

爷爷    X X. X X.            X X X          X X X
       谢谢 谢谢             真舒服         真舒服

孙孙   6. 1 | 6. 1 | 2 3͞ 5 | 1 — | 1 — :‖
      两只 小手  忙得 欢   哟

爷爷           X X. | X X. —
              谢谢   谢谢
```

（六）新授

1. 感受音乐的性质和内容

(1) 听一遍音乐。师："听听音乐有什么感觉?"（很好听、很快乐）

(2) 师："这么好听的音乐,让我们敲着圆舞板再来听一遍!"

(3) 再次听音乐,启发幼儿随意高兴地做出声势动作:自己拍手（拍腿、拍肩或互相拍手……）。

(4) 老师清唱歌曲一遍:"听听歌里唱了些什么?"（幼儿说出老师唱出,幼儿泛讲后老师小结:歌里讲了小黄香和小孔融的好事,怪不得这首音乐那么好听,听起来那么高兴）

(5) 老师边唱边表演（两遍）,后提问:"歌里唱了小黄香和小孔融的什么好事?"幼儿泛讲后,老师边放多媒体课件边讲小黄香和小孔融的故事……

2. 在反复感受音乐的过程中,启发幼儿在探索中试着将歌词填进旋律中,初步学唱歌曲

(1) 老师边指多媒体边有表情的演唱。

师："你们听听歌里的歌词唱了什么? 你们会吗?"（会）

(2) 老师（唱歌）与另一名老师（念歌词）,启发幼儿随歌曲念歌词。

师："你们发现什么了吗?"幼儿泛讲后教师小结:"歌词念完了,歌曲也唱完了。"

师:"原来这首歌曲的歌词就是我们念的《三字经》中小黄香和小孔融的事情。"

（3）师:"你们再听听,从头到尾都是念的吗?"(唱两遍:念一遍,唱两遍——一声部)幼儿泛讲后,教师小结:开始念的是诵读,念完后才是唱的。

（4）启发幼儿放慢速度随琴声用la、lu的声音轻轻跟唱(1)—(8)小节(第二部分)的基本旋律各两遍。

（5）启发幼儿放慢速度跟唱(1)—(8)小节的歌曲部分。

（坐着唱—站着唱—边看多媒体中的小黄香和小孔融的内容唱）

3. 老师边唱边表演（三遍）

师:"看到你们唱得这么好听,老师忍不住想要表演了,你们想看老师表演吗?"(想)

（1）启发幼儿为老师配唱两遍。

师:"小朋友,老师要请你们帮个忙,我在表演的时候你们能不能帮我配唱一下歌曲呢?"(能)

（2）启发幼儿随意跟随表演。

师:"我刚看到有些小朋友也想要表演了,现在就请你们跟着老师一起来做做动作吧！"

（3）老师完整表演歌曲两遍:启发幼儿随意跟唱和学说第一部分的朗读和第四部分的说白。

（七）幼儿边敲圆舞板边唱歌走出活动室。

第 二 教 时

一、活动目标

（一）在学会歌曲的基础上,启发幼儿以欢快的情绪,愉快地演唱除二声部以外的整首歌曲。

（二）启发幼儿学习用符合内容的不同动作表现歌曲。

（三）在活动过程中,萌发尊敬长辈、谦让朋友的情感。

（四）体验集体活动的快乐。

二、活动准备

（一）幼儿已听过故事《黄香温席》《孔融让梨》,并学会了念《三字经》及儿歌《夸夸小黄香和小孔融》。

（二）圆舞板、多媒体课件（本班小朋友孝敬父母、友爱兄弟的好事）。

三、活动过程

（一）脚按节拍走路，边敲圆舞板先念后唱《三字经》进入活动室

师："小朋友，让我们跟着音乐把好听的《三字经》念一念、唱一唱！"

《三字经》：香九龄，能温席，孝于亲，所当执。

融四岁，能让梨，弟于长，宜先知。

（二）发声练习

师："请你们一边看多媒体一边用歌声告诉我多媒体上的小朋友在干什么？"

| 5 3 | 5 3 1 | 1 3 1 3 | 5 — | 5 3 | 5 3 1 | 5 4 3 2 | 1 — |

师：你 看 小黄 香， 他在 干什 么？ 幼：他在 给爸 爸 暖呀 暖被 窝。
　　你 看 小孔 融， 他在 干什 么？　　　他在 给哥 哥 让呀 让梨 吃。
　　你 看 ×××， 他在 干什 么？　　　他在 给妈 妈 拿呀 拿拖 鞋。
　　你 看 ×××， 他在 干什 么？　　　他在 给爷 爷 敲呀 敲敲 背。
　　你 看 ×××， 他在 干什 么？　　　他在 给弟 弟 吃呀 吃饼 干。
　　他们 都在 学 黄香 和孔 融，　　　从小 要懂 得 孝敬 和谦 让。

（三）儿歌朗诵同第一教时。

（四）语言节奏游戏：《你帮 爷爷奶奶 做什么？》

启发幼儿用 ×× ×××× 的节奏型讲出孝敬长辈的好事。一个说出，全班幼儿重复说出最后三个字。

师：你帮 爷爷奶奶 干什么？ 幼：我帮 爷爷奶奶 拿拐棍。全体幼儿：拿拐棍

你帮 爷爷奶奶 干点啥？ 幼：我帮 爷爷奶奶 拿眼镜（搬板凳、来浇花、来摘菜……）

你给 爷爷奶奶 吃点啥？ 幼：我给 爷爷奶奶 吃蛋糕（吃香蕉、吃西瓜……）

（五）复习歌曲《帮爷爷奶奶敲敲背捶捶腿》：幼儿分两部分，分别扮演爷爷奶奶和孙子孙女，启发幼儿用歌声和动作表现出爱爷爷奶奶的情感。

1. 复习歌曲《三字经》

（1）听前奏回忆歌曲名称。

（2）唱一遍："这首歌里讲了几件事情？请你们和自己左边的朋友互相讲一讲。"

（3）老师边放多媒体边有感情地讲《三字经》的故事。

（4）边看多媒体边唱："小朋友，我们用好听的歌声高兴地来表扬小黄香和小孔融！"

2. 启发幼儿进一步感受歌曲中的除二声部以外的内容

（1）老师示范："老师唱歌以前干什么？"幼儿泛讲后教师小结："老师用朗读的方法表扬小黄香和小孔融。"

（2）老师边表演边示范："老师用朗读的方法表扬小黄香和小孔融，又用什么

方法表扬他们?"(唱歌)"唱了几遍?"(两遍)

启发幼儿跟唱两遍。师:"现在请你们也一起用唱歌的方法表扬一下小黄香和小孔融吧!"

(3) 老师再次边表演边示范:"唱了两遍后最后又用什么方法表扬小黄香和小孔融?"(用念儿歌和圆舞板)

启发幼儿边念儿歌边敲圆舞板。师:"你们能用边念儿歌边敲圆舞板的方法表扬小黄香和小孔融吗?"(能)(两遍)。

(4) 老师完整表演除二声部以外的内容,启发幼儿跟唱。

师:"小朋友想想这首《三字经》是怎样表扬小黄香和小孔融的?开始用什么方法?(朗诵)接着唱了几遍歌?(两遍)最用了什么方法?(边念儿歌边敲圆舞板)"

师:"现在让我们也来试一试!"从头到尾唱一遍:经典诵读—唱两遍歌—边念儿歌边敲圆舞板。

3. 启发幼儿用符合歌曲内容的不同动作表现歌曲

(1) 启发幼儿边唱边在探索中表演。(两遍)

① 师:"你们是怎样表演的?用表演的方法表扬谁?(小黄香和小孔融)你们是根据什么表演的?(根据歌曲内容)对,歌里唱了什么你们就表演什么?"

② 启发幼儿再次表演。师:"老师看看你们谁的动作让别人一看就知道是表扬小黄香和小孔融做的什么好事?"

(2) 启发幼儿根据歌曲的内容用符合内容的不同动作进行表演。

① 师:"我们先表演小黄香给父亲焐被窝的好事。"

A. 启发幼儿边唱边自由表演。

B. 引导幼儿逐句边唱边讨论名字的含义,启发幼儿做出相应的动作与表情。

a. 师:"嘴里唱香九龄,用动作怎样让人一看就知道唱的是香九龄?"(伸出9个手指)"怎样伸出9个手指?"(右手食指勾起来;一手伸5个手指头;另一手伸4个手指头)"你真会动脑筋!"(幼儿说出,引导幼儿唱出、做出)

b. 能温席。师:"是说黄香为他爸爸妈妈做了什么事情?"(给爸爸妈妈焐被窝的事情)

"什么时候焐被窝?"(睡觉前)"睡觉的动作怎么做?"(启发幼儿做出睡觉状的动作与表情)

c. 孝于亲。师:"对父母爷爷奶奶长辈很孝敬,说明黄香是一个很关心、疼爱、尊敬父母的孩子。可以做什么动作?"(鞠躬、抱肩、表示爱心的动作等)启发幼儿恭恭敬敬做鞠躬、爱心的动作。

d. 所当执。老师边唱"所当执",边拍 X X X 三下手,后告诉大家每个孩子都应该做到。

启发幼儿拍三下手,或右手握拳在体前点三下……意思是告诉大家要记住。老师边唱第一首香九龄的歌曲,启发幼儿做出相应的动作,及时表扬动作认真的幼儿。(两遍)

② 启发幼儿在理解孔融让梨故事每句内容的过程中,表现与表达。

A. 启发幼儿边唱边自由表演。

a. 融四岁:启发幼儿用相应的动作表示孔融四岁的动作。(右手或左手伸出四个手指头)

b. 能让梨:"小朋友想一想,小孔融很会谦让兄长朋友。谦让的动作怎样做?"启发幼儿做出后互相学习。(如做请的动作)

c. 弟于长,宜先知:"这句话是什么意思?"幼儿泛讲后老师小结:弟弟尊敬哥哥姐姐的道理,大家从小就应该知道。"这个意思怎么做?"启发幼儿随意做出。请做得好的幼儿做出后老师上升到艺术动作后引导幼儿向其学习。如两只手,分别伸出食指在自己头上方两侧画圈、做动脑筋状或拍三下手……。

B. 边唱边表演:孔融让梨。

C. 观看完整示范(老师表演两遍符合内容不一样的动作),幼儿欣赏。启发幼儿为其伴唱。

D. 完整表演一次《三字经》。启发幼儿能用好听的声音清楚地边唱边表演(两遍)。

(六)幼儿边唱边表演走出活动室

第 三 教 时

一、活动目标

(一)在初步会唱《三字经》的主旋律的基础上,通过听听、看看、奏奏、演演的基础上进一步理解歌曲的内容,较熟练地演唱歌曲。

(二)在分析、比较中学唱第三部分按尾音的两声部,要求节奏较正确,衔接紧凑。

(三)在活动过程中萌发尊敬长辈、友爱谦让朋友的情感。

(四)体验集体活动的快乐。

二、活动准备

(一)幼儿已听过故事《黄香温席》《孔融让梨》,并学会了念《三字经》及儿歌《夸夸小黄香和小孔融》。

(二)圆舞板、多媒体课件。

三、活动过程

（一）按节拍走路,边敲圆舞板边唱《三字经》进入活动室。

师:"小朋友,让我们一边唱《三字经》一边敲圆舞板进入活动室吧!"

《三字经》:香九龄,能温席,孝于亲,所当执。

融四岁,能让梨,弟于长,宜先知。

（二）发声练习同第一教时

（三）儿歌朗诵同第一教时

（四）语言游戏《如何 尊敬长辈,爱护 弟弟妹妹》

师:"小朋友,我们是友爱谦让的好孩子。我们用Ⅹ Ⅹ Ⅹ Ⅹ Ⅹ Ⅹ（出示多媒体的节奏）把你如何 尊敬长辈,如何 爱护弟妹的事情讲出来好吗?"幼儿轮流说出,一个说出,全班重复说出最后三个字。

师：如何　尊敬　长辈　幼：见了　长辈　问声好,长辈　讲话　不插　嘴……
　　　如何　尊敬　老师　幼：见了　老师　问声好,放学　回家　说再　见
　　　　　　　　　　　　　　老师　讲课　用心听,我爱　我的　好老　师……
　　　如何　爱护　弟妹　幼：我让　弟妹　吃大梨。全体：吃大梨。
　　　　　　　　　　　　　　玩具　让给　弟妹玩。全体：弟妹玩。
　　　　　　　　　　　　　　我给　弟妹　讲故事。全体：讲故事。

（五）复习歌曲：《给爷爷奶奶敲敲腿、捶捶背》,启发幼儿结对协商,分别扮演爷、孙边唱边表演。

（六）新授

1. 复习歌曲《三字经》

（1）听前奏回忆名称。

（2）唱一遍:"这首歌曲里讲了几件事情？你们两个两个互相讲讲。"

（3）启发幼儿用好听的声音,清清楚楚地演唱歌曲一遍（老师用夸大的口型进行暗示）。

（4）幼儿边表演边唱歌曲一遍。

2. 在分析、比较中学唱第三部分结尾音的二声部

（1）两位老师稍加动作进行范唱。

① 师:"小朋友听听,我们唱的《三字经》和你们唱的一样吗?"（不一样）

② 两个老师再次范唱。师:"所有的歌曲都不一样吗？（不是）再听一听、想一想,什么地方一样,什么地方不一样？ 哪个老师唱的和你们一样?"幼儿泛讲后老师小结（1—3部分）:开始高兴地念《三字经》是一样的——又高兴地唱《三字经》也是一样的——越唱越高兴,两人一起唱起了《三字经》（一个小朋友三个字三个字地唱,另一个小朋友就在这个小朋友唱到第三个字的时候紧接着用快唱的方法重复

地表扬小黄香和小孔融的好品质。)

③ 多媒体中出示第三部分接尾音的二声部的汉字,启发幼儿掌握接尾音两声部的规律。

师:"两个人一起唱时是怎么唱的?(多媒体上出示汉字)想想我唱到什么时候×老师又很快地唱出表扬黄香和孔融?"(每一句的最后一个字)

A. 教师带领幼儿练习前四句(说和唱)。

先启发幼儿用手拍出两声部的节奏,在试唱一句后再带幼儿练习前四句。

师:"小朋友,老师唱一声部,请你们用拍手的方法把二声部的节奏拍出来!"

老师唱:	香九龄,	能温席,	孝于亲,	所当执。
幼儿拍手:	×××,	×××,	×××,	×××。

师:"我们再用小铃把二声部的节奏敲出来,好吗?"(好)

老师唱:	香九龄,	能温席,	孝于亲,	所当执。
小铃:	×××,	×××,	×××,	×××。

师:"现在我们一起来试着唱一句!"(放慢速度试唱)

师:"你们唱得很不错,那现在就让我们把这四句连在一起唱一唱!"(教师带领幼儿放慢速度练习前四句——正常速度唱)

B. 启发幼儿用迁移的方法自己学唱后四句。

师:"小朋友,后面四句怎么唱呢? 老师猜你们肯定会唱了,那你们就试着将讲孔融事情的四句唱一唱!"

教师出示多媒体中的汉字:

融四岁,	能让梨,	弟于长,	宜先知。
融四岁,	能让梨,	弟于长,	宜先知。

④ 多种形式练习唱歌曲第三部分结尾音的二声部。

A. 老师带领幼儿和另一个老师配唱结尾音的二声部(三遍)。(开始放慢速度,逐渐回到原来的速度)

B. 师:"请后面的老师帮我们唱一声部,我们小朋友面对老师们接唱尾音的二声部(互换)。

3. 完整演唱

(1) 欣赏老师配节奏乐演唱。师:"看看现在老师的表演和你们一样吗?"(不一样)怎么不一样?(我们是拍手的,老师是用圆舞板还配上了镲和大鼓。)

(2) 幼儿和后面的老师分两声部对演唱(互换),老师配镲和大鼓。

（3）幼儿完整表演。幼儿分两部分，一半唱第一声部，另一半唱第二声部。老师配镲和大鼓。

（七）幼儿边唱边拿着小乐器走出活动室。

多元智能统整课程评价表

语言智能	数学逻辑智能	观察智能
1. 幼儿会念朗朗上口的《三字经》 2. 会讲《三字经》故事 3. 会诵读经典《三字经》 4. 会念接尾音的二声部 5.《语言节奏游戏》，根据老师的问题，用相应的语言问答	1. 用分析、比较法在探索中学唱二声部 2. 掌握教材表现表达的顺序，共四个部分 3. 感知分辨在二声部相应的部位接唱二声部 4. 会用相应的方法，表现四、九的数字	1. 能将观察到的图片内容进行问答练声游戏 2. 能边观察图片边理解歌词内容学唱歌曲 3. 能观察分析教师的示范表演学唱两声部

肢体智能	韵律活动(大班)：《三字经》之《黄香温席》《孔融让梨》	视觉空间智能
1. 会用肢体拍手动作表现《三字经》朗朗上口的韵律感 2. 创编歌表演，用符合内容的不同动作表现歌曲，动作协调、稚趣		1. 会用目测的方法找空地表演，互不碰撞 2. 迅速找到朋友结对找一空位置表演《三字经》

人际智能	音乐智能	内省智能
1. 两两合作表演，体验与同伴合作的快乐 2. 能感受到尊敬长辈、友爱同伴的情感氛围 3. 在师幼、幼幼的互动中体验快乐	1. 能用自然好听的声音唱歌 2. 能在第一声部相应的位置接唱第二声部，体验节奏美、和声美的情感 3. 能用相应的拍手方法表现出接尾音的两声部的节奏	1. 能集中注意力，专注地学习，用迁移的方法学唱结尾音的二声部。能将歌词填入旋律中，自学歌曲 2. 感受歌曲的内容，并能体会歌曲所蕴含的尊敬长辈、友爱同伴的情感 3. 在活动中自主、自律，能遵守节奏乐的常规

音乐游戏(大班):
《司马光砸缸》

一、设计意图

《司马光砸缸》这个音乐选自一个少儿歌舞。这个歌舞音乐节奏鲜明、欢快及朗朗上口。从孩子的兴趣出发并结合歌词内容,设计有情节、有角色的音乐游戏活动。故事本身讲述的是中华民族的传统美德——见义勇为、机智勇敢。在玩游戏的活动过程中,我们也激发幼儿关心同伴的情感,培养了机智勇敢、见义勇为的好品质。

二、朗诵歌唱

(一)二声部朗诵

司 马 光 砸 缸

陈淑琴 配二声部

有几	个	小朋	友,	围呀	围着那	大水	缸,
			小朋友				大水缸
大家	一起	捉迷	藏,	调皮	又欢	畅	—
			捉迷藏				耶!
扑通	通	一声	响,	有人	掉进了	大水	缸,
			咚!				不得了救命呀!
大家	全都	吓坏	了,	慌里	又慌	张	—
			吓坏了	怎么办怎么办		怎么	办?
有一	个	小朋	友!	名字	叫作那	司马	光,
			小朋友				司马光

搬起 一块 大石 头，	砸向那大水 缸 呀！
	好样的，	（边鼓掌）太棒了！
哐当 当 一声 响，	流水 哗啦啦 往外 淌，
	哐！	哗！
伙伴 钻出那破水 缸，	大家 齐鼓 掌——
	得救了！	（边鼓掌）太棒了！
聪明 机智的小儿 郎，	见义 勇为的 好榜样，
司马 光 好榜样，	司马 光 好榜样，
见义 勇为的好榜 样，	见义 勇为的 好榜 样————
我们 学习的好榜 样！	好 榜 样 好榜 样！————

（二）歌曲

司马光砸缸

1 = E 4/4

宋小明 词
李　昕 曲
陈淑琴 配二声部

每分钟87拍

(1) 1111 11 3333 33 | (2) 51 223 2. 0 |
(齐)哐当哐当 哐 当！哐当哐当 哐 当！司马 光砸 缸！
动作：(自拍 自拍)(互拍 互拍)(自拍 自拍)(拍地 拍地)

(3) 1111 11 3333 33 | (4) 56 112 1. 0 :‖
哐当哐当 哐 当！哐当哐当 哐 当！司马 光砸 缸！
动作：(自拍 自拍)(互拍 互拍)(自拍 自拍)(拍地 拍地)

(5) 332 1 36 1 | (6) 3.2 332 36 1 |
(独)有几 个小朋 友， 围呀围着那大水 缸，
 小朋友 大水缸
 扑通 通一声 响， 有人 掉进了大水 缸，
 咚！ 不得了救命啊！

|: (7) 3.2 3 2 5 5 5 | 1 (8) 5 5 6 1 2 - :|| 2 5 5 6 1 1 - :||

大家一起捉迷藏，　调皮又欢畅。　　　慌里又慌张。
　　　　捉迷藏　　　　　耶！
大家全都吓坏了！
　　　吓坏了！　　　　　　　　　怎么办? 怎么办? 怎么办?

| (9) 6 6 5 4 6 2 4 | (10) 6.5 6 6 5 6 2 4 |

有一个小朋友，　名字叫作司马光，
　　　　小朋友　　　　　　　　　司马光
哐当当一声响，　流水哗啦啦往外淌，
（踏脚）哐！　　　　　　　　　　哗！

|: (11) 3.2 3 2 5 5 5 | 1 (12) 6 6 5 6 3 5 5 :|

搬起一块大石头，　砸向那大水缸呀！
　　　好样的！　　　　　　　　　太棒了！

| 2 3.2 5 5 5 3 2 5 | 3 3 2 5 5 1 - :||

伙伴钻出那破水缸，　大家都齐鼓掌。
　　　得救了！　　　　　　　　　太棒了！

||: (13) 1 1 1 1 1 1 3 3 3 3 3 3 | (14) 5 1 2 2 3 2. 0 |

（齐）哐当哐当 哐当！哐当哐当 哐当！司马光砸 缸！

| (15) 1 1 1 1 1 1 3 3 3 3 3 3 | (16) 5 6 1 1 2 1. 0 :||

哐当哐当 哐当！哐当哐当 哐当！司马光砸 缸！

| (17) 6.5 6 6 5 6 2 4 | (18) 6.5 6 5 5 6 2 4 |

聪明机智的小儿郎，　见义勇为的好榜样，
司马光　好榜样，　司马光　好榜样，

| (19) 3.2 5 5 5 3 2 5 | 1 (20) 3.2 5 5 5 3 2 5 :|

聪明机智的小儿郎，　见义勇为的好榜样，
司马光　好榜样，　我们学习的好榜样，

```
       2
  3. 2 5 5 5 5   6  | 1 — — — :||
  见义勇为的 好   榜   样！
  好  榜   样！好榜   样！
```

```
         (21)                        (22)
||: 1 1 1 1  1 1 3 3 3 3  3 3 | 5 1 2 2 3  2. 0 |
(齐)哐当哐当 哐 当!哐当哐当 哐 当! 司马光砸   缸！
动作：(👏  👏 )(🙏   🙏 )(👏   👏 )(✋✋)
```

```
         (23)                        (24)
   1 1 1 1  1 1 3 3 3 3  3 3 | 5 6 1 1 2  1. 0 :||
   哐当哐当 哐 当!哐当哐当 哐 当! 司马光砸  缸！
动作：(👏  👏 )(🙏   🙏 )(👏   👏 )(✋✋)
```

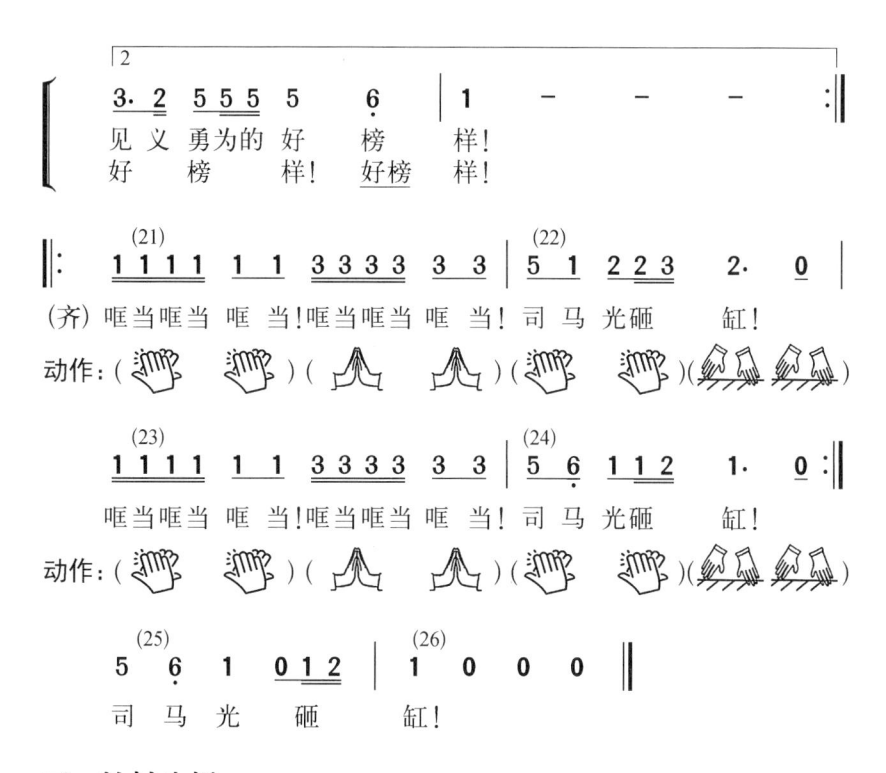

```
       (25)              (26)
   5 6  1  0 1 2 | 1  0  0  0 ||
   司 马 光 砸   缸！
```

三、教材分析

（一）教学意义

司马光是我国古代的文学家。《司马光砸缸》讲述司马光小时候和小朋友一起玩捉迷藏时，一个小朋友掉进了水缸，其他小朋友全部吓坏了，慌里慌张时，聪明、机智的司马光勇敢地搬起一块大石头砸向水缸，水流出来后朋友得救了！司马光真是一个见义勇为的好儿郎。

本教材是用音乐游戏来对幼儿进行品德教育的好教材。

1. 为什么选择"司马光砸缸"作为教材

优点：（1）这是中华民族几千年来家喻户晓的内容，是讲述中华民族的传统美德——见义勇为、机智勇敢。

（2）音乐节奏鲜明、欢快、朗朗上口，幼儿喜欢，并能够在游戏中获得愉快的情绪。

（3）教材由陈淑琴教授设计，配有两声部的朗诵。

① 突出了教材的主题思想：创设了和故事情节相吻合的情境，使幼儿有身临其境的感觉，从内心里能激发幼儿的真实情感。

（朋友落水——着急害怕、担心、慌张。朋友得救——高兴、快乐。）

② 二声部的朗诵,在玩游戏当中,既能表现游戏重要角色的活动：掉到水缸里

的小朋友，如何掉下去的，司马光如何去救落水幼儿，救出的情境，玩游戏的群众看见落水幼儿掉到缸里的心理——(<u>不得了</u>，<u>救命</u>呀！<u>怎么办</u>？<u>怎么办</u>？怎么办?)。救落水幼儿的过程，救出落水幼儿，大家欢快的心理：(<u>得救了</u>，<u>太棒了</u>!)像真的在参与抢救落水幼儿一样。

活动过程强调了从兴趣入手，面向全体幼儿，调动每个幼儿的积极性、主动性、创造性，让孩子在唱唱、跳跳、做做、玩玩的过程中，拓展多元智能。

2. 为什么用音乐游戏的方式：对幼儿进行品德教育

音乐游戏：在音乐指导下进行的游戏，音乐是游戏的灵魂，游戏的内容。情绪、玩法都是在音乐中体现出来的。此音乐游戏有音乐、有动作、有规则。

孩子只有通过反复的感受音乐游戏的音乐(音乐的内容、旋律；音乐的情绪)，会随音乐做出符合内容的不同动作，才能更好地感知音乐的形象，孩子只有反复的感受、理解音乐的内容、理解音乐和动作的关系、理解音乐和规则的关系后，才能从被动地学音乐(玩游戏)，变成主动地学习音乐(主动地玩音乐游戏)，才能会玩、知道怎么玩？为什么要这样玩，才能主动地玩，音乐活动一定要经过三教时左右的课时反复感受，头脑里才能有表象的重新组合，才能有想象力和创造力，才能从内心里产生相应的情感。有表现力地玩，孩子的音乐素质和能力，以及非音乐素质和能力，也就是音乐听觉、节奏感、感受力、表现力，以及幼儿的学习品质、注意力、观察力、自信心、学习兴趣、探索性、思维力、克服困难的学习能力、团结协作能力……诸多学习品质、多元智能才能得到发展。特别是我们要面向每个孩子，通过三至四个教时的反复感受，使每个孩子都能感受、理解，才能做到人人会主动地玩游戏，在玩中受到教育，所以司马光砸缸这个音乐游戏要分成四个课时上，逐步地做到人人会主动地玩，在玩中受到教育。

(二) 游戏程序

《司马光砸缸》游戏过程顺序图

顺　　序	内　　容
1. 齐唱 (1)—(4)小节	告诉大家司马光砸缸这件事。

续表

顺　序	内　容
2. 独唱 (5)—(12)小节	司马光救小朋友的过程。
3. 齐唱 (13)—(20)小节	赞扬司马光机智勇敢、见义勇为的好品质。
4. 齐唱 (21)—(26)小节	歌唱司马光砸缸这件事。

1. 二声部的朗诵

(1) 二声部能突出教材的主题思想。

(2) 提高幼儿练习的兴趣。

(3) 培养幼儿的节奏感。

(4) 并能培养合作协调能力。

2. 唱歌

分齐唱和独唱：独唱——叙述司马光救小朋友的过程。齐唱——赞扬司马光的好品质。

3. 观看欣赏高于孩子表演水平的《司马光砸缸》的视频，进一步理解内容，并提高审美的鉴赏力。

4. 边观看视频,边配两声部朗诵,和简单的动作进行表达与表现。

5. 游戏《司马光砸缸》：在玩游戏中进一步理解内容并根据歌曲内容、游戏规则进行表现,提高表演兴趣,在玩的过程中萌发关心朋友、见义勇为的好品质。

(三) 游戏玩法

1. 齐唱(1)—(4)小节：幼儿围成圆圈坐在地上。

2. (5)—(6)小节：幼儿站起拉手围圆圈,按节拍向右走动。

3. (7)—(8)小节：幼儿边唱边搞笑地四处躲藏(可躲在椅子的后面、坐在椅子上趴在自己腿上表示捉迷藏)。

4. (5)—(6)小节的第二段歌词："扑通通一声响"时,扮演掉在水缸的幼儿跳进圈内,其他幼儿边配念第二声部边按八分音符的节奏,小跑步迅速围成一个"水缸"(圆圈)。

5. (7)—(8)小节的第二段歌词：圈上的幼儿做各种慌张、吓坏了的表情(两手往外摊开以示"怎么办")。

6. (9)—(12)小节的第一段歌词时,扮演司马光的幼儿手做抱大石头的动作围着水缸跑,唱到"砸"时立即在两幼儿中间做切西瓜的动作,两个幼儿分别向圆圈外面的两个方向跑。

7. (9)—(12)小节的第二段歌词时,当唱到"流水哗啦啦往外淌"时,两个幼儿跑进去立即架着掉进水缸的幼儿向圈外跑(代表掉进水缸的幼儿顺水流出来得救了),唱到"大家齐鼓掌"时,得救的幼儿向司马光深鞠一躬后互相拥抱,表示感谢。其余幼儿边鼓掌边欢呼："太棒了!"(全体幼儿配念两声部)

8. (13)—(16)小节同(1)—(4)小节,可请个别幼儿敲大鼓和镲代表欢庆。大鼓、镲：耶!(幼儿在(2)、(4)小节欢呼："耶!")

9. (17)—(20)小节根据歌词内容边念二声部边做表扬的不同动作。

10. (21)—(25)小节动作同(1)—(4)小节,最后(26)小节可跳起来欢呼："耶!"(游戏可以单独玩,反复进行!)

(四) 游戏规则

1. 扮演掉在水缸的幼儿,在唱到"扑通通一声响"的"响"字时跳进"水缸"(圈内)。

2. 扮演司马光的幼儿,唱到"砸向那大水缸"的"砸"字时,在任一两个幼儿中间做切西瓜的动作,两个幼儿(扮演水)才能分别向圈外的两个方向跑,后跑进圈内把落水幼儿架出圈外。

3. 得救的幼儿应该向司马光鞠躬致谢。

(五) 音乐：中速、叙事性歌曲

1. 开始齐唱部分欢快,表现小朋友游戏和称赞司马光的好品质。

2. 独唱部分叙事吐词要清楚,要根据故事内容唱出：高兴地玩—紧张—害怕—得救后高兴的不同表情。

（六）动作

三段的齐唱部分按八分音符的节奏做节拍动作，其他内容启发幼儿做出符合内容的不同动作。

（七）重点、难点

1. 难点：旋律同音连唱，大跳较难唱，要反复感受的基础上学唱。

2. 重点

（1）每个教育活动的重点

第一教时：幼儿学会儿歌（歌词）的基础上，试着将歌词填进旋律中。

第二教时：为歌曲配二声部，并试着用符合内容的不同动作表现歌曲。

第三教时：根据歌曲内容学游戏，启发幼儿用动作和游戏的方式，在玩中表现音乐。

第四教时：引导幼儿根据歌曲内容，用符合内容的不同动作、游戏、表现音乐。

（2）表情：重点在齐唱时，要唱出欢快的情绪

独唱部分：叙事、吐词要清楚，要根据内容唱出：高兴地玩—小朋友掉进缸里紧张、害怕—小朋友得救后大家高兴的不同表情。

第 一 教 时

一、活动目标

（一）幼儿在学会《司马光砸缸》二声部的儿歌朗诵的基础上，启发幼儿在探索中将歌词填进独唱部分的旋律中，初步会唱歌曲，培养幼儿的自学能力。

（二）启发幼儿在感受中，试着用八分音符的节奏拍出一、三部分的齐唱部分，培养幼儿的节奏感。初步感受游戏内容。

（三）在活动过程中，启发幼儿理解司马光勇敢机智、见义勇为的好品质。萌发幼儿关心同伴的情感。

（四）在活动过程中，对幼儿进行自我保护的安全教育。

二、活动准备

（一）幼儿了解《司马光砸缸》的故事及司马光的一些好品质。

（二）学会《司马光砸缸》的二声部儿歌。

（三）多媒体。

三、活动过程

（一）律动

边听《司马光砸缸》音乐中的（1）—（4）小节按节拍边走边拍手，进入活动室后找空地方站好。

(二)儿歌朗诵《司马光砸缸》

(幼儿边手拿圆舞板边说开场白)

各位 朋友　听我们 讲，故　　事的 名字叫 司马 光。
听完 故事请 鼓鼓　　掌，表扬 表扬 我们的 榜样 司 马 光 —。

(念儿歌)：

1. 第一遍：边敲圆舞板边朗诵一声部儿歌《司马光砸缸》。
2. 第二遍：二声部朗诵《司马光砸缸》。

(三)发声

启发幼儿看着多媒体上的内容用好听的声音唱出。

1 2 　 3 4 　 5 — —	5 5 5 　 5 5 5	5 4 　 3 2 　 1 —

师：他　是　谁？　　　幼：司马光，司马光，　他是　司马 光。
　　他们 在干 什么？　　　 捉迷藏，捉迷藏，　他们在 捉迷 藏。
　　发生了 什么 事？　　　 好危险，好危险，　朋友掉进了 水　缸。
　　怎　么　办？　　　　 　司马光，真勇敢，　搬起　石头 砸水缸。
　　朋友　得救 了，　　 　真高兴，真高兴，　大家　喜洋 洋。
　　举起　大拇 指，　　 　夸一夸，夸一夸，　夸夸 司马 光。

(白)司马光，你真棒，你真棒！

(四)新授

1. 感受音乐的内容

(1)听一遍音乐,师:"这段音乐好听吗?"

(2)幼儿边听音乐,边看多媒体。师:"听听音乐,看看多媒体,想想讲了一件什么事?"

幼儿泛讲后老师小结:"这首歌曲,讲了一个小朋友不小心掉进了水缸,司马光勇敢地救小朋友的事情。"

(3)师:"听听音乐,再看看多媒体,想想司马光是怎样救出小朋友的?"幼儿泛讲后老师再次提问:"司马光搬起一块大石头砸水缸,司马光为什么不直接跳进水缸救小朋友,而是搬起一块大石头砸水缸救小朋友呢?"幼儿泛讲后老师小结:"司马光把水缸砸破后,水流出来了,小朋友不会淹死就得救了,如果司马光自己跳进水缸也会淹死的,因为司马光是小孩子,所以司马光真是一个会动脑筋、聪明、勇敢还会保护自己的好孩子。"

(4)老师边放多媒体边较完整地讲《司马光砸缸》的故事。

2. 启发幼儿试着将儿歌填进旋律中,培养幼儿的自学能力

(1)幼儿听歌曲,教师启发幼儿试着小声将歌词唱入旋律中。师:"你们一边

听歌曲独唱部分,一边轻轻地念儿歌,想想歌词和儿歌一样吗?"(一样)

(2) 启发幼儿放慢速度,轻轻试唱歌曲的独唱部分。

坐着唱—站着唱—看多媒体的表演唱两遍。

(3) 启发幼儿试着将儿歌唱进夸司马光的齐唱部分(聪明机智的好儿郎)。

① 师:"歌里是怎样夸司马光的,你们轻轻地慢慢地听着音乐唱一唱。"

② 幼儿坐着放慢速度唱两遍。

③ 幼儿看多媒体唱两遍。

3. 了解歌曲的顺序

(1) 师:"看看多媒体,想想歌里先唱了什么?接着又唱了什么?第三部分又唱了什么?"幼儿说出老师出示相应的图片:水缸—救出小孩—水缸—表扬司马光。

(2) 幼儿完整地演唱,启发幼儿在齐唱(1)—(4)部分及(13)—(16)小节幼儿即兴按八分音符的节奏拍手或拍腿做游戏。

幼儿在歌曲独唱部分及夸司马光的地方跟随多媒体唱两遍。

(3) 幼儿在参与游戏过程中,感知游戏玩法。

① 幼儿围坐圆圈,根据歌曲内容即兴表演,唱齐唱部分(1)—(4)小节和(13)—(16)小节,教师分别扮演掉进水缸的小孩,司马光及水缸(2人)表演歌曲内容(2遍)。

② 幼儿围圆圈,老师分别带一个幼儿扮演角色进行游戏。

③ 幼儿观看游戏示范表演录像。

④ 幼儿参与游戏。

(五)幼儿边唱歌曲边拍手走出活动室

第 二 教 时

一、活动目标

(一) 在反复感受初步会唱歌曲及会念二声部的基础上启发幼儿试着为歌曲配念二声部,要求衔接较紧凑。

(二) 在反复感受过程中了解整首歌曲演唱的顺序。

(三) 在活动过程中萌发幼儿关心朋友的情感,学习司马光见义勇为的好品质。

二、活动准备

(一) 已会唱歌曲。

(二) 会两声部朗诵。

三、活动过程

(一) 在(1)—(4)小节的音乐伴奏下脚走四分音符、手拍八分音符的节奏进入

活动室

(二) 发声练习:启发幼儿根据多媒体的内容,用歌声回答

| 1 2 | 3 4 | 5 | 5 | 5 5 5 | 5 5 5 | 5 4 | 3 2 | 1 | — |

(师)朋友　掉进　水缸,(幼)太危　险,太危　险,太　　危　　险。(白)救命呀!
　　司马光勇敢地砸水缸,　　他真棒,他真棒,朋友　得救　了。(白)耶!
　　聪明　机智的司马光,　　好榜样,好榜样,我们要学习　他。(白)学习他!

(三) 复习两声部儿歌:启发幼儿互相倾听,配合协调

(四) 复习歌曲

1. 听前奏回忆名称。

2. 复习歌曲(5)—(8)小节,启发幼儿唱出高兴及紧张的情绪和表情:"小朋友想一想,司马光他们一起玩时,心里怎么样?"(高兴)一个小朋友掉进水缸里,大家的心里怎样?(紧张、担心、害怕、不知道怎么办、心里很慌的)小朋友唱时,看谁能唱出玩游戏高兴及朋友掉进水缸里又紧张又害怕又慌张的表情。

3. 幼儿唱一遍,及时表扬有表情的幼儿。

4. 看多媒体上原唱的视频内容唱一遍。

(五) 新授:启发幼儿用为儿歌配二声部的方法为歌曲配二声部,培养幼儿的迁移能力

1. 两位老师示范表演,一位老师唱一声部,另一位老师念二声部,师:"小朋友听一听,想想两位老师是怎样表演的,唱的一样吗?"(二声部)

2. 再次欣赏,师:"小朋友再听听,想一想,老师表演的两声部和我们小朋友朗诵的儿歌《司马光砸缸》二声部有什么一样,什么不一样?"幼儿泛讲后老师小结:"内容都是一样的,都是讲的《司马光砸缸》的事情,我们的两声部都是念的,老师表扬的两声部都是唱的。"

3. 幼儿试着为歌曲配念二声部。

(1) 为独唱部分(5)—(8)小节配念两声部。

① 老师放慢速度唱第一声部,幼儿配念第二声部儿歌(两遍)。

② 幼儿为多媒体中的演唱配念两声部(两遍,摘录独唱部分)。

③ 幼儿分两声部互相配两声部。

(2) 为赞扬司马光的齐唱部分。(15)—(18)小节配念两声部。

① 放慢速度为老师配念二声部,老师用指挥的方法稳定速度。(两遍)

② 为多媒体的演唱配念两声部。

③ 幼儿分两组互相配唱。

(3) 了解完整歌曲的顺序:完整观看多媒体录像。

师:"小朋友听听、看看,歌曲先唱什么?第二部分唱什么?接着唱什么?最后又唱了什么?"幼儿说出,老师出示错误的四张图片,启发幼儿纠正后演唱。

① 完整练习,启发幼儿在(1)—(4)小节、(13)—(16)小节即兴用拍手、跺脚……方法用八分音符的节奏伴奏,其他部分配念两声部。

② 幼儿围坐在地板上演唱二声部,在(1)—(4)小节、(13)—(14)小节看着图形谱上的照片上的动作。(两遍)

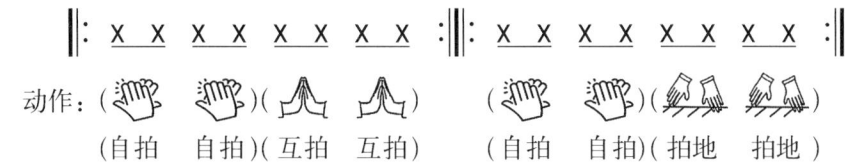

‖: ×　×　×　×　×　×　×　× :‖ ×　×　×　×　×　×　×　× :‖

动作:(✋　✋)(🙏　🙏)　(✋　✋)(👋　👋)
　　　(自拍　自拍)(互拍　互拍)　(自拍　自拍)(拍地　拍地)

③ 幼儿围坐圆圈,师幼一起玩游戏(两遍),进一步感知游戏。

(六)在《司马光砸缸》的音乐伴奏下,边唱边拍手走出活动室。

第 三 教 时

一、活动目标

(一)启发幼儿根据歌曲内容用符合内容的不同动作及游戏表现音乐。
(二)遵守游戏规则。
(三)在玩游戏的过程中,萌发幼儿关心同伴的情感,培养机智勇敢、见义勇为的好品质。

二、活动准备

幼儿会唱二声部歌曲、多媒体。

三、活动过程

(一)律动:在音乐伴奏下,幼儿用八分音符的节奏边敲舞板边走入活动室
(二)发声:启发幼儿看着多媒体上的内容用好听的声音唱出

| 1 2　3 4 | 5　- | 5 5 5　5 5 5 | 5 4　3 2 | 1　- |

师: 他　是　谁?　　幼:司马光,司马光,　他 是　司　马　光。
　　他们 在干　什么?　　 捉迷藏,捉迷藏,　他们在捉迷　藏。
　　发生了什么　事?　　 好危险,好危险,　朋友掉进了 水　缸。
　　怎　么　办?　　　　 司马光,真勇敢,　搬起　石头 砸水缸。
　　朋友 得救 了,　　　 真高兴,真高兴,　大家　喜洋　洋。
　　举起 大拇　指,　　　夸一夸,夸一夸,　夸夸 司马　光。

(白)司马光　你真棒,你真棒—

(三)复习歌曲《司马光砸缸》

1. 幼儿唱一遍一声部。
2. 幼儿边看多媒体边配唱二声部。
3. 幼儿分两部分,互相配唱二声部,提醒幼儿用心听其他声部,配合较协调。

(四)启发幼儿用符合内容的不同动作表现,并理解游戏规则

1. 启发幼儿边唱(5)—(8)小节边做符合内容的不同动作

(1) 幼儿唱一遍歌曲,师:"想一想歌里先唱了什么?"(小朋友围着缸做游戏)

① 师:"缸是什么形状?"(圆的)教师启发幼儿边唱(5)—(6)小节的第一段,脚按八分音符的节奏用小跑步边走边拉成一个大圆圈。

② 师:"他们围着大水缸做什么?"(玩捉迷藏)"捉迷藏游戏怎么做?"启发幼儿边唱(7)—(8)小节第一段随意找一个地方躲藏起来。

③ 师:"玩捉迷藏时发生了什么事?"(有一个小朋友掉进了水缸)"你们从歌里的哪句话知道有人掉进了大水缸?"(扑通通一声响)

④ 师:"大家知道有人掉进了水缸,心里怎么样?"(着急、害怕、慌张)启发幼儿唱(5)—(8)小节第二段歌词边做动作边提醒幼儿在唱到"扑通通一声响"的"响"的时候再向圈内跳,及时表扬动作到位、表情到位的幼儿。

(2) 幼儿边唱歌曲(5)—(8)小节,根据第一段和第二段歌词的内容边表演(两遍)。

2. 启发幼儿边唱歌曲(9)—(12)小节做符合内容的不同动作

(1) 幼儿唱一遍(9)—(12)小节。师:"想一想这段歌词唱了些什么?"(司马光砸缸救掉进水缸的小朋友)"我们小朋友都来做勇敢机智的司马光,想想什么时候砸水缸?"(唱到"砸向那大水缸"的"砸"时再砸水缸)幼儿边唱边用动作表现(9)—(12)小节的第一段,提醒幼儿边唱边学着司马光,搬起一块大石头,唱到"砸"时再做砸的动作。

(2) 启发幼儿边唱边用动作表演(9)—(12)小节第二段的歌词内容。

师:"小朋友现在我们既要当司马光,又要扮演被救出来的小朋友,被救出来的小朋友应该怎样向司马光表现?"(鞠躬感谢)启发幼儿边唱(9)—(12)小节边做鞠躬感谢的动作。

(3) 在探索中了解游戏的规则,全班幼儿边唱边做符合(9)—(12)小节的动作,三个老师参与一起游戏。

① 老师参与示范表演一遍,师:"小朋友想想,司马光把水缸砸碎,小朋友为什么就得救了?"(水流出来小朋友就被水冲出来了,就得救了)"现在我们来玩这个游戏,我来扮演司马光,请两个老师当水,请一个小朋友当掉进水缸的小朋友,大家围成一个圆圈当水缸。你们看一看我们是怎样救小朋友的?""司马光砸水缸后,扮

水的两个小朋友做了什么动作?"(向两边跑)"向两边跑表示快点跑去救掉进水缸里的小红,被救起来的小红做了什么动作?"(向司马光鞠躬感谢)

② 全班一起边唱(5)—(12)小节边做游戏。

师:"小朋友这个游戏里面有几个角色?"(四个)"哪四个?"(司马光、掉进水缸的小朋友我们叫他小红、水)"老师当司马光,请一个小朋友当小红,水谁当?"幼儿泛讲后老师小结:司马光在圈上砸缸,把缸砸破的地方两边的幼儿当水。在老师的提醒下,幼儿边唱边做一遍。

③ 幼儿完整做游戏,教师提醒幼儿,幼儿救出后还围坐成圆圈做游戏,(13)—(16)小节同(1)—(4)小节,(17)—(24)小节幼儿边拍手边唱,根据歌曲内容,即兴做符合内容的不同动作,及时表扬动作有创造性的幼儿(两遍)。

④ 幼儿分成三组,围成3个缸做游戏。游戏前协商好角色,强调规则,提醒幼儿动作要符合内容。

师:"现在我们班分成三组,分好后请你们先商量好角色,然后在左、中、右三个地方围成圈,看看哪一组围得又轻又快又圆!"

(五)在《司马光砸缸》的音乐伴奏下,幼儿边唱边敲圆舞板走出活动室

第 四 教 时

一、活动目标

(一)引导幼儿根据歌曲内容用符合内容的不同动作及游戏表现音乐。

(二)遵守游戏规则。

(三)在玩游戏的过程中,萌发幼儿关心同伴的情感,培养机智勇敢、见义勇为的好品质。

二、活动准备

3束花;幼儿会唱二声部歌曲,初步学会游戏。

三、活动过程

(一)律动

同第三教时

(二)发声

同第三教时

(三)复习二声部歌曲《司马光砸缸》

开场白(幼儿边敲舞板边念):

各位 朋友　听我们 讲，故　　事的 名字叫 司马 光。
听完 故事请 鼓鼓　掌，表扬 表扬 我们的 榜样 司 马 光 —。

复习二声部歌曲,幼儿分两部分,互相配唱二声部,提醒幼儿用心听他唱声部,配合比较协调。

(四)新授

1. 启发幼儿在分析探索中用符合内容的不同动作表现音乐

(1)幼儿唱一遍歌曲,师:"想一想刚刚歌里先唱了什么?"(小朋友围着缸做游戏)

① 师:"缸是什么形状?"(圆的)教师启发幼儿边唱(5)—(6)小节的第一段,脚按八分音符的节奏用小跑步边走边拉成一个大圆圈。

② 师:"他们围着大水缸做什么?"(玩捉迷藏)"玩捉迷藏时发生了什么事?"(有小朋友掉进了水缸)"你们从歌里的哪一句话知道有人掉进了大水缸?"(扑通通一声响)

③ 师:"大家知道有人掉进了水缸,心里怎么样?"(着急、害怕、慌张)启发幼儿边唱(5)—(8)小节第二段歌词边做动作提醒幼儿在唱到"扑通通一声响"的"响"的时再向圈内跳,及时表扬动作、表情好的幼儿。

(2)幼儿边唱歌曲(5)—(8)小节,根据第一段和第二段的歌词的内容边表现(两遍)

2. 启发幼儿边唱歌曲(9)—(12)小节做符合内容的不同动作

(1)幼儿唱一遍(9)—(12)小节。师:"想一想这段歌词唱了些什么?"(司马光砸缸救掉进水缸的小朋友)"司马光搬起大石头,什么时候砸水缸?"(唱到"砸向那大水缸"的"砸"时再砸水缸)幼儿边唱边用动作表现(9)—(12)小节的第一段,提醒幼儿边唱边学着司马光,搬起一块大石头,唱到"砸"时再做砸的动作。

(2)启发幼儿边唱边用动作表演(9)—(12)小节第二段的歌词内容。

师:"司马光砸缸救出小朋友后,这个小朋友是怎么向司马光表示的?"(鞠躬感谢)启发幼儿边唱(9)—(12)小节边做鞠躬感谢的动作。

3. 幼儿听歌曲,分析比较音乐和之前不同之处

(1)师:"听听,和我们原来唱的有什么不一样?"("慌里又慌张"改为"怎么办?怎么办?怎么办?")教师小结:"原来游戏中我们配念二声部,现在我们都唱一声部,而且大家看到有人掉进了水缸,很着急心里想'怎么办怎么办怎么办—'。"

"我们一起来试试看!"教师找一个小朋友扮演掉进缸里的小朋友,教师带领其他小朋友一起念"怎么办怎么办怎么办—"。

(2)师:"表扬司马光时我们应该念几声部?"(二声部)

4. 幼儿看司马光砸缸的游戏录像,巩固游戏规则

师:"歌里唱的哪一句话中哪个字的时候有人掉进了大水缸?"(扑通通一声响的"响")"我们坐在位置上来试试!"

师:"想想司马光在唱到什么的时候砸水缸?"(唱到"砸向那大水缸"的"砸"时再砸水缸)幼儿边唱边用动作表现(9)—(12)小节的第一段,提醒幼儿边唱边学着司马光搬起一块大石头,唱到"砸"时再做砸的动作。

师:"司马光砸水缸后,扮演水的两个小朋友做了什么动作?"(向两边跑)"向两边跑表示快点跑去救掉进水缸里的小红,被救起来的小红做了什么动作?"(向司马光鞠躬感谢)

5. 完整进行游戏

(1)"小朋友这个游戏里面有几个角色?"(四个)"哪四个?"(司马光、掉进水缸的小朋友、扮演水的两个小朋友)

(2)教师分配好角色后进行游戏。在老师的提醒下,幼儿边唱边做一遍。提醒幼儿,幼儿救出后还围坐成圆圈做游戏,(13)—(16)小节同(1)—(4)小节,(17)—(24)小节幼儿边拍手边唱,根据歌曲内容,即兴做符合内容的不同动作,及时表扬动作有创造性的幼儿(一遍)。

(3)幼儿分成三组,围成3个圈做游戏,游戏前启发幼儿协商好分配角色,强调规则,提醒幼儿动作要符合内容,在音乐的伴奏下,完整地玩一遍游戏。

(五)在《司马光砸缸》的音乐伴奏下,边唱边敲圆舞板走出活动室

多元智能统整课程评价表

语言智能
1. 用儿歌介绍司马光的事迹
2. 会二声部儿歌朗诵
3. 会创编感谢司马光的语言
4. 整体认读汉字：《司马光砸缸》

数学逻辑智能
1. 知道歌曲分四段：（做游戏、朋友掉水缸、救朋友、表扬司马光）
2. 围成一圈做游戏
3. 围成3个小圆圈做游戏
4. 感受歌曲，将歌词唱进旋律中，培养自学能力
5. 在感受中记住游戏的情节、规则，主动做游戏

自然观察智能
1. 幼儿看录像，了解音乐的性质和游戏规则
2. 看图片练声
3. 观看教师示范
4. 注意观察游戏的情节，根据情节的发展配相应的两声部朗诵，主动参与游戏

肢体运动智能
1. 用符合内容的不同动作表现音乐
2. 听音乐做游戏
3. 根据音乐游戏的情节，迅速用不同的动作进行游戏

音乐游戏(大班)：《司马光砸缸》

视觉空间智能
1. 找空地方，边唱边表演
2. 用目测的方法把圆圈围成圆做游戏
3. 扮演水的小朋友往两边围着圆圈跑，后回到原来的位置

人际智能
1. 会协商分配角色，互相配合做游戏
2. 知道朋友之间要互相关心、帮助

音乐智能
1. 会用自然好听的声音唱歌
2. 能掌握四分音符、八分音符的节奏，并会用符合八分音符的节奏做游戏
3. 感知四段不同内容的音乐、练声、会唱二声部歌曲
4. 培养幼儿的听觉、注意力、合作协调能力和节奏感

内省智能
1. 大方、大胆地表演，遵守游戏规则，自主和自律
2. 向司马光学习，培养幼儿见义勇为、机智勇敢的好品质

韵律活动(中班)：
《春晓》

一、活动背景

《春晓》是唐代著名诗人孟浩然所作。这首诗从听觉的角度写出了对春天的感觉，表达了诗人对春天的喜爱和惜花之情。

内容浅显易懂，音乐活泼欢快，旋律优美，音域适中，很适合中班幼儿演唱。

内容具体形象，幼儿易于用符合内容的不同动作表现与表达，可创设与内容有关的优美的情景。幼儿合作进行游戏，在游戏的过程中，通过吟古诗、贴画古诗、唱古诗、演古诗、奏古诗，寓教于乐，在玩中体验美、感受美、表现美。

二、教材分析

（一）古诗

春　晓

〔唐〕孟浩然

春眠不觉晓，
处处闻啼鸟。
夜来风雨声，
花落知多少。

1. 译文：

春天的夜晚入睡后不知不觉天就亮了，
醒来即听见到处都有鸟儿在鸣叫。
昨天夜里听见刮风下雨的声音，
不知花儿被风雨打落了多少？

晓：天刚亮的时候。闻：听见。

啼鸟：鸟叫声。眠：睡觉。

2. 诗意：

这首诗是唐代诗人孟浩然写的。这首诗描写了春天雨后清晨的美景，表现了诗人内心对春天的喜爱和惜花之情，表达了对大自然的热爱。

（二）音乐：活泼欢快古诗歌曲

春　晓

$\frac{2}{4}$ 拍

〔唐〕孟浩然 诗
岑建芬 曲
陈淑琴 编游戏配器

（前奏）　5 5 3 6 | 5 5 3 1 | 1 1 3 3 | 1 5̇ 6̇ 5̇ | 5̇ 1̇ |
（语言节奏）小 朋 友　快 快 来　我 们 一 起　逛　公　园　公 园 里 面

3　6 | 5 — | 1 — | 5 5 3 6 | 5 5 3 1 |
真 漂　亮　　有 花 有 草 有 鸟　叫　　找 个 朋 友　拉 拉 手

1 1 3 1 | 1 5̣ 6̣ 5̣ | 5̣ 6̣ | 6̣ 1 | 5̣ 0 | 0 0 ‖
找 个 空 地　坐 下 来　一 起　游 戏　多 欢 喜　多 欢 喜

（唱）5 5 3 1 | 5̇ — |
　　 春 眠 不 觉 晓

X X X X | X — |
X　X　 | X X X X |

（唱）5 5 3 1 | 2 — |
　　 处 处 闻 啼 鸟

X — | X — |
X X X X | X X X X |

(唱) ‖: 5 5 6 5 6 | 5 1 3 | 2 2 5̣ 2 | 1 — :‖
　　　夜 来　　风 雨 声　花 落 知 多　少

X　　　　 X　　　　 X　　　　 X

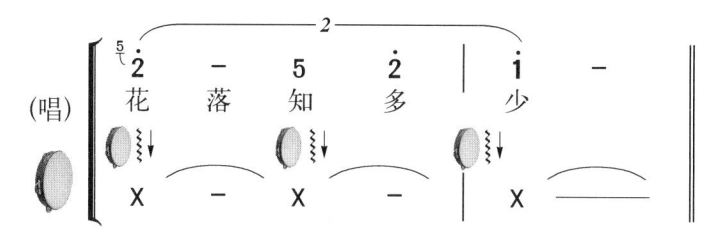

（三）节奏乐

歌曲内容生动、形象，从听觉角度如鸟叫声、风雨声，很容易引起幼儿联想，发出相应的声响，用不同的节奏型为之配乐，培养孩子和声之美。

歌词：咬准字音：春、声、知

理解词：晓：天刚亮的时候。 闻：听见。

啼鸟：鸟叫声。 眠：睡觉。

重点：

第一教时：反复感受歌曲，知道名称，理解内容。在玩游戏的过程中，启发幼儿两人（三人、四人）即兴用动作合作表现古诗内容体验一同游戏的快乐，激发幼儿快乐的心情。

第二教时：进一步感受歌曲内容，用贴画表现歌曲内容，在感受的过程中将古诗填进旋律中，学唱歌曲，培养自学能力。

第三教时：启发幼儿根据古诗的内容，想象其意境，联想乐器的音色，尝试着用节奏乐表现。

(四) 知识准备

1. 介绍古诗《春晓》,会吟诵、背诵,边念古诗边做动作。
2. 知道古诗作者的姓名,即唐代诗人孟浩然。
3. 会念《花儿好看我不摘》接尾音的两声部朗诵。
4. 示范录像表演。

第 一 教 时

一、活动目标

(一) 感受音乐的性质,知道名称、前奏,听前奏后再接唱歌曲。
(二) 在感受的过程中,启发幼儿在旋律的伴奏下根据古诗的内容创编符合内容的动作。
(三) 小朋友结伴游戏进行表达表现,体验结伴游戏的快乐。
(四) 培养幼儿对春天的喜爱和惜花之情,激发幼儿爱大自然的情感。

二、活动准备

(一) 向幼儿介绍古诗《春晓》,并学会吟诗背诵。
(二) 多媒体(音乐、录像)。

三、活动过程

(一) 游戏《到公园去游玩》

启发幼儿边念儿歌边拍手,在前奏背景音乐的伴奏下,脚走八分音符的节奏,欢快地入场。

师:"小朋友,让我们念着儿歌到公园去玩了!公园的草地很大,我们每个小朋友找到一个好朋友,在草地上找一个空地方坐下来一起做游戏吧!"(幼儿坐下后边念古诗边两人合作随音乐做动作)

(二) 发声练习:启发幼儿根据老师的问话及多媒体上的内容,用歌声回答

$\frac{2}{4}$ 拍

| 1 2 3 4 | 5 5 5 | 5 5 5 | 5 5 5 | 5 4 3 2 | 1 — |

(师)公园的 风景 怎么 样? (幼)有绿 树、有小 鸟, 还有 许多 美丽的 花。
公园的 花朵 真漂 亮! 真漂 亮、真漂 亮, 我们 大家要 爱惜它。

(三) 两声部儿歌朗诵《花儿好看我不摘》

| 公园 里 | 花儿 开 | 红的 红 | 白的 白 |
| | 花儿 开 | | 白的 白 |

| 花儿　好看 | 我不　摘 | 　 | 大家　都说 | 我真　乖 | 　 |
| 　 | 我不　摘 | 　 | 　 | 我真　乖 | 　 |

（四）新授

1. 感受歌曲的性质，知道名称

（1）听一遍歌曲。师："这首歌曲好听吗？听上去有什么感觉？"（很好听,听了很高兴）"这首歌曲听起来很高兴,很欢快,叫活泼欢快。"出示汉字"活泼欢快"，幼儿重复"活泼欢快"。

（2）幼儿边听歌曲边拍手。

（3）师："再听一遍歌曲，想想歌里唱了什么？"幼儿说出，老师念出唱出，并同时出示图片。

（4）老师边指图片边唱。师："听听歌曲，想想歌词，和哪首古诗一样？"（春晓）

"古诗《春晓》的内容就是这首歌曲的歌词，所以这首歌曲的名字就叫《春晓》。"（出示汉字"春晓"，并引导幼儿认读）。

2. 认识前奏，学习用心听前奏，会接前奏唱歌

（1）师："小朋友，再听一遍歌曲，想想从头到尾，都有歌词吗？"（开头没有歌词，前面是念儿歌，后面有歌词）幼儿泛讲后老师小结：一首歌曲唱歌之前有一段没有歌词的音乐，这段没有歌词的音乐就叫前奏。（多媒体出示汉字"前奏"，幼儿重复认读。）

（2）培养幼儿听前奏的能力。

① 完整听歌曲，启发幼儿用心听前奏，在唱歌词的地方再开始拍手。

② 完整听前奏，启发幼儿用心听前奏，在唱歌词的地方启发幼儿根据歌曲内容，即兴随意做动作。

3. 启发幼儿用符合古诗内容的不同动作表现歌曲

（1）引导幼儿逐句创编。

① 春眠不觉晓：这句古诗是什么意思？幼儿泛讲后老师小结：春天的夜晚入睡后不知不觉就天亮了。很快就天亮了，心里怎么样？（高兴）高兴可以怎样拍手？（拍……）两个人可以怎样拍手？（自拍、对拍、拉手前后耸肩等做游戏）拉手可以怎么做游戏？启发幼儿两人两人拉手边念古诗边试做动作后，老师表扬大胆表现的幼儿，提炼幼儿的动作。师："小朋友动作做得很好，有的两人面对面拉手做拍手的游戏，两人面对面拉手前后摆动、左右摆动……"

② 处处闻啼鸟：是什么意思？（就是到处都有鸟叫）鸟怎样叫？（启发幼儿试做鸟叫的动作。）鸟在哪儿叫？（幼儿泛讲后教师小结：鸟儿可以在树枝上叫，可以两只鸟对叫做游戏，还可以边飞边叫……）启发幼儿边念："处处闻啼鸟"的古诗，边

学鸟叫。"自己叫,两只鸟对叫,原地边飞边叫;两人边做游戏边飞边叫……"及时表扬大胆试做的幼儿,并请动作好的幼儿做小老师带大家一起做。

③ 夜来风雨声:这句古诗是什么意思?(夜里听见刮风下雨的声音)春天下的是小雨,刮的是小风,刮小风动作怎样做?动作重还是轻?(轻)幼儿试做后,老师小结:可以一只手刮小风,两只手轮流刮小风,两只手一起向左右刮小风。刮风时又下雨,手可以怎样做?幼儿泛讲试做后,教师小结:刮风时,手指可以抖动代表又刮小风又下小雨。启发幼儿边念一句古诗边做动作。

④ 花落知多少:这句古诗什么意思?幼儿泛讲后老师小结:不知道花被风雨打落了多少,真可惜啊!诗人孟浩然非常喜欢花、爱惜花,非常惋惜、心疼花被打落。花落下来可以做什么动作?幼儿试做后,教师小结:两只手从上到下抖动可以代表花落下来的意思。

(2) 在音乐的伴奏下,启发幼儿边念古诗边随意做一遍动作。

师:"小朋友,请你们边念古诗,边想想古诗里说的什么内容。请你们就用动作把古诗的内容做出来。"

(3) 观看符合古诗内容的不同动作示范(3遍),供幼儿选择性的模仿。

(4) 在完整的音乐伴奏下,幼儿随意跟录像跳2遍。

第一遍:"小朋友,我们到公园去玩了!"在音乐前奏的伴奏下,幼儿找朋友一起游戏,边念儿歌边拍手,然后边念古诗边做符合内容的不同动作。

第二遍:可以在前奏时边念儿歌边找另外的小朋友。

(五) 幼儿边念古诗边做动作走出活动室

第 二 教 时

一、活动目标

(一) 进一步感受歌曲的内容,并用贴花的方式表达歌曲的内容。

(二) 在感受的过程中,启发幼儿将古诗填进旋律中,学唱歌曲,培养幼儿的自学能力,并会接前奏唱歌。

(三) 培养幼儿对春天的喜爱和惜花之情,激发幼儿爱大自然的情感。

二、活动准备

PPT、春天景象的贴画。

三、活动过程

(一) 游戏《到公园玩》

启发幼儿边念儿歌边拍手,在前奏音乐的伴奏下,脚走八分音符,欢快地入场。

师："小朋友,我们去公园玩游戏吧!公园的草地很大,我们找个好朋友、找个空地方坐下来一边念古诗《春晓》,一边玩游戏,好吗?"

5 5 3 6	5 5 3 1	1 1 3 3	1 5̣ 6̣ 5̣	5 1
(念儿歌)小朋友	快快来	我们一起	逛公园	公园 里面

3 6	5 -	1 -	5 5 3 6	5 5 3 1
真漂亮	有花	有草 有鸟叫	找个朋友	拉拉手

1 1 3 1	1 5̣ 6̣ 5̣	5̣ 6̣	6 1	5 0 0 0 ‖
找个空地 坐下来	一起 游戏	多欢 喜	多欢	喜

(引导幼儿把白板放在椅子的下面,找到好朋友和空地方,一边拍手念儿歌,一边找空座位坐下。接下来请小朋友用好听的声音一边看多媒体,一边唱歌。)

(二)发声练习

1 2	3 4	5 5 5	5 5 5 5 5 5	5 4 3 2	1 -	X X X X	X X X
(师)小鸟	怎么样	叫(幼)喳喳喳	喳喳喳 喳喳喳喳	喳		(边做动作边	学鸟叫)
公园的花朵	真漂亮	真漂亮	真漂亮 真漂亮	真 漂	亮	公园的花朵	真漂亮
刮风	下雨	花落下	真可惜 真可惜	真 可	惜	花瓣 落下	真可惜

(三)两声部儿歌朗诵《花儿好看我不摘》

公园 里	花儿 开	红的 红	白的 白
	花儿 开		白的 白

花儿 好看 我不 摘	大家 都说	我真 乖
	我不 摘		我真 乖

(四)新授

1. 复习古诗《春晓》,朗诵一遍

幼儿边朗诵边做动作。

师："请小朋友一边念古诗,一边根据内容随意做动作!"

2. 进一步感受歌曲内容

(1)听歌曲内容回忆歌曲名称,出示汉字"春晓"认读。

师："小朋友上周我们学习了古诗《春晓》,你们还记得吗?我们一起来复习一遍好吗?""小朋友念得真好听。下面这首歌曲我们听一听,你们知道这首歌曲的名字吗?"(幼:春晓。出汉字"春晓",幼儿认读)

(2) 感受歌曲,听听歌曲里面唱了什么? 幼儿说出,老师并唱出相应的乐句。

师:"我们再来听一遍,请小朋友认真听哦! 听听歌词里面唱了什么? 小朋友认真听,先不唱。"(幼儿说出,老师念出并唱出相应的乐句,并出示相应的图片)

(3) 再次感受歌曲内容。

师:"小朋友再仔细想想歌曲里面唱了什么? 讲了一件什么事情? 要是把这首歌曲画一幅画应该是什么样子呢?"

3. 启发幼儿根据古诗的内容用贴画的方法表现古诗

(1) 师:"老师给你们准备了古诗内容图片,请你们按照内容顺序摆出来好吗?"(幼儿在《春晓》的伴奏下摆图片,老师巡回指导。)老师边指导边说:"春天的夜里不知不觉天就亮了,醒来时听见到处都有鸟叫声,昨天夜里听见刮风下雨的声音,不知花儿被风雨打落了多少?"(幼儿摆好后相互欣赏)

(2) 师:"小朋友在摆的画真美,那就让我们边看着图画再次完整念一遍古诗《春晓》吧!"

(3) 师:"你们摆的图片真是一幅美丽的图画。请你们边听歌曲边手指着图片轻轻地唱一遍。"

4. 启发幼儿在感受中试着将古诗填进旋律中,初步学唱歌曲并学着接前奏唱歌

(1) 师:"请你们仔细听,我们尝试一下用'啦'的声音将这首歌曲唱出来,好吗?"

(2) 师:"刚才小朋友唱得真好听,我们再改用'噜'哼唱一遍,好吗?"

(3) 师:"试着将古诗填进去吧!"

慢慢地唱一遍——边指图画边念一遍——边看多媒体边念一遍(提醒幼儿仔细听视频里面小朋友怎样接前奏)——听着音乐来唱一遍。

5. 幼儿较准确接前奏唱歌

(1) 师:"接下来请小朋友跟着钢琴放慢速度接前奏唱歌,老师在前奏的最后一拍喊'唱'提醒小朋友接前奏唱,我们试试看!"

(2) 师:"老师在前奏的最后一拍用手势来提醒小朋友接唱歌曲,行吗?"

(3) 师:"现在老师不用嘴巴提醒也不用手势提醒了,请小朋友用耳朵听,跟着钢琴接唱歌曲。"

(4) 师:"我想问问小朋友这首歌曲听起来是什么样的感觉? 这是一首欢快的歌曲,现在请小朋友试着用欢快的声音唱歌。"

(5) 师:"最后,请小朋友跟着视频里的老师一边做动作,一边唱歌!"

(五) 幼儿拿着自己的画边念儿歌边走出活动室

第 三 教 时

一、活动目标

（一）启发幼儿根据古诗内容,想象其意境,联想乐器的音色,尝试着用节奏乐伴奏。

（二）两声部伴奏时,启发幼儿互相倾听,较协调一致。

（三）启发幼儿用动作、节奏乐,听前奏进行表现与表达,体验集体表现的快乐!

二、活动准备：乐器

三、活动过程

（一）游戏《到公园去游玩》

启发幼儿边念儿歌边拍手,在前奏背景音乐的伴奏下,脚按八分音符的节奏,欢快的入场。

师："小朋友,让我们念着儿歌到公园去玩了! 公园的草地很大,我们每个小朋友找到一个好朋友,在草地上找一个空地方坐下来一起做游戏!"（幼儿坐下后边念古诗,边两人合作随意做动作）

（二）发声练习

1 2	3 4	5 5 5	5 5 5	5 5 5	5 4 3 2	1 —
(师)小鸟	怎么	花样 叫	(幼)喳喳 喳喳	喳喳 喳喳	喳喳 喳喳	喳 喳
公园的	花朵	真漂 亮	真漂 亮	真漂 亮	真 漂 亮	
刮风	下雨	花落 下	真可 惜	真可 惜	真 可 惜	

（三）两声部儿歌朗诵《花儿好看我不摘》

公园	里	花儿 开	红的 红	白的 白
		花儿 开		白的 白

花儿 好看	我不 摘	大家 都说	我真 乖
	我不 摘		我真 乖

（四）新授

1. 启发幼儿想象意境,联想乐器的音色,尝试用节奏乐伴奏。

（1）启发幼儿联想鸟叫声及小乐器发出的音色为古诗伴奏。

"小朋友想一想,春天有许多鸟在树上高兴地叫,你们每人现在有三种小乐器（小铃、圆舞板、铃鼓）,你们想一想,试一试,哪种乐器有点像小鸟叫的声音?"幼儿尝试后回答(小铃)。

"为什么?"幼儿泛讲后,老师小结:"小铃的声音细细的,很好听,有点像小鸟叫的声音。"

"小鸟怎样叫的? 你们学学小鸟叫。"幼儿随意学小鸟叫,老师选择一种节奏型,请其做老师,带领幼儿练习。老师出示节奏型,幼儿练习。

① 小鸟慢慢地叫 |X—X—|

老师带幼儿按节奏型模仿鸟叫,喳——喳——

老师唱(3)—(4)小节的歌曲,幼儿按节奏型学习鸟叫。

老师唱(3)—(4)小节的歌曲,带幼儿用小铃敲出节奏型,提醒幼儿学鸟叫。

② "小鸟欢快、高兴地叫是怎样?"幼儿说出,老师出示节奏型,幼儿练习。

|XXXX|

老师带幼儿按节奏型练习:幼儿模仿鸟叫——老师唱歌,幼儿按节奏型学鸟叫——老师唱,幼儿用小铃边敲出节奏型,边学鸟叫。

③ 幼儿分两声部用小铃分别敲出小鸟慢叫和快叫的节奏,老师边唱(3)—(4)小节并用两只手指挥两声部,使幼儿能协调一致地伴奏,两遍后互换。

(2) 启发幼儿为(5)—(6)小节伴奏。

"夜来风雨声,小朋友想一想,这一句是什么意思?"(有风声、雨声)

"想一想,有风声,又有雨声,用什么乐器伴奏?"(铃鼓)

"为什么?"(下雨时有嘀嗒嘀嗒、哗啦哗啦的声音)

"春天下的雨是大雨还是小雨?"(小雨)"对,春天下的雨是小雨,毛毛雨,下小雨的声音是大还是小?"(小)

"小朋友一边唱'夜来风雨声'这一句,一边用铃鼓试一试,这句怎样伴奏?"幼儿尝试后出示节奏型练习,提醒幼儿轻轻摇。

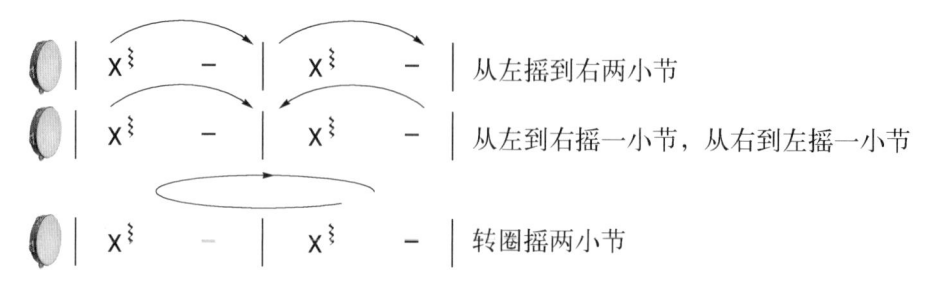

| X — X — | 从左摇到右两小节
| X — X — | 从左到右摇一小节,从右到左摇一小节
| X   —   X   — | 转圈摇两小节

(3) 启发幼儿为(7)—(8)小节伴奏。

"花落知多少? 这一句是什么意思?"(不知道花被风雨吹掉了多少?)

"花瓣从哪儿落下来?"(从树上、花枝上落下来)

"花瓣是怎样落下来的?"(从树上慢慢飘下来)

"为什么飘下来?"(因为花瓣很轻)

启发幼儿用手做花瓣,从上到下做飘落的动作。

"有风声,有雨声,花慢慢地落下来,用什么乐器伴奏呢?"(铃鼓)

"用铃鼓扮花瓣从上面落下,要轻摇还是重摇?"(轻轻摇)

① 启发幼儿用铃鼓轻轻地做从上往下轻轻摇的动作。

② 边唱(7)—(8)小节边用铃鼓伴奏。

(4)"第一句'春眠不觉晓',告诉别人春天不知不觉天亮了,用什么乐器告诉别人?"(圆舞板)。小结:"要清清楚楚地告诉别人。"

"怎么告诉别人?"启发幼儿试敲后,老师出示节奏型。

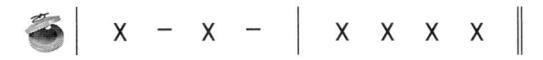

| X - X - | X X X X ‖

幼儿边唱边敲(两遍)。

(5) 幼儿分成四个部分。

① 分别用小铃(两部分)、圆舞板、铃鼓,边看节奏乐谱边演奏。

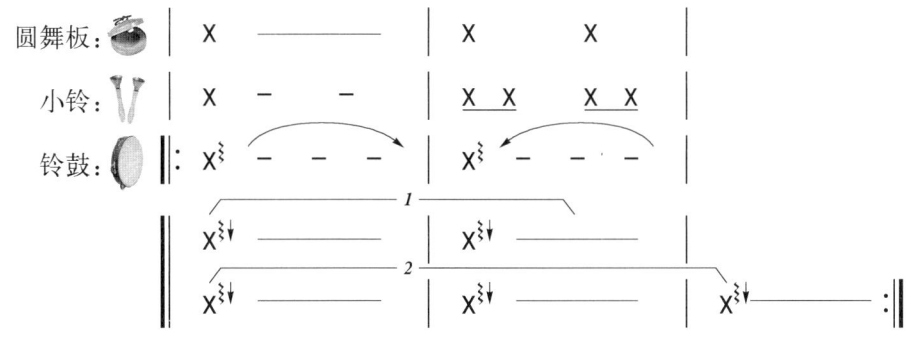

② 边唱边演奏。

③ 鼓励幼儿换另外两种乐器,尝试演奏两遍。

2. 完整表现音乐,启发幼儿用古诗朗诵、歌声、动作、节奏乐表现音乐。

① "小朋友,我们到公园去玩了。"幼儿随前奏边念儿歌,按八分音符的节奏拍手、走步。在"公园"中间拍手,自由找朋友(两人、三人、四人……),边念古诗边表演。

② 在前奏音乐伴奏下,边念儿歌边换朋友后边唱边跳(两遍)。

③ 在前奏音乐伴奏下,边念儿歌"找个位子坐坐好……"坐在位子上用乐器演奏两遍。

(五)幼儿在音乐伴奏下,拿着铃鼓边念儿歌边走出活动室

第 四 教 时

一、活动目标

（一）在反复感受的基础上，启发幼儿根据古诗的内容，想象其意境，联想乐器的音色，尝试用节奏乐伴奏。

（二）两声部伴奏时，启发幼儿互相倾听，较协调一致。

（三）启发幼儿用古诗、歌声、动作、节奏乐，听前奏，一人、两人、多人等进行表现与表达，体验集体表现的快乐！

二、准备

多媒体（音乐、录像）贴画板，每人一套小乐器。

三、活动过程

（一）游戏《到公园去游玩》

师："小朋友，我们念着儿歌到公园去玩啦。<u>小朋友</u>，<u>快快来</u>，我们 <u>一起去逛公园</u>，<u>公园</u> <u>里面</u> <u>真漂亮</u>，<u>有花</u> <u>有树</u> <u>有鸟叫</u>，<u>找个</u> <u>位置</u> <u>坐下来</u>，<u>找个</u> <u>位置</u> <u>坐下来</u>，<u>找个</u> <u>位置</u> <u>坐下来</u>，坐下来—。"

启发幼儿边念儿歌边拿着贴画板和小乐器，在前奏背景音乐的伴奏下，脚按八分音符的节奏，欢快的入场，把小乐器放在椅子下。

（二）发声练习

同第三教时。

（三）两声部儿歌朗诵《花儿好看我不摘》

同第三教时。

（四）复习歌曲

1. 看《春晓》的舞蹈录像

师："今天老师带来了一段录像，请你们看一看，录像里的小朋友是怎么来表演的。"看完录像问："你们知道这首歌曲的名字吗？你们知道这首歌曲的歌词，是哪一首古诗吗？"(《春晓》)"这首古诗是哪位诗人写的呢？"(唐代大诗人孟浩然)

2. 复习古诗

引导幼儿边念古诗边做动作。

师："你们会念这首古诗吗？下面请你们一边做动作，一边来朗诵古诗吧。"

师："你们知道这首古诗说了一件什么事吗？请小朋友每人找一个好朋友互相讲讲。"

3. 复习歌曲

(1) 师："刚才我们是用朗诵的方法来念古诗《春晓》，下面我们用歌声来唱一唱这首《春晓》吧！请小朋友找个空地方来唱歌表演。"

(2) 师："我们小朋友不仅会念古诗，会唱古诗，还会根据古诗的内容来摆画呢！请你们边唱歌曲边按照古诗内容的顺序来摆画，好吗？"

(3) 师："小朋友，请把你们的贴画举起来给客人老师看看，客人老师也会唱这首歌曲。客人老师，你们一边唱歌，一边看看我们小朋友摆得对不对？"请客人老师和小朋友看着贴画一起唱一遍歌曲。

(五) 新授

1. 启发幼儿想象意境，联想乐器的音色，尝试用节奏乐伴奏

师："小朋友，《春晓》这首古诗中'春眠不觉晓，处处闻啼鸟。夜来风雨声，花落知多少？'耳朵听到了什么声音？（鸟的叫声）还听到什么声音？（刮风下雨的声音）小朋友想一想，如果要用乐器来表现这首歌曲，要用什么乐器来表现鸟的叫声？又用什么乐器来表现刮风下雨的声音呢？"（用小铃表现鸟叫，用铃鼓表现刮风、下雨的声音）

(1) 启发幼儿联想鸟叫声及小乐器发出的音色为古诗伴奏

① 师："听！春天，树上有许多鸟在高兴地叫，小鸟怎样叫的？你们学学小鸟叫。"幼儿随意学小鸟叫。

② 师："小鸟的叫声真好听，叽—叽—喳—喳—，叽叽喳喳，请小朋友试试哪种乐器最像小鸟叫的声音？"

师："刚刚你试了这三种乐器，你觉得哪种乐器最像小鸟叫的声音？"幼儿回答（小铃）"为什么？"幼儿泛讲后，老师小结："小铃的声音细细的，很好听，真像小鸟叫的声音。"

③ 师："我们先用小铃来试试小鸟慢慢叫的声音。"

小铃 | X － X － | X － X － |

师："小鸟快快叫该怎么敲呢？"出示小鸟快叫的节奏型，教师带幼儿一起练习。

小铃 | X X X X | X X X X X X |

师："这次，我们请慢叫的小鸟和快叫的小鸟一起来表演，你们行吗？"
将幼儿分成两组，一组敲慢叫的节奏，一组敲快叫的节奏。
老师唱(3)—(4)小节的歌曲"处处闻啼鸟"，引导幼儿分两声部来敲小铃。快叫、慢叫节奏交换，再连敲两遍。

(2) 启发幼儿为(5)—(6)小节伴奏

师："夜来风雨声，小朋友想一想，这一句是什么意思？"（有风声、雨声）

师："春天刮的是大风还是小风？你们用手来刮刮看。"（幼儿自己尝试，教师将

幼儿动作上升为艺术动作。)

师:"又刮风又下雨是什么声音?"(哗啦 哗啦 滴答 滴答的声音)"我们想想,用哪种乐器伴奏?"(铃鼓)

师:"好,那我们用铃鼓来试试(教师指弧线箭头符号),咦,这个符号是什么意思啊?"(幼儿:风从左边刮到右边)"我们来试试。"……第二种方法,我们再来看看,这个符号是什么意思?(幼儿:是从这边刮过去,再从那边刮过来,我们再来试一试。)……最后一个办法,你们想到的是什么?转圈刮风。你们看,这个是什么?(幼儿:箭头朝这边,转个圆圈,我们来试一试。)

(3) 启发幼儿为(7)—(8)小节伴奏

师:"花落知多少?这一句是什么意思?"(不知道花被风雨吹掉了多少?)

师:"花是怎么落的?花瓣从哪儿落下来?"(从树上、花枝上落下来)

师:"花瓣是怎样落下来的?"(从树上慢慢飘下来)

师:"为什么飘下来?"(因为花瓣很轻)

师:"那我们用小手来做做花瓣飘落的样子。"启发幼儿用手做花瓣,从上到下做飘落的动作。

师:"好,我们拿着铃鼓来试试。咦,这个箭头是什么样的?(从上往下的)为什么是从上往下的?(表现花瓣是从树上落下来的)我们敲铃鼓时要记住,花落下来是轻轻地,慢慢地,飘下来的。"

教师带幼儿一边唱(7)—(8)小节,一边摇铃鼓。

(4) 师:"我们还有哪种乐器没用过?(圆舞板)还有哪句歌曲没伴奏?"(春眠不觉晓)"好,你们现在用圆舞板清清楚楚地告诉别人什么?"(春天入睡后不知不觉天就亮了)"好,你们用圆舞板来试一试。"

师:"我刚看到某某是这样敲的,不知—不觉—,天就亮了。我们也来学学他这个好办法。"

(5) 幼儿逐句练习圆舞板、小铃、铃鼓

① 师:"《春晓》这首歌曲一共有几句?(四句)第一句'春眠不觉晓'我们用什么乐器来伴奏?(圆舞板)……第二句'处处闻啼鸟'用什么乐器来伴奏?(小铃)。将幼儿分成两组,一组为慢叫的小鸟伴奏,另一组为快叫的小鸟伴奏。然后交换再敲一遍)……第三、四句,'夜来风雨声,花落知多少'我们用什么乐器来伴奏?(铃鼓)第三句你们想了三种办法,现在你可以选择一种你自己喜欢的办法来演奏。"

师:"多媒体说要考考你们,请你们用三种乐器同时来表演,你们行吗?看仔细你是用什么乐器来表演。拿小铃的一组从这里(手势划分)分开,看看你是做快快叫的小鸟,还是做慢慢叫的小鸟。"

A. 教师用教棒指着图形谱,配儿歌演奏两遍。

B. 师:"再看,多媒体又要变了。又快又轻拿起你的小乐器。拿小铃的一组从这里分开,看清楚谁是快快叫的小鸟,谁是慢慢叫的小鸟。"

C. 师:"现在请你们拿刚才没有拿过的乐器来演奏。"

2. 完整表现音乐,启发幼儿用古诗朗诵、歌声、动作、节奏乐表现音乐

(1)"小朋友,我们又要到公园去玩了。请小朋友找一个或者两个、三个好朋友,边念古诗边表演。"幼儿随前奏边念儿歌,按八分音符的节奏拍手、走步。在"公园"中间拍手,自由找朋友(两人、三人、四人)边念古诗边表演。表扬找最近的好朋友做朋友的幼儿。

(2)在前奏音乐伴奏下,边念儿歌边换朋友后边唱边跳,朋友换得又快又轻。"接下来,请你们念儿歌换朋友后,边唱歌曲边表演,好吗?"

(3)边按节拍敲节奏乐边念儿歌,随意找个空地方,站着演奏节奏乐。

师:"刚才我们是看着图形谱来演奏节奏乐的。接下来,我们邀请一种小乐器和我们一起来表演,行吗?请你们根据古诗的内容,想想用什么动作来边敲乐器边表现这首古诗,看谁最会创造?"(请小朋友分别拿圆舞板、小铃、铃鼓进行创造表现两遍。)

(六)幼儿在音乐伴奏下,拿着铃鼓边念儿歌边走出活动室

多元智能统整课程评价表

语言智能
1. 知道古诗的名称《春晓》，了解其内容和含义
2. 知道《春晓》的作者是唐朝诗人孟浩然
3. 会背语言节奏逛公园，欣赏春天的情景，热爱大自然的美
4. 整体认读汉字

数学逻辑智能
1. 会看节奏乐谱，根据节奏乐的形状理解代表的意思，如 （风来回吹） （花向下落）
2. 在感受探索中，自学歌曲，培养自学能力

自然观察智能
1. 会观察多媒体上的自然景色，唱进发声曲中
2. 会根据自然景色的内容（树、花），观察后合理地摆在白板上，布置出美丽的自然景色
3. 会在观察中找朋友游戏

肢体运动智能
1. 边唱边跳，边表演
2. 会根据歌曲的内容即兴用符合内容的不同动作表现

韵律活动(中班)：《春晓》

视觉空间智能
1. 教材视觉化
2. 会用目测的方法快速找到朋友，在合适的地方游戏跳舞，互不妨碍

人际智能
1. 两人、三人合作表演，体验合作表演的快乐
2. 在唱、跳、贴画，演奏节奏乐中……体验大自然的美，培养爱大自然的情感

音乐智能
1. 感受音乐的性质，根据节拍、节奏，用自然好听的声音唱《春晓》
2. 根据相应的节拍、节奏，两声部朗诵协调一致

内省智能
1. 在探索中根据歌曲的内容做出符合内容的不同动作，培养大胆、自信、创造性
2. 两个、三个小朋友跳舞，自主自律
3. 会根据节奏乐谱，该自己演奏节奏乐时再演奏，自律
4. 遵守节奏乐演奏常规

韵律活动(大班)：
《静夜思》

一、设计意图

　　这首歌曲《静夜思》的歌词来自唐朝诗人李白所做的唐诗。作曲家谷建芬谱曲而成，并由陈淑琴根据幼儿的年龄特点改编而成。

　　前奏共八小节，抒情、慢而深沉，能将人引入诗的意境中，并情不自禁地抒发思念家乡之情，所以在(5)—(8)小节中加入了配乐唐诗吟诵。

　　第(1)—(8)小节唱两遍歌曲，第(9)—(12)小节作者用音较高的旋律，激昂的情绪进一步表达了对家乡的思念之情。

　　但因旋律的音太高，不适合幼儿演唱，所以改用有激情的两声部朗诵，配其旋律，更能表达对家乡的思念之情。

　　这首唐诗歌曲根据幼儿的年龄特点改编而成，通过四个部分用不同的形式演唱，在前奏的(5)—(8)小节配有古诗吟诵—唱两遍歌曲—在歌曲(9)—(12)小节配两声部的朗诵—再唱一遍歌曲。

　　在朗诵和唱歌曲时，可以用简单、缓慢深情的、符合内容的不同动作进行表现与表达，让幼儿萌发思念故乡之情，激发热爱家乡的情感。

二、整合因素

　　(一) 了解自己的老家在哪里，自己是什么地方的人，萌发爱上海及爱故乡的情感。

　　(二) 了解月亮圆缺、月亮发光及霜的有关知识。

三、教材分析

　　(一) 古诗：静夜思(李白)

　　1. 作者简介：李白是唐朝大诗人，李白现存的诗有 900 余首，被后人誉为"诗仙"。

床前 明 月 光,疑 是 地 上 霜。
举 头 望 明 月,低 头 思 故 乡。

2. 译文：床前洒满了皎洁的月光,我以为地上铺了一层白霜。抬头望着天上的明月,不由得低头思念起家乡。静夜思：在静静的夜晚,所引起的思念。

3. 诗意：这首诗通过对秋夜月亮的描写,表现了作者对家乡深切怀念之情。

本诗：见—疑—望—思,层层递进。

疑：怀疑是、好像是。

举头：抬起头。故乡：老家。

(二)音乐：低沉、抒情、稍慢

音乐抒情稍慢,所以要唱得连贯,还要唱足两拍子的延长音。

1. 旋律难点：大跳 6 1 1 6。
2. 咬准字音：床、霜、疑似。

韵律活动：《静夜思》

（低沉、抒情、思念）

1 = C 4/4

〔唐〕李 白 诗
谷建芬 曲
陈淑琴 配器

$\underset{\text{(唱)}}{\text{4.}}$ $\underline{5\ 5}\ \overset{(21)}{\underline{6}\underline{5}}\ \underline{3\ 5}\ -\ |\ \underline{1\ 1}\ \underline{1\ 6}\ 5\cdot\ |\ \underline{6\ 1}\ \overset{(23)}{\underline{1\ 6}}\ \underline{5\ 3}\ |\ \overset{\frown}{2}\ \underline{2\cdot\ 3}\ \underline{2\ 1}\ |\ 1\ -\ -\ -\ |\overset{(25)}{}$

床前明月 光， 疑是地上霜。 举头望明月， 低头 思故 乡。

(21)—(28)

$\underline{6\ 1\ 1\ 6}\ \ 5\ 3\ |\ \overset{\frown}{2}\ \underline{2\cdot\ 3}\ \overset{(27)}{\underline{2\ 1}}\ |\ 1\ -\ -\ -\ ‖$

举头望明 月， 低头 思 故 乡。

（三）难点、重点

1. 难点

思念故乡之情是比较抽象的感情，必须通过具体事例让幼儿感知故乡（家乡、老家）的可爱，才能表现真实的情感。

2. 重点

第一教时：

（1）在听、看、说、朗诵、表现的过程中了解歌曲内容及顺序，对歌曲有一个完整、良好的印象，引起学习的兴趣和愿望。

（2）将古诗配在前奏(5)—(8)小节中。

第二教时：鼓励幼儿将歌词试着唱进旋律中，培养其自学能力。

第三教时：启发幼儿将两声部的古诗朗诵，配诵在歌曲的第(17)—(20)小节中，并看着图形谱，试着为歌曲配节奏乐。

歌曲顺序图

顺 序	内 容
1 前奏 （吟诵）	前奏(5)—(8)小节 （吟诵古诗）
2 (9)—(16)小节 （唱两遍歌曲）	唱两遍歌曲(用小铃、铃鼓)配节奏乐
3 (17)—(20)小节 （配二声部朗诵）	配二声部朗诵 $\underline{6\ 1\ 1}\ \underline{1\ 6}\ 1\ -\ |\ \underline{6\ 5}\ \underline{5\ 5}\ \underline{3\ 5}\ -\ |\ \underline{6\ 1\ 1}\ \underline{1\ 2}\cdot\dot{1}\ |\ \underline{6\ 5}\ \underline{5\ 5}\ \underline{3\ 2}\ -\ |$ 床前明月 光， 疑是地上 霜。 举头望明月， 低头思故 乡。 　　　　　明月光　　　地上霜　　　　　望明月　　　　思故乡
4 (21)—(28)小节 （唱一遍）	唱一遍歌曲

第一教时

一、活动目标

(一) 在听听、看看、说说、反复感受的过程中,了解歌曲的名称和内容,对歌曲有一个完整、良好的印象,引起学习的兴趣和学歌的愿望,知道这首诗是唐朝大诗人李白写的。

(二) 启发幼儿在聆听的基础上,在探索中将古诗吟诵配进前奏(5)—(8)小节中。

(三) 在活动过程中激发幼儿爱故乡的情感。

二、活动准备

(一) 了解唐诗《静夜思》,了解每一句话的含义并会背诵

(二) 知道故乡的含义,并知道自己的故乡在上海,知道大诗人李白是《静夜思》的作者,学会儿歌《上海·上海真正美》

三、活动过程

(一) 边念《上海·上海真正美》的儿歌,边按节拍敲圆舞板进入活动室

师:"小朋友,我们的故乡在哪里?(上海)我们边念《上海·上海真正美》边走进活动室吧!"

我们的	故乡	在上	海,	上海	上海	真正	美。
东方	明珠	电视	塔,	高耸	入云	多雄	伟。
它把	四方	信息	传过	来。			
上海的	外滩	真漂	亮,	楼群	霓虹灯	黄浦	江。
繁华	热闹的	南京	路,	来往的	游客	购物	忙。
上海的	交通	真便	当,	公交	地铁	磁悬	浮。
城隍庙的	小吃	真好	吃,	味道	真是	香得	来。
上海	上海	天天	变,	变得	越来	越美	好!
我爱	故乡	大上	海,	大	上	海	耶!

(二) 发声练习

1 2 3 4	5 5 5	5 5	5 5 5 5	5 4 3 2	1 —
(师)我们的故乡	在哪里	(幼)在上	海 在上海	我们的故乡	在上海。
上海的外滩	真漂亮	东方明珠	黄浦江	还有 金茂	大 厦。
上海的城隍庙	真热闹	看花 灯	吃小笼	还要 逛逛	豫园。

上海的交通	真发达	有公	交	有地铁	还有	磁	悬浮列	车。
上海	上海	天天变	天天	变	天天变	变得	越来	越美好。
我爱	故乡	大上海	大上	海	大上海	我爱	故乡	大上海耶!

(三)语言节奏:夸故乡《上海上海真正好》

小朋友,我们都生活在上海。上海可美了,上海是世界上有名的城市之一,是全国最大的港口,最重要的工业基地、贸易中心、科技中心、信息中心、金融中心,将来要建成世界上最大的城市之一。

(边放多媒体,结合图片的内容讲)上海有繁华热闹的南京路、淮海路、黄浦江边有外滩,外滩有世界各国各种各样形状的高楼建筑群,到了晚上各种大型的霓虹灯、电子屏、广告灯万盏齐放,五颜六色漂亮极了,真是个不夜城……

上海还有地铁、磁悬浮,还有二层、三层、四层、五层,交叉的立交桥……浦东变化就更大了,小朋友,你们把自己知道的上海最美好的地方用XXXXXX的节奏型,来夸夸上海城好吗?(一个幼儿说出,全体幼儿重复后面三个字)如:上海 上海 真正好(真正美或真是棒……)

上海	上海	有地	铁:(磁悬浮	列车	真是	快……)
上海的	衣服	最漂	亮(……)			
南浦	大桥	真雄	伟(……)			
金茂	大厦	世界之	最(……)			

(四)新授

1. 感受歌曲的性质和内容,知道歌曲名称

(1)完整听一遍音乐:听听这首音乐有什么感觉?音乐是快的还是慢的?(慢的)

(2)边听音乐,边看多媒体:这首音乐,除了觉得很慢,还有什么感觉?(很抒情,好像还有点伤心)

(3)边听音乐,边看多媒体:听听歌里唱了什么?为什么觉得歌曲是很慢的。(幼儿说出,老师唱出,并出示多媒体画面。)

① 画上有什么?画上的这位古人在干什么?(幼儿回答后,老师朗诵出相应的古诗)这首古诗叫什么名字?(《静夜思》,幼儿认读汉字"静夜思")

② 幼儿朗诵一遍:"谁能把这首诗的意思告诉大家吗?"(幼儿泛讲,老师小结)"这首诗是谁写的?"(李白)老师出示汉字"李白",幼儿读出。

老师边指画面边讲:李白写的《静夜思》是一首非常有名的诗,李白写了许多诗,到现在保存的有九百多首,称他为"诗仙"。

秋天的晚上,天上挂着明亮的月亮,照在李白的床前,好像是地上结满了白霜,他抬起头望着天上的明月,低下头来不由得思念起自己的家乡。

③ 老师边做适当的动作,边有表情的朗诵一遍。

(4) 再次边观看多媒体,边欣赏歌曲,启发幼儿随意跟做动作。

2. 感受歌曲的顺序

(1) 听听歌曲,看看表演,想想歌曲一共唱了几遍? 歌曲最前面有歌词吗?(歌曲最前面没有歌词,只有旋律叫"前奏",幼儿重复。)

(2) 出示"歌曲的顺序表"再次完整感受,"边唱边数数看,后面一共唱了几遍?"幼儿回答后,老师边指着歌曲的"顺序表"边小结:"前奏后唱了两遍—越唱越想家,后又用很高的声音唱了一遍,思故乡—最后又慢慢地有点难过的又唱一遍。"

3. 启发幼儿在聆听,探索中将古诗配进前奏旋律中的(5)—(8)小节中吟诵

(1) 老师示范,启发幼儿注意聆听。

"听听前奏中老师做了什么?"(吟诵古诗)

(2) 再次示范:"听听老师在前奏的什么时候开始吟诵的?"

(3) 两位老师示范:一位老师边哼唱旋律,边指着表格并数 1 2 3 4｜2 2 3 4｜3 2 3 4｜4 2 3 4｜暗示,另一位老师配诵:"小朋友,听听老师在第几小节开始吟诵的?"(第五小节)

(4) 启发幼儿慢慢试着将古诗配在前奏(5)—(8)小节中朗诵。

① 在老师的手势动作暗示下,试着在前奏(5)—(8)小节的音乐伴奏下吟诵古诗。

② 启发幼儿听前奏,心里数 4 小节,做 4 个手势后开始朗诵。

③ 鼓励幼儿心里逐渐记住旋律,在(5)—(8)小节中配朗诵。

4. 再次完整欣赏音乐,启发幼儿随意跟唱或适当做动作表演

(1) 小朋友,吟诵古诗前,做了什么动作?(往远处看)想想抬头看什么?(明月)边望明月心里想什么?(往远处望家乡,想念家乡。)

(2) 师再次示范:"看看老师做了几个望明月的动作?"(四个)往左右的上方做了四个望明月的动作后又干什么?(吟诵古诗)对了! 诗人抬头看看明亮的月光越看越思念故乡后,后就接着吟诵古诗"静夜思"。

5. 两位老师再次完整地边指《歌曲的顺序表》边唱一遍,启发幼儿随意边做动作边跟唱。

(五) 在古诗《静夜思》主旋律的音乐伴奏下,启发幼儿随意跟唱,并学着古人走路,按着节拍迈着方字步走出教室

第 二 教 时

一、活动目标

（一）在反复感受歌曲的基础上，边感受边试着将念的古诗《静夜思》唱进（9）—（16）小节的旋律中，学唱第一部分的歌曲，培养幼儿的自学能力。

（二）萌发爱家乡的情感。

二、活动准备

知道自己的家乡在哪儿，以及家乡的特产。

三、活动过程

（一）边吟诵古诗"静夜思"，边按节拍迈着方步适当地做着动作，自由走入教室，在教室中间四散站立（面向观众）。

（二）发声："你的家乡在哪里？"启发幼儿根据老师的问话，大胆地将自己的故乡告诉大家。

1 2　3 4　5 5　5	5 5　5　5 5　5	5 4　3 2　1　—
师：你的 家乡 在哪 里	（幼）在×× 在××	我的 家乡 在××
师：你的 家乡 产什 么	（幼）产× × 产× ×	我的 家乡 产××
师：我爱 我的 故 乡	（幼）爱故 乡 爱故 乡	我的 故乡 真可爱

（三）语言节奏游戏：《你的家乡在哪里？》

启发幼儿按着×× ×× ×× ×的节奏型，清楚地告诉大家，一个说出大家重复，及时表扬大胆、清楚地告诉大家，家乡在哪儿的幼儿。

（四）新授

1. 进一步感受歌曲：了解歌曲的性质和内容

"歌曲的名字叫什么？（静夜思）歌曲听起来怎么样？（有点慢、抒情、有想家、伤心的感觉）……幼儿泛讲后，老师小结：这是一首想念家乡的歌曲，所以音乐有点慢、抒情、很想念家乡。

2. 启发幼儿将古诗《静夜思》配进前奏（9）—（16）小节中，在教师的拍节手势及轻轻地数小节的暗示下，幼儿可按节拍随意做望故乡的动作（1234，2234，3234，4234）

（1）启发幼儿大胆地在前奏（5）—（8）小节配吟诵古诗。

（2）边看多媒体的画面，边启发幼儿聆听前奏的旋律，老师边做节拍手势，引导幼儿有感情地在（5）—（8）小节配吟诵古诗："听听这优美的音乐，我们的家乡多美啊！有山有水，有各种好吃的特产，我们真想念我们的家乡啊！"想一想在第几小节配上吟诵古诗?［第(5)小节］启发幼儿再次配吟诵古诗(两遍)启发幼儿边吟诵古诗边做动作。

3. 完整感受歌曲,进一步掌握歌曲的顺序

"听听这首歌曲《静夜思》一共分几个部分?"(四个部分：前奏；唱两遍歌曲；在高音旋律的伴奏下配二声部朗诵；最后又唱一遍歌曲)幼儿说出后出示歌曲顺序表格。

4. 启发幼儿在聆听探索中,学唱第一部分歌曲［(1)—(8)小节］

(1) 教师清唱：想想唱了什么?《静夜思》

(2) 再听一遍：你们在心里再唱一唱,试一试,歌词和古诗一样吗?(一样)

(3) 启发幼儿用 la、lu,随旋律轻轻地各唱一遍。

(4) 启发幼儿用心听旋律,将歌词填进旋律轻轻唱。

(5) 慢慢地边看多媒体,边唱两遍。

5. 完整地欣赏歌曲,启发幼儿试着跟唱除(9)—(16)小节以外的全部歌曲

提醒幼儿用心听旋律,在前奏第(5)小节才能加进吟诵古诗。衔接要紧凑(两遍),第二遍启发幼儿吟诵和唱歌时即兴随意做符合内容的不同动作。

6. 欣赏老师边唱边做动作

启发幼儿随意跟做,鼓励大胆做动作的幼儿。

(五) 边唱主旋律的歌,边按节拍,学古人迈着方字步走出教室

第 三 教 时

一、活动目标

(一) 在初步学会歌曲及了解歌曲顺序的基础上,进一步熟悉旋律,启发幼儿在探索中试着为歌曲(17)—(20)高旋律的歌曲配两声部朗诵,要求较协调一致,培养幼儿的倾听能力及注意力的分配。

(二) 完整演唱歌曲,启发幼儿根据歌曲的内容边唱边随意跟做动作。

(三) 启发幼儿看着图形谱,在探索中试着用节奏乐为歌曲伴奏。

(四) 激发幼儿爱家乡的情感。

二、活动准备

(一) 两声部朗诵古诗《静夜思》,并能熟练背诵。

(二) 了解自己的家乡在哪里,并知道家乡的特产。

三、活动过程

(一) 在音乐"静夜思"的伴奏下,边唱边按节拍迈方步,四散走入活动室中间

空地方,边唱边表演一遍。

(二) 语言节奏《我的家乡真正好》。

启发幼儿根据 ×××××× | ×××××× | 的节奏型,说出自己家乡。

如:我的 家乡 在上 海 上海 地铁 多又 多。
　　我的 家乡 在山 东 生产 许多 大红 枣。……

(三) 古诗"静夜思"两声部朗诵:要求两声部朗诵较协调一致。提醒第二声部幼儿节奏要稳,语句要抒情,念好两声部延长音的语言节奏。

如:床前 明月 光 —— ……
　　　　明月光 —— ……

1. 幼儿分两声部朗诵一遍。

2. 唱两遍歌曲后,接着幼儿分两声部朗诵一遍。

(四) 发声:根据老师的问话,启发幼儿各自唱出自己的家乡。

1 2 3 4 5 5 5	5 5 5 5 5 5	5 4 3 2 1 —
(师)你的 家乡 在哪 里?	(幼)在上海 在上海	我的 家乡 在上海
(师)你的 家乡 在哪 里?	(幼)在四川 在四川	我的 家乡 在四川
(师)你的 家乡 有什 么?	(幼)有地铁 有地铁	我的 家乡 有地铁
(师)你的 家乡 真正 好!	(幼)真正好 真正好	我爱 我的 家乡……

(五) 新授

1. 进一步感受歌曲的顺序,及每一部分的内容

(1) 欣赏老师完整演唱:"听听歌曲,想一想歌里有几个部分?(四个部分)先是怎样演唱的?接着又是怎么唱的?第三部分是怎么唱的?最后又是怎样唱的?"(幼儿说出后,老师出示歌曲的顺序表格)

(2) 边指表格,边唱一遍。

2. 欣赏三位老师第三部分的表演,引导幼儿分析、比较后试着为第三部分高音旋律配两声部朗诵

(1) "三位老师表演的第三部分一样吗?(不一样)有什么不一样?有一样的地方吗?"

(2) "再听听三位老师表演的第三部分,有什么不一样?"

幼儿泛讲后老师小结:一位老师是唱歌,另外两位老师是两声部朗诵,唱的和朗诵的内容都是古诗"静夜思"。

(3) 再次欣赏三位老师的示范表演。

"听听、看看三位老师的表演好听吗?(好听)为什么好听?"

幼儿泛讲后,老师小结:他们三位老师一起开始的,一起结束的,配合得很好,

所以很好听。

（4）老师唱第三部分歌曲，幼儿配一声部朗诵。

（5）幼儿分两部分，分别朗诵一声部和二声部，为第三部分歌曲配诵（两遍，幼儿互换两声部）提醒幼儿要互相倾听，协调一致。

3. 幼儿完整演唱歌曲

（1）老师出示不正确的歌曲顺序表格，（第三部分是歌曲）启发幼儿分析比较：

"小朋友，根据我们刚才为第三部分歌曲配二声部朗诵，看一看表格，哪一部分要改一改？"（第三部分的歌曲）幼儿泛讲后，老师出示顺序正确的表格小结："应该把第三部分歌曲，改成两声部朗诵。"

（2）幼儿按正确的歌曲顺序表完整地演唱，启发幼儿根据歌曲内容，边唱边做动作。

4. 出示简单的节奏乐图形谱：启发幼儿在探索中，用节奏乐试着为歌曲第二部分伴奏

（1）分析第一行的演奏方法。

"小朋友，你们能看懂图形谱吗？"（能）

"第一行用什么乐器演奏的？"（小铃）"慢敲，还是快敲？"（慢敲）"对，这首歌曲是抒情的，思念故乡的，所以要用小铃慢慢地敲。"

启发幼儿手拿小铃，边唱边按二分音符的时值演奏（两遍）。

（2）第二行是用什么乐器演奏的？（铃鼓）

"第二行第一个小朋友，怎样拿铃鼓敲的？边唱第三句，边带幼儿一起举起铃鼓敲（两遍）。

"第二行第二个小朋友和第一个小朋友敲铃鼓时有什么不一样的地方？"

幼儿泛讲后，教师手指图形谱小结："都是小朋友手举铃鼓敲，看看，有什么地方不一样？看看铃鼓一样吗？"（不一样）（第一个小朋友是把铃鼓举起来按节拍敲，第二个小朋友举起铃鼓在摇！）"为什么要举起来摇？"（因为铃鼓旁边有波浪{代表要摇）"摇时是要轻轻地摇，还是重重地摇？"（要轻轻地摇，因为想家心里有点难过，所以要轻轻地摇。）第二个小朋友拿到铃鼓旁边除了有波浪，还有什么？（还有一个从左向右画的弧线）"有弧线，代表什么意思？"幼儿泛讲后，老师小结："弧线代表，拿着铃鼓边摇边画弧线"。老师边唱，边拿铃鼓演示、讲解。

床前 明月 光 — （老师边拿铃鼓,边摇边按节拍敲,告诉别人天空中有明月）	疑是 地上 霜 （老师边拿铃鼓,边摇边从左向右画弧线,告诉别人月光好像地上的霜）
举头 望明 月 — （老师边拿铃鼓,边敲边按节拍敲铃鼓,告诉别人抬起头,看见天上的明月）	低头 思故 乡 （诗人抬头看完明月,低头又想念家乡,所以弧线从左向右越画越低）

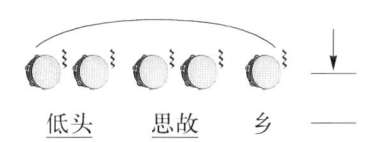

（3）老师边指多媒体上的节奏乐图形谱,边摇边讲:"这个小朋友,举头望明月后便低下头来,想念故乡的亲人,难过地摇摇头,轻轻地摇摇铃鼓。"带幼儿练习这一句,边唱边摇。（两遍）

（4）边看节奏乐图形谱,边唱边带幼儿演奏两遍。提醒幼儿换乐器时动作要快、要轻,衔接要紧凑。

5. 引导幼儿看着歌曲顺序图,完整地练习

（1）按歌曲顺序图逐部分练习

① "第一部分前奏小朋友怎样演唱?"（配吟诵古诗）

"看看哪个小朋友能把《静夜思》中古人想念家乡的情感表现出来!"带幼儿有感情地在前奏的音乐伴奏下,吟诵古诗《静夜思》一遍。

② "看看歌曲顺序图,想想小朋友该怎样演唱?"（边唱边敲节奏乐）"每人拿几样乐器?"（两样）"两样什么乐器?"（小铃和鼓铃）请幼儿轻轻地拿出小铃和鼓铃放在脚前。"看看哪个小朋友,认真地看着节奏乐图形谱演奏,换乐器时又轻又快。"引导幼儿边唱边演奏节奏乐两遍,及时表扬放乐器又快又轻的幼儿。

③ 看看第三部分,"音乐很高时,小朋友在干什么?"（两声部朗诵）幼儿分成两声部在音乐伴奏下,看着老师的手势指挥,念两声部,提醒第二声部衔接要紧凑,第二遍两个声部的幼儿互换。

④ 看看第四部分:小朋友该怎么唱?（唱一遍歌曲）幼儿演唱一遍。

（2）幼儿分两声部,看着歌曲顺序表,在老师的指挥下,边听着音乐完整地练习一遍,老师简单讲评后,两声部互换再完整演唱一遍。

（六）幼儿手拿节奏乐,听着主旋律按节拍,边唱边迈着方字步走出活动室

多元智能统整课程评价表

语言智能
1. 理解古诗《静夜思》的内容、含义，会吟诵
2. 理解词意，整体认读《静夜思》
3. 语言节奏夸夸家乡
4. 知道古诗《静夜思》的作者，李白是唐朝大诗人

数学逻辑智能
1. 会看歌曲演唱的顺序表，分四大部分，并知道每部分的演唱内容
2. 用迁移的方法，在探索中学唱歌曲，培养自学能力
3. 用分析、比较的方法学习节奏乐的演奏方法
4. 用迁移的方法发声：夸夸家乡

自然观察智能
1. 会观察多媒体上的图片、表格，了解其内容，讲出和唱出
2. 听、看、观察老师的示范，了解二声部的演唱方法
3. 观察多媒体的内容，启发爱家乡的情感

肢体运动智能
1. 用肢体动作表演，并能根据歌曲的内容，用符合内容的不同动作表现
2. 会按音乐的节奏，迈着方字步学习古人走路

韵律活动(大班)：《静夜思》

视觉空间智能
1. 教材视觉化
2. 用目测的方法找到合适的地方表演，互不碰撞

人际智能
1. 体验合作表演的快乐
2. 会和同伴合作表演，配合紧凑
3. 爱家乡的情感

音乐智能
1. 感受音乐的性质，根据歌曲的内容，有感情地用自然好听的声音演唱
2. 两声部朗诵，协调一致
3. 用齐唱、吟诵、二声部朗诵及用节奏乐边唱边表现歌曲的情感

内省智能
1. 学会古诗后，在感受探索中将歌词填入旋律中，培养幼儿的自学能力
2. 根据节奏型编出赞美家乡的语言节奏，培养爱家乡的情感
3. 在活动中，大胆、自信、自主、自律
4. 和同伴配合演唱二声部

韵律活动（大班）：《游子吟》

一、设计意图

《游子吟》是唐朝诗人孟郊所写的,歌颂了母爱的温暖、无私和博爱,是千古传诵的名著。诗中讲到慈爱的母亲手中拿着针线,为要出远门的孩子缝制衣裳,一针针、一线线缝得密密匝匝。母亲很担心出远门在外的孩子,迟迟不回,像小草一样的儿女,即使用尽一生的情意也无法报答犹如春晖一般伟大的母爱。

这首古诗歌曲是对幼儿进行品德教育的极好教材,不单纯是教会幼儿念古诗、唱古诗的歌曲,更应该教育幼儿知道母亲的辛苦及对自己的关爱。并要学会关爱母亲,懂得感恩。

二、知识准备

（一）学会念古诗,并懂得古诗的内容、含义。

（二）会念二声部的古诗,并初步会用圆舞板尝试用节奏型 X　XX 为其伴奏。

（三）知道母亲的辛苦,并知道感恩,在日常生活中做力所能及的关爱母亲的事。

三、重点、难点

（一）难点

1. 歌词难点：歌词古诗较难。特别是最后两句：谁言寸草心,报得三春晖。
2. 旋律难点：大跳较多,较难唱（$\underline{3}\ \underline{\dot{6}}$；$\underline{\dot{2}\cdot}\ \underline{\dot{5}}$；$\underline{\dot{2}\ \dot{7}}$……）。

（二）重点

第一教时：多种形式感受：听、看、讲、玩……听古诗、听歌曲、看表演、看多媒体……知道前奏、间奏、尾声,并初步会用小铃表现二分音符的节奏为其伴奏。

第二教时：将学过的古诗在反复感受的过程中唱进旋律中,培养自学能力。

第三教时：为歌曲配二声部：（1）—（8）小节配念二声部、（9）—（10）小节二声部用"啊"配唱旋律。

四、教材分析

(一) 音乐

1. 歌曲（主旋律）

游子吟

〔唐〕孟　郊 诗
谷建芬 曲
陈淑琴 摘主旋律

2. 完整音乐

游子吟

〔唐〕孟　郊 诗
谷建芬 曲
陈淑琴 配乐器

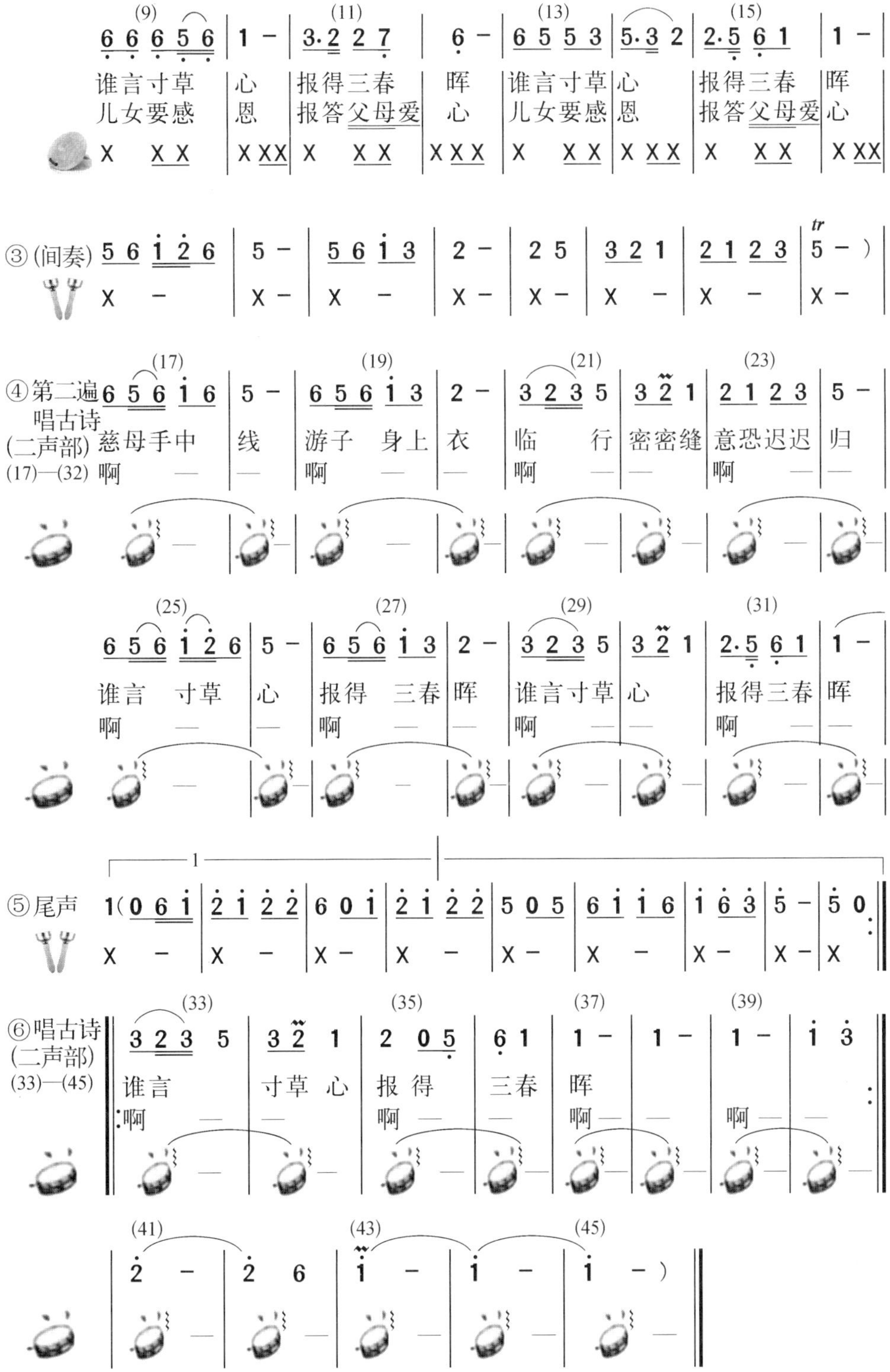
谁言寸草心 报得三春晖 谁言寸草心 报得三春晖
儿女要感恩 报答父母爱心 儿女要感恩 报答父母爱心
③(间奏)
④第二遍唱古诗(二声部)(17)—(32)
慈母手中线 游子身上衣 临行密密缝 意恐迟迟归
啊
谁言寸草心 报得三春晖 谁言寸草心 报得三春晖
啊
⑤尾声
⑥唱古诗(二声部)(33)—(45)
谁言寸草心 报得三春晖
啊 啊 啊 啊

顺　序	节奏乐图形谱	
前奏	（反复四遍）	
第一遍 唱古诗 （1）—（16）	（反复四遍）	
间奏	（反复四遍）	
第二遍 唱古诗 （二声部） （17）—（32）	（反复四遍）	
尾声	（反复四遍）	
唱古诗 （二声部） （33）—（45）	（反复四遍）	

（二）古诗

游子吟

〔唐〕孟　郊

慈母手中线，游子身上衣。
临行密密缝，意恐迟迟归。
谁言寸草心，报得三春晖。

1. 译文：慈爱的母亲手中拿针线，为要出门的儿子缝制衣裳，一针针、一线线缝的密密匝匝，只怕儿子漂泊在外迟迟不归。啊，谁说那区区小草般的儿女心，能够报答得了这春天里阳光一般博大的母爱？春晖：春天的太阳。"游子吟"中的春晖比喻母爱。

2. 诗意：这首诗以比喻手法，歌颂了母爱的温暖、无私和博大，语浅情深，是千古传诵的名作。

第一教时

一、活动目标

(一) 在听听、看看、做做、玩玩的过程中感受音乐的性质,理解歌曲的内容,初步知道前奏、间奏、尾声并在探索中试着用小铃敲出二分音符的节奏为前奏、间奏、尾声伴奏。

(二) 理解母亲对儿女的爱,在活动过程中萌发爱母亲、孝敬母亲的感恩之情。

二、活动准备

(一) 理解并学会念古诗《游子吟》及二声部朗诵。

(二) 小铃、圆舞板。

三、活动过程

(一) 律动《好男儿要出征》(边念儿歌边有精神地按节拍走进活动室)

好男儿 保家 乡	离开 妈妈 要去 出征
妈妈心疼 不放 心	担心 儿子 迟迟 不归
妈妈 妈妈 您放 心	完成 任务 一定 早早 归
妈妈的 爱心 儿子牢牢 记	一辈子 好好 孝敬 您

(二) 发声:启发幼儿根据多媒体的内容,用歌声回答

```
1 2 3 4 5 —  | 5 4 3 2 1 — |
```

(师)她 是 谁 (幼)她是 妈 妈
妈妈 做什 么   妈妈 缝衣 服
白天 晚上 缝   真 辛 苦   (白)妈妈 真辛 苦!

(三) 古诗朗诵《游子吟》

师:妈妈在给谁缝衣服?(她的儿子),她白天缝,晚上缝,为什么那么辛苦?(她的儿子要去出征)。我们一起来朗诵古诗《游子吟》。

1. 朗诵一遍古诗。

2. 边朗诵古诗边用 X XX 的节奏敲圆舞板。师:请出你们的圆舞板。我们边朗诵古诗,《游子吟》边用圆舞板用 X XX 节奏型来伴奏。

3. 朗诵《游子吟》二声部:"我们还会二声部朗诵呢,请小朋友赶快站好朗诵一遍。"

(四) 进一步理解古诗《游子吟》的内容

师：这首古诗讲了一件什么事？幼儿泛讲后，老师边演示多媒体边讲："有一位慈祥的母亲，手中拿着儿子常常穿的披挂在外的衣服。她一针针一线线，密密麻麻地缝着。白天缝，晚上点着油灯还在缝，一缝就缝到半夜。赶快缝，让即将出征的儿子穿上，牵挂着儿子的冷暖，母亲想：儿子啊，你能按时吃饭吗？天冷了，你穿上棉衣了吗？小朋友，我们不但要会念这首古诗，还要牢牢记住妈妈对自己的关爱，要学会感恩，永远报答母亲的恩情。"

（五）语言节奏游戏：《妈妈对我真正好》

小朋友，你们的妈妈也时时的关心、疼爱你们。你们把妈妈怎么关心你们的？给你们买什么？吃什么？帮你们干什么，用 XX XX XX X 节奏说出。

师：妈妈 帮你 干什 么？

幼：妈妈 帮我 买衣 服（裤子、鞋子、帽子……）

　　妈妈 给我 买玩 具（汽车、皮球、飞机……）

　　妈妈 给我 买文 具（书包、铅笔、图书……）

　　妈妈 给我 烧饭 菜（包饺子、包馄饨……）

　　妈妈 带我 出去 玩（逛公园、去旅游……）

（六）新授

1. 感受歌曲性质和内容

（1）师：今天老师带来了一首歌曲，听听这首歌曲感觉怎样？（妈妈舍不得儿子走，心里很难过，所以音乐听起来是慢的，有点低沉）

（2）在多媒体的背景下欣赏歌曲

师：听听歌曲，看看多媒体，想想这首歌里唱了些什么，幼儿泛讲后老师逐句唱出、讲出相应的内容

（3）再次欣赏歌曲

看看多媒体，仔细听听歌曲，想想歌里还唱了什么？幼儿泛讲后，老师逐句讲出、唱出并小结："这首歌讲的是慈爱的母亲，特别爱她的儿子，为即将出征的儿子，赶缝衣服，担心儿子迟迟不归，挂念儿子的冷暖，她舍不得儿子走，心里很难过，所以音乐听起来。还是慢得有点低沉的。"

（4）在钢琴的伴奏下，老师边表演边唱，启发幼儿随意跟做："再听听歌曲，想想歌里说的是一件什么事"，幼儿泛讲后老师小结：这首歌曲讲的是一位慈爱的母亲，她的儿子将要出远门，手里拿着儿子常常穿的披挂在外的衣服，在一针针一线线为儿子赶缝衣服，又担心儿子迟迟不回家，牵挂着儿子的冷暖，小朋友想一想有这样内容的一首古诗叫什么（《游子吟》）。

（5）这首歌的名字叫《游子吟》，我们一起试着唱唱。

2. 在感受过程中知道这首歌曲中有前奏、间奏、尾声，并在探索中试着用小铃

以二分音符的节奏为前奏、间奏、尾声伴奏

（1）在感受歌曲中知道歌曲中有前奏、间奏、尾声。

师：刚才老师是从头到尾一直唱的吗？（不是,有时唱,有时只有音乐,没有歌词）

师：这首歌曲里有几个地方只有音乐没有歌词,我们一起来听一听,幼儿泛讲后老师小结：这首歌曲里有三个地方只有音乐,没有歌词,歌曲的开始只有音乐,没有唱歌词叫前奏(幼儿重复),唱完一遍古诗后,光有音乐没有歌词,这段音乐叫间奏(幼儿重复),又唱了一遍古诗后,又有一段音乐叫第二次间奏,唱完歌曲后又有一段音乐一直到底。这是最后的音乐,叫尾声(幼儿重复)。

（2）启发幼儿边听歌曲,边欣赏试着为前奏、间奏、尾声伴奏。

① 听听老师唱歌,想想前奏、间奏、尾声的音乐是什么样的？用圆舞板、小铃试试,怎样伴奏幼儿尝试泛讲,用哪种乐器伴奏好。

老师小结：用小铃慢慢的伴奏比较好,因为前奏间奏尾声的音乐比较慢,有点低沉。

② 老师出示节奏型 X － X －,启发幼儿用小铃敲出二分音符的节奏,为前奏、间奏、尾声伴奏。师："谁会用这个节奏为前奏间奏尾声来伴奏？"老师对大胆用小铃为前奏、间奏、尾声伴奏的幼儿及时表扬鼓励。

（3）两位老师完整演唱歌曲,启发幼儿在前奏、间奏、尾声处,用小铃敲出二分音符(X －)的节奏为老师伴奏。

师："小朋友,我们两位老师一起完整地演唱歌曲,请你们在前奏、间奏、尾音的地方用小铃的节奏型为我们伴奏好吗？"（好）

两位老师演唱,一位老师边唱边用手势指挥幼儿大胆地在前奏、间奏、尾声伴奏(两遍)。

① 第一遍结束后,两位老师使劲鼓掌,真好听,谢谢小朋友在前奏、间奏、尾声处用小铃为老师伴奏。

② 师生合作再演一次。师："小朋友！咱们再合作一次好吗？请你们再用小铃在前奏、间奏、尾声用(X －)节奏型伴奏一次好吗？"

（4）边念《游子吟》边敲圆舞板走出活动室。

第 二 教 时

一、活动目标

（一）在反复感受歌曲和理解歌曲内容的基础上,启发幼儿将已学会的古诗在探索中尝试着唱进旋律中,培养幼儿的自学能力。

（二）启发幼儿在观察模仿中进行分析和比较,即兴用铃鼓,两小节摇动一次,为第二遍歌曲,(17)—(32)小节伴奏。

（三）在活动中萌发幼儿爱母亲、孝敬母亲的感恩之情。

二、活动准备

（一）节奏乐人手一份。

（二）多媒体。

（三）幼儿会朗诵《游子吟》二声部。

三、活动过程

（一）律动:《好男儿要出征》同第一教时。

（二）发声练习同第一教时。

（三）古诗朗诵《游子吟》

1. 师:妈妈在给谁缝衣服呀?(给儿子缝衣服)妈妈给儿子缝衣服,白天缝,晚上缝,多么辛苦,我们学过一首古诗《游子吟》就讲述了这样一个故事,一起来朗诵一下好吗?(请幼儿朗诵一遍古诗《游子吟》)

2. 小朋友们朗诵得真好,接下来我们边念古诗边用圆舞板来伴奏吧(出示节奏型)。

3. 除了用圆舞板伴奏,小朋友会不会用二声部来朗诵《游子吟》呢?(会)我们一起来朗诵。

（四）语言节奏游戏《妈妈对我真正好》同第一教时。

（五）新授。

1. 进一步感受歌曲的内容

（1）老师边唱边做动作,听听歌曲,看看多媒体想一想,歌曲里唱了一件什么事?你们两个朋友互相讲一讲,老师参与幼儿相互讲故事,幼儿相互讲后,老师边指多媒体边讲歌曲里的故事,歌里讲的是妈妈很爱很关心她的儿子,日日夜夜、辛辛苦苦、一针一线为即将出征的儿子缝衣服,她担心她的儿子迟迟不回来。

（2）老师边唱边做动作,听听歌曲,想一想这首歌叫什么名字(《游子吟》)。

2. 启发幼儿试着将古诗,唱进旋律中

（1）老师范唱:看看多媒体的内容,听听歌曲,想一想歌词每一句唱到的是什么?和古诗《游子吟》一样吗?(一样)

（2）再次欣赏老师范唱:听听老师唱歌,心里随着歌曲念一念古诗,想想歌词和古诗的内容是不是一样?(一样)

（3）老师范唱,启发幼儿随旋律轻轻念古诗,体验歌词的一致性,老师唱《游子吟》,你们轻轻地跟着念古诗《游子吟》,老师在前奏、间奏、尾声时唱歌词吗?(不唱

歌词),你们在前奏间奏尾声时念歌词吗?(不念)

(4) 启发幼儿在探索中试着将古诗唱进旋律中,培养幼儿的自学能力。

① 启发幼儿试着跟随旋律用 la、lu 各哼唱一遍,提醒幼儿在前奏、间奏、尾声时不唱。

② 启发幼儿试着在探索中将古诗轻轻唱进旋律中,前奏、间奏、尾声不唱。

③ 站着坐着各唱一遍,"小朋友想一想,每唱一遍歌曲时一共唱了几遍古诗",两遍。

④ 幼儿唱歌曲,老师启发幼儿在前奏、间奏、尾声处用铃鼓为其伴奏。

3. 启发幼儿边唱歌曲,在观察模仿中,试着用铃鼓为第二遍古诗伴奏(17)—(32)小节

(1) 小朋友一边唱歌,一边看看老师用什么方法为乐器伴奏(铃鼓)。

(2) 小朋友边唱歌、边看看,在唱到什么地方用铃鼓伴奏的?(唱到第二遍古诗时用铃鼓伴奏的)怎么伴奏?幼儿泛讲后出示节奏乐图形谱。

(3) 启发幼儿看节奏乐图形谱,试着用铃鼓为歌曲伴奏。

① 师:小朋友,你们看看节奏乐图形谱,在唱到第二遍古诗时,你们试一试用铃鼓为歌曲伴奏。幼儿尝试后,老师手指节奏乐图形谱"小朋友,看一看图形谱,两个铃鼓上有什么?"(连线) ——小朋友想一想,铃鼓应该怎样伴奏?(摇)慢慢地摇还是快快地摇?(慢慢地摇)幼儿泛讲后老师小结:"唱完一遍游子吟后,把铃鼓举得高高的,慢慢地边摇边告诉别人,母亲最辛苦,最关爱孩子是天下最可爱的人,我们要学会感恩,一辈子关爱照顾母亲。"

② 老师唱歌,启发幼儿看着图谱用铃鼓为老师伴奏。

③ 老师完整演唱歌曲,启发幼儿在前奏、间奏、尾声用小铃伴奏,从唱第二遍古诗开始到结束,用铃鼓为老师伴奏,启发幼儿随意跟唱歌曲。

④ 老师边唱边表演,启发幼儿用小铃、铃鼓为其伴奏。

(六) 手拿小乐器边唱边走出活动室。

第 三 教 时

一、活动目标

(一) 启发幼儿在分析比较探索中,试着为歌曲配念接尾音的二声部。

(二) 启发幼儿看着节奏乐图形谱,在分析比较中试着为整首歌曲配节奏乐。

(三) 多位老师边唱边用符合内容不同的动作进行表演古诗《游子吟》,启发幼儿用节奏乐为其伴奏,体验合作表演的愉快,在表演过程中,萌发幼儿爱妈妈的

情感。

二、活动准备
（一）熟练地掌握古诗接尾音的二声部朗诵。
（二）熟练的会唱《游子吟》的歌曲，了解整首音乐的顺序。

三、活动过程
（一）律动《好男儿要出征》（分男女）
（二）发声：同第一教时
（三）语言节奏游戏《妈妈对我真正好》
小朋友,妈妈都非常疼爱你们、关心你们,你们怎样关心、疼爱你的妈妈呢？

师：你爱 你的 妈妈 ｜ 你帮 妈妈 做点 啥 ｜

幼：我爱 我的 妈妈 ｜ 我给 妈妈 放碗 筷 ｜（拿拖鞋、拿书包……）

（拿报纸、捶捶背……）

我爱 我的 妈妈 ｜ 不让 妈妈 生 气 ｜（每天 好好 吃饭 ｜ 每天 好好 学习）

我爱 我的 妈妈 ｜ 不让 妈妈 生 气 ｜ 妈妈 上班 我听话 ｜

我爱 我的 妈妈 ｜ 不让 妈妈 生 气 ｜ 妈妈 干活 自己玩 ｜……

（四）复习古诗《游子吟》
1. 朗诵古诗《游子吟》一遍。
2. 复习接尾音的二声部古诗《游子吟》两遍。

（五）新授
1. 启发幼儿在分析比较中边探索边试着为歌曲《游子吟》配接尾音的二声部
（1）复习一遍歌曲。"小朋友,边唱边想想这首歌曲共唱了几遍古诗？"（两遍）
（2）两位老师范唱接尾音的二声部歌曲《游子吟》,启发幼儿分析、比较和一声部的异同。"小朋友听听两位老师唱《游子吟》,和你们唱的歌曲《游子吟》一样吗？"幼儿泛讲后,老师小结：有的地方一样,有的地方不一样,什么地方一样,什么地方不一样？幼儿泛讲后老师小结（歌曲是一样的,老师唱的有二声部）。
（3）二位老师范唱二声部歌曲《游子吟》(1)—(16)小节（第一遍古诗）,"小朋友听一听,老师唱歌,边想想两位老师谁唱的是一声部,谁唱的是二声部？二声部是唱的还是念的(念的)和接尾音的二声部朗诵一样吗？（一样）"
（4）老师唱一声部,启发幼儿随意配念接尾音的二声部（两遍）。
（5）老师唱(17)—(32)小节第二遍古诗。
① 老师唱第二遍古诗,你们听一听、想一想,唱第二遍的古诗第二声部是怎样

唱?(唱啊)

"母亲时时处处关心儿女,太伟大了。我们要放声用啊的声音配唱二声部,让所有的人都牢牢记住母亲的伟大,都要永远孝敬母亲。"

② 老师唱(17)—(32)小节第二遍古诗,启发幼儿用啊配唱二声部(两遍)。

(6) 完整唱二声部(17)—(32)小节。

① 另一老师唱一声部,老师带全体幼儿配唱第二声部啊(两遍)。

② 幼儿分两部分,分别唱第一、二声部,老师带唱第二声部(互换)。

2. 启发幼儿在分析、比较中完整为歌曲配节奏乐

(1) 老师完整演奏节奏乐:"小朋友,看一看我一个人用几种乐器为《游子吟》整首歌曲伴奏?(三种)哪三种?"(小铃、铃鼓、圆舞板)

(2) "小朋友再看一遍老师演奏:唱第一遍古诗时,用什么乐器演奏(圆舞板),唱第二遍古诗用什么乐器演奏?(铃鼓),前奏、间奏、尾声时用什么乐器演奏?(小铃)怎么样演奏的?尾声最后也就是第六部分唱'啊'的时候用什么演奏的?(铃鼓)"幼儿泛讲后,老师出示相应的节奏乐图形谱引导幼儿逐样乐器练习。

(3) 出示节奏乐图形谱完整练习,启发幼儿动脑筋、想办法,如何用三种乐器演奏?幼儿泛讲后,老师小结:"把小铃、圆舞板、铃鼓三种乐器都放在自己的脚前放好",启发幼儿把三种乐器放在自己的脚前,及时表扬动作轻而快的孩子,并请他介绍自己是怎么放的。

幼儿介绍:"左边第一个放小铃,因为小铃先演奏,中间放圆舞板,右边放铃鼓。"

老师边鼓掌边说:"××小朋友真棒,我们要像他一样把三种小乐器放好。"引导幼儿边看节奏乐图形谱演奏两遍。"看哪个小朋友换乐器又轻又快。"

3. 师生合作表演,体验合作表演的愉快

4. 四位老师在多媒体上用符合内容的不同动作表演整首歌曲,启发幼儿用小乐器为其伴奏

(1) 师:小朋友,我们四位老师表演,请你们用小乐器为我们伴奏好吗?请小朋友把小乐器轻轻地摆好。

"演出开始了,多媒体的幕布徐徐拉开",师生合作表演两次。表演后,多媒体中的老师边给小朋友鞠一个躬。边说谢谢小朋友,表演得太好听了。和小朋友合作表演,我们太高兴了。我们再合作表演一次好吗?(好)师生合作再表演一次。

(2) 本班的两位老师:我们也想表演了,老师想请女孩和老师一起扮演妈妈表演。男孩扮演孩子,为妈妈伴奏好吗?表演完请孩子们为妈妈拍个照好吗?(欢呼好!)

师生合作表演了一遍,表演完提醒孩子把小乐器轻轻放下。男孩子为妈妈拍照,齐声喊预备:(茄子……)换个姿势再拍一张,拍完欢呼耶!

师:"妈妈太高兴了,孩子们对妈妈真好!"

(六)结束:启发幼儿把圆舞板、小铃放在铃鼓里,端着铃鼓边唱古诗《游子吟》边走出活动室。

多元智能统整课程评价表

语言智能
1. 知道古诗《游子吟》是唐朝大诗人孟郊的作品
2. 会背诵古诗,理解其内容及含义激发爱妈妈的情感
3. 会背诵古诗的二声部衔接紧凑
4. 会念儿歌,好男儿要出征,能用不同的语言节奏表达对妈妈的爱

数学逻辑智能
1. 在感受探索中,将歌词填入旋律中培养自学的能力
2. 分析比较古诗《游子吟》一二声部的异同
3. 会看表格中的内容,学习节奏乐
4. 了解整首歌曲的顺序,用不同的节奏乐演奏歌曲

自然观察智能
1. 观察老师的示范及多媒体中的图片,了解其内容
2. 会观察节奏乐图形谱中的乐器及其节奏型,演奏节奏乐

肢体运动智能
1. 能用符合内容的不同动作表现与表达
2. 律动《好男儿要出征》
3. 操作学习,用说、唱、跳、敲节奏乐的方法表现音乐,激发对妈妈的情感

韵律活动(大班):《游子吟》

视觉空间智能
1. 教材视觉化
2. 能用目测的方法站在空地方,表演互不碰撞
3. 能观察出老师示范表演中符合内容的不同动作,进行表现和表达

人际智能
1. 能和同伴合作表演二声部的儿歌和歌曲,配合协作,配合协调一致
2. 师生合作表演,体会合作表演的愉快
3. 在活动过程中,激发爱妈妈的情感

音乐智能
1. 能用齐唱、二声部、演唱古诗《游子吟》的方法,表现母爱及孝敬母亲的好品质
2. 能用四分二分音符的节奏演奏节奏乐
3. 能用自然好听的声音演唱歌曲,二声部合唱协调一致

内省智能
1. 会找空地方为老师拍照,会自我控制,自主与自律
2. 遵守节奏乐的常规,轮到表演时再表演,换乐器的动作快,轻拿轻放,会自我控制,不影响别人

韵律活动(大班):
《悯农》

一、活动背景

秋天是一个收获的季节,结合"秋天"的主题,我们开展了"有用的植物"这一主题,活动中孩子们搜集了各种各样的粮食,但却不明白粮食是来之不易的,经常挑食、有的吃饭掉米粒,所以借机选择了古诗《悯农》,想引导小朋友通过感受、诵读、歌唱、演奏节奏乐等多种形式,来体会到农民的辛苦,萌发珍惜粮食、不浪费粮食的情感。

二、教材分析

(一)音乐

1. 旋律抒情、忧伤、稍慢,歌词内容即古诗《悯农》的原作,最后一句"谁知盘中餐,粒粒皆辛苦"反复了三遍,更能突出粮食的来之不易,让幼儿记住要珍惜粮食。

2. 节奏型:

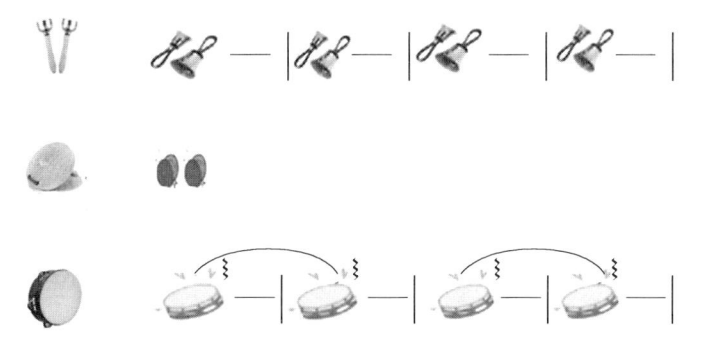

3. 难点:理解歌曲的内容,体会到农民的辛苦,产生珍惜粮食的情感。
旋律难点:最后一句重复三遍的旋律都是不一样的。

"皆辛苦" —— $\underline{5\ \dot{6}}\ \dot{5}$;$\underline{5\ 3}\ 2$;$\underline{5\ 6}\ 5$;

悯 农

〔唐〕李 绅 词
赵佳林 赵奉先 曲
陈淑琴 配器

1 = G 2/4

(6 1 6 1 2 2 | 1 3 2 | 1 6 5 6 | 5 —)

2 2 1 2 3 | 2 — | 3 2 1 2 6 | 5 —
锄禾日当午，　　汗滴禾下土，
　　　　辛苦　　　　　　　　辛苦

6 6 1 2 3 | 2 1 6 | 1 6 5 6 | 5 — | 6 6 1 2 3
谁知盘中餐，粒粒皆辛苦。谁知盘中
　　　　　　　　　　　　辛苦

2 1 6 | 1 6 5 3 | 2 — | 6 6 1 2 3
餐，　粒粒皆辛苦。　谁知盘中
　　　　　　　　辛苦

2 1 6 | 1 6 5 6 | 5 — | 5 0
餐，　粒粒皆辛苦。

附：配置教材

大馒头哪里来

任肇斌 作曲
陈淑琴 作词 配器

1 = C 2/4

(领唱) 大馒头哪里来，哪里来？
(领唱) 金黄的小麦哪里来，哪里来？

(齐唱) 白白的面粉做出来，做出来。
(齐唱) 农民伯伯种出来，种出来。

铃鼓

(领唱) 白白的面粉哪里来？
(领唱) 农民伯伯真辛苦。

(齐唱) 金黄的小麦磨出来。
(齐唱) 我们都要爱惜它。

爱惜一粒米（儿歌）

小朋 友　　要注 意，
吃饭 不要　掉饭 粒。
一粒 米呀　一滴 汗，
粮食 来得　不容 易。

第 一 教 时

一、活动目标

（一）通过朗诵古诗，感受音乐，观看表演，在情景中理解音乐的性质，感受歌曲内容，对歌曲有一个完整良好的印象，并初步能用符合内容的简单动作来表现。

（二）在活动过程中，知道粮食来得不容易，激发幼儿爱惜粮食的情感。

（三）激发幼儿参加音乐活动的兴趣和愿望。

二、活动准备

（一）学会古诗《悯农》，齐诵、轮诵、接尾音的二声部朗诵，适当加上动作。

（二）活动前讲述农民辛苦的故事，并教会个别幼儿念会农民伯伯辛苦劳动的独白。

（三）准备配乐朗诵、农民辛苦的视频录像（老师戴草帽、补丁衣服，化装成农民的样子）、道具（太阳、犁车、场景布置）。

（四）拍摄本班爱惜粮食、不挑食的幼儿照片。

三、活动过程

（一）"农民耕地"

出示PPT，展示农民辛勤劳动的画面，在音乐伴奏下，幼儿两两协商分别扮演拉犁和推犁的动作入场，表现出农民辛苦劳动的场面。

"你们看，农民伯伯们真辛苦，谁来告诉大家，农民伯伯们都在做什么呢？"幼儿

泛讲后,老师请个别幼儿独白:"烈日当头,农民伯伯还在田间锄草,身上的汗珠滴进泥土中。有谁端起饭碗时能想到,每一粒米都浸透了农民伯伯的辛勤劳动。"

"让我们两个两个做朋友,一起帮农民伯伯们去拉犁、耕地吧!"

在伴奏下,按二分音符的节奏边犁地边进入活动室。

"孩子们,辛苦了,坐下来休息一会儿吧!"

"我们学过一首古诗,也是讲农民伯伯们辛苦的事情,名字叫什么?"(《悯农》)

(二)古诗《悯农》朗诵;齐诵一遍、轮诵一遍

1. 启发幼儿边看多媒体上的农民辛苦劳动的画面,边朗诵一遍古诗《悯农》。

2. 幼儿分两声部看着老师的手势,朗诵一遍,古诗《悯农》二声部轮诵,启发幼儿互相倾听,步调一致地朗诵。老师朗诵第一句后,边喊"预备—起"指挥幼儿朗诵。

| 锄禾 日当 | 午 —— | 汗滴 禾下 | 土 —— | 谁知 盘中 | 餐 —— |
| | 锄禾 日当 | 午 —— | 汗滴 禾下 | 土 —— | 谁知 盘中 |

| 粒粒 粒粒 | 粒粒 皆辛 | 苦 ——。 |
| 餐 —— | 粒粒 皆辛 | 苦 ——。 ‖

突出"粒粒皆辛苦"。

(三)练声(出示幼儿吃饭照片)

"看看农民伯伯的辛苦,听听古诗里说的事情,我们知道了粮食来得真的是不容易啊,平时我们该怎么做呢?"

"我们班上就有很多爱惜粮食的孩子,看看他们是谁?请你们用歌声回答出来好吗?"(好)

1 2 3 4 5 —	5 4 3 2 1 —
师:谁最 爱惜 粮食?	(幼儿) X X 最 爱惜 粮食。
怎样 爱惜 粮食?	饭菜 吃干 净。
怎么 吃得 干净?	吃饭 不掉 米粒。
他们 是个 好孩子。	我们 学习 他。(棒棒棒一)

(四)复习歌曲《大白馒头哪里来》后,幼儿边按节拍拍手,边念儿歌《爱惜一粒米》

师:大米饭的大米是稻谷碾出来的,那么做大白馒头小麦是从哪儿来的呢?(农民伯伯种出来)

复习歌曲《大馒头哪里来》后边按节拍,边念儿歌《爱惜一粒米》。

(五)新授

1. 感受音乐的性质

(1) 今天老师带来一首歌曲,你们听听有什么感觉?(有点慢、有点伤心)

(2) 再听一遍,"下面我们来完整听这首歌曲,边听边想歌里说了一件什么事?听完后你有什么感觉?"幼儿泛讲后,老师小结:这首歌曲是说农民伯伯种地的事。

"农民伯伯种粮食很辛苦,中午烈日炎炎,他们汗滴在田里,有谁知道这碗里的饭,是非常珍贵的。不能浪费一粒米,听到音乐心里觉得有点伤心难过。"

(3) 听第三遍,在音乐伴奏下,启发幼儿做拉犁、耕地的动作。

"农民伯伯好辛苦,让我们听着这首歌曲,也来学学农民伯伯劳动时的样子,体会他们的辛苦吧。"

幼儿自由找到空地方跟音乐做动作。

2. 在情景中感受歌曲的内容

(1) 老师清唱一遍,"这次你们仔细听到歌里唱了些什么?"

"歌词与古诗《悯农》很像,但完全一样吗?"(不完全一样)

师:"最后两句重复了两遍。"

(2) 边指图片边唱。

"歌里唱了哪几句?"幼儿说出,老师唱出同时出示相应PPT图片。

"再听老师唱一遍,看看是不是这几句,想想农民伯伯是多么的辛苦。"

图片三张:太阳高照,农民伯伯锄地,边锄地边擦汗;盘中馒头;

师:"盘中馒头是农民伯伯辛辛苦苦种出的小麦磨成面粉才做成了馒头,真不容易啊!"

(3) 幼儿欣赏视频中的歌曲"悯农"。

"小朋友们边看视频中农民伯伯辛勤劳动的图片,边听一首歌曲《悯农》。"

3. 欣赏老师的表演,并参与老师的表演

(1) 边唱歌边表演一遍,共表演两遍。

"老师们也学着农民伯伯们劳动的样子,拍了一段录像,你们看看老师做了哪些动作?"

(2) 观看老师表演,幼儿随意跟随表演(两人可以结伴)。

(动作:拉犁、耕地、粒粒皆辛苦)

"现在,你们也可以来跟着录像,学学农民伯伯劳动的样子,跟着老师一起表演,看看谁是最认真、最辛苦的。"

(六)在音乐伴奏下,幼儿边表演边走出活动室

第 二 教 时

一、活动目标

(一)在反复感受的过程中,进一步理解歌曲内容,知道农民伯伯辛苦,粮食来得不容易。

(二)在情景中边感受边唱歌曲《悯农》。

二、活动准备

(一)PPT、录像表演。

(二)拍摄本班爱惜粮食,不挑食幼儿的照片。

三、活动过程

(一)"农民耕地"

出示PPT,展示农民辛勤劳动的画面,在音乐伴奏下,幼儿两两协商分别扮演拉犁和推犁的动作入场,表现出农民辛苦劳动的场面。

"让我们两个两个做朋友再去帮农民伯伯们去拉犁、耕地吧!"

在歌曲CD的伴奏下,按二分音符的节奏边犁地边进入活动室。

"孩子们,辛苦了,坐下来休息一会儿吧。"

(二)古诗朗诵:齐诵、轮诵各一遍

"我们以前学过有一首古诗也是讲农民伯伯辛苦的事情,名字叫什么?"(《悯农》)

1. 我们先朗诵一遍古诗《悯农》。

2. 我们还会朗诵古诗《悯农》两声部的轮诵呢,幼儿分成两声部,提醒幼儿互相倾听,看着老师的指挥朗诵一遍,念到最后一句,粒粒皆辛苦,要加重语气,体现粮食来得不容易。

同第一教时。

(三)练声(多媒体中出示,爱惜粮食,不挑食幼儿的照片)同第一教时

(四)复习歌曲《大馒头哪里来》

唱完后边按节拍拍手边念儿歌《爱惜一粒米》。

（五）新授

1. 进一步感受歌曲的内容,理解歌曲的顺序。

（1）老师表演,感受歌曲的内容。

（2）老师再次表演,"歌里又唱了什么?"

（3）看录像,"歌里最后唱了什么?"（谁知盘中餐,粒粒皆辛苦）

"这一句为什么要唱三遍呢?"

它说盘中的饭,来得不容易,是农民伯伯不怕烈日炎炎、风吹雨打,辛辛苦苦种出来的,一遍又一遍地告诉我们,让我们记住粮食来得不容易,要爱惜粮食,不要浪费。

（4）"这句话三遍唱的旋律都一样吗?"听老师清唱。（不一样）

2. 在情景中感受,在探索中试着唱歌曲

（1）听音乐,轻声配乐朗诵,体验词曲的一致性。（老师提醒他最后两句朗诵三遍）

"听听音乐,念念古诗,有什么感觉?"（音乐结束了,古诗也朗诵完了。）

告诉幼儿,古诗就是歌曲的歌词。

（2）启发幼儿用 la、lu 跟着音乐各哼唱一遍。

"最后一句要唱三遍,他们的旋律一样吗?"（不一样）

（3）轻声慢慢地跟唱,再慢慢地哼唱一遍:"小朋友一边唱一边慢慢地想最后一句是怎么唱的?"

（4）各种形式演唱（坐着唱、站起来看图片唱）。

（5）看视频,和视频里的小朋友一起唱一遍。

"这次要跟着视频中的小朋友一起唱了,速度可能会快一些了,你们行吗?"（行）

（6）在多媒体上老师边表演边唱,启发幼儿大胆跟唱。

3. 幼儿唱,老师配节奏乐表演

"这次三位老师手里分别拿的是什么,谁能用清晰的话来告诉大家。"

引导幼儿按顺序、按名称讲完整,从左面数第一位老师拿着小铃,第二位老师拿着铃鼓,第三位老师拿着圆舞板。

"好,她们要用乐器来演奏这首歌曲,请你们来帮忙配唱。"

4. 启发幼儿完整地唱歌曲《悯农》,老师为其伴奏

"小朋友我们完整地唱古诗《悯农》,请老师们为我们伴奏好吗?"（幼儿边鼓掌边说好）,唱完后引导幼儿有礼貌地,边鞠躬边说:"谢谢老师。"

（六）幼儿在音乐的伴奏下,边唱边走出活动室

第 三 教 时

一、活动目标

（一）幼儿在初步学会歌曲的基础上，启发幼儿根据古诗内容，在探索中用节奏乐表现歌曲的内容。

（二）在活动过程中激发幼儿爱惜粮食的情感。

二、活动准备

（一）多媒体上农民伯伯辛勤劳动的画面。

（三）幼儿会念古诗《悯农》，接尾音的两声部及轮诵。

三、活动过程

（一）多媒体上播放农民伯伯辛勤劳动的画面，幼儿在音乐的伴奏下分别做拉犁、锄地、擦汗等动作入场

（二）幼儿朗诵古诗《悯农》，接尾音的两声部

"小朋友，我们来试试朗诵古诗《悯农》两声部的轮诵行吗？"（行）

提醒幼儿看着老师的手势指挥，注意倾听他声部，两声部要协调一致。

（三）发声

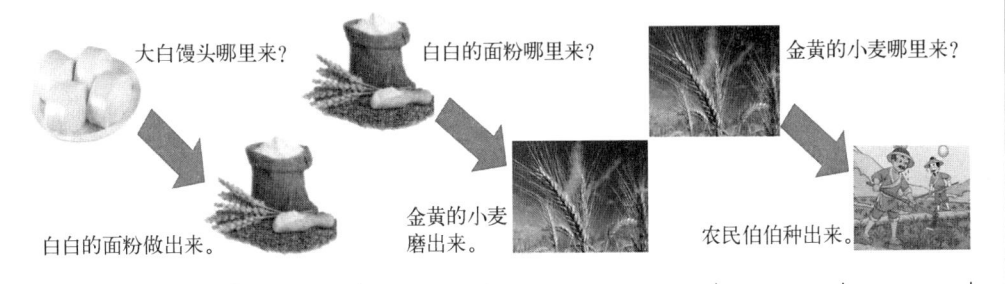

大白馒头哪里来？　白白的面粉哪里来？　金黄的小麦哪里来？

白白的面粉做出来。　金黄的小麦磨出来。　农民伯伯种出来。

| 1 2　3 4 | 5 5 5 | 5 5 5 | 5 4　3 2 | 1 1 1 | 1 1 1 |

师：大白　馒头　哪里　来，哪里　来？幼儿：白白的　面粉　做出来，做出来。

　　白白　面粉　哪里　来？哪里　来？　　　金黄的　小麦　磨出来，磨出来。

　　金黄的小麦　哪里　来？哪里　来？　　　农民　伯伯　种出来，种出来。

　　农民　伯伯　真辛　苦，真辛　苦。　　　我们　都要　爱粮食，爱粮食。

（四）复习歌曲《悯农》

1. 唱一遍

"听听看这是什么歌曲？"（古诗《悯农》）整体认读汉字"悯农"。

"好，那让我们用好听的声音来唱一遍。"

（播放《悯农》视频）

2. 边唱边表演，播放多媒体

"小朋友，我们看着农民伯伯辛勤劳动的动作，边唱边表演行吗？"（行）

"小朋友找个空地方站好，边听着音乐，跟着多媒体上的录像一起表演一遍吧。"

（五）新授

1. 老师根据古诗内容讲小故事

小朋友，你们知道吗？有一天午饭后，小乐器们看到活动室的地上掉了很多的米粒，他们想这些米粒来得可不容易啊，是谁这么不爱惜呀，我们小乐器也要来表演一下《悯农》，教育教育这些不爱惜粮食的孩子。

小铃：边讲《悯农》的故事，边唱《悯农》歌曲，边用 敲圆舞板：我也要来表演，边唱边敲圆舞板。加重语气在一、二、四句最后一拍，边按八分音符的节奏敲圆舞板念辛苦。

锄禾日当午(辛苦)，汗滴禾下土(辛苦)，谁知盘中餐呀，粒粒皆辛苦（辛苦）

　　　　辛苦　　　　　　　辛苦　　　　　　　　　　　　　　辛苦

铃鼓：它在想农民伯伯哪些时候特别辛苦呢？你们觉得呢？

小朋友自由讲述，老师适当帮助小结：

是啊，太阳晒得火辣辣的时候，热死了，农民伯伯还在田里干活，热得汗不停地往下掉，边说边轻轻地摇铃鼓

有时刮风下雨了，农民伯伯照样在田里干活，雨水和汗水混在一起，不停地往下掉，边唱边摇铃鼓，谁知盘中餐，粒粒皆辛苦

当看见不爱惜粮食的孩子时铃鼓特别生气，举起铃鼓想告诉那些小朋友（边唱边摇）谁知盘中餐，粒粒皆辛苦

2. 出示节奏乐图形谱，启发幼儿根据故事内容逐项试敲

（1）"好，下面我们来看看这个歌曲的节奏乐图形谱。"

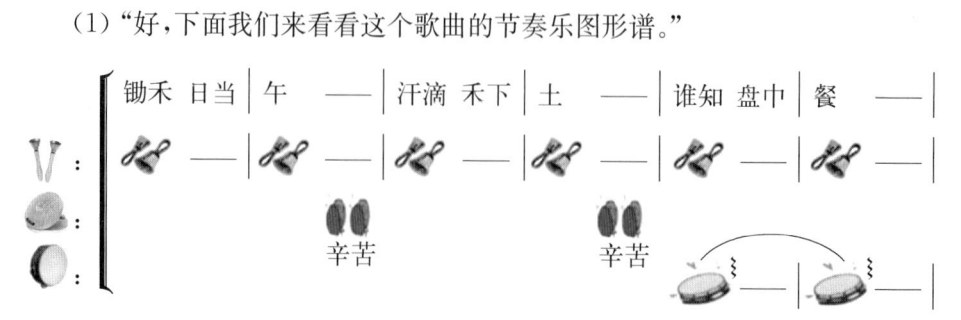

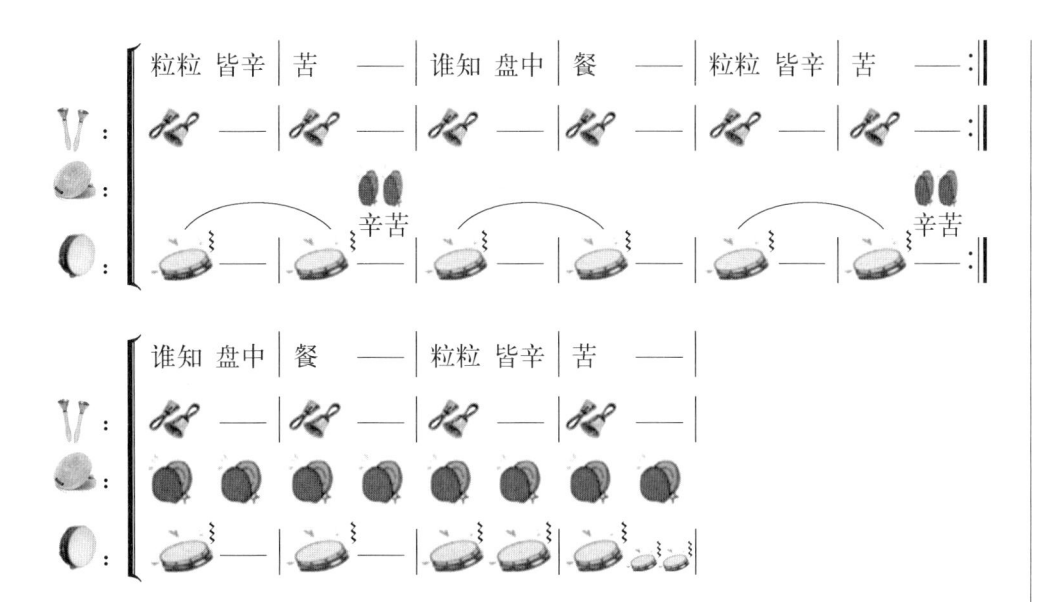

| 粒粒 皆辛 | 苦 —— | 谁知 盘中 | 餐 —— | 粒粒 皆辛 | 苦 —— :|

| 辛苦 | | | | | 辛苦 |

| 谁知 盘中 | 餐 —— | 粒粒 皆辛 | 苦 —— |

"看图形谱上，谁知道在这个故事里有几样小乐器在演奏？分别是哪几样？你们怎么知道的？"

（看着图形谱前面有几样小乐器）

（2）我们先来看看小铃是怎样讲故事的，在音乐的伴奏下幼儿试敲。

悯　农

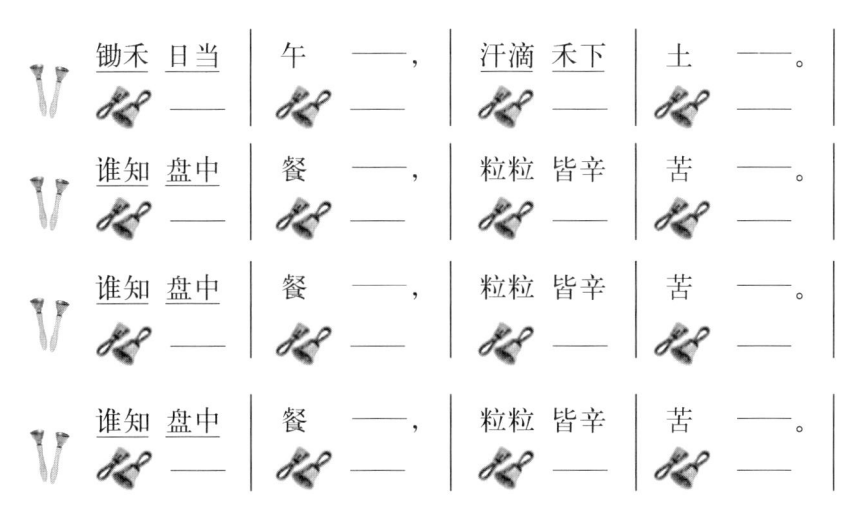

| 锄禾 日当 | 午 ——， | 汗滴 禾下 | 土 ——。 |

| 谁知 盘中 | 餐 ——， | 粒粒 皆辛 | 苦 ——。 |

| 谁知 盘中 | 餐 ——， | 粒粒 皆辛 | 苦 ——。 |

| 谁知 盘中 | 餐 ——， | 粒粒 皆辛 | 苦 ——。 |

（3）圆舞板：故事里圆舞板说了些什么？说农民伯伯劳动时怎么样呢？（辛苦）

圆舞板是在哪里说辛苦的呢？（第一、二、四句的最后一拍说辛苦）

悯　农

锄禾	日当	午 — ，	汗滴	禾下	土 　。
0	0	辛苦	0	0	辛苦

谁知	盘中	餐 — ，	粒粒	皆辛	苦 　。
0　0	0　0	0　0			辛苦

谁知	盘中	餐 — ，	粒粒	皆辛	苦 　。
0　0	0　0	0　0			辛苦

谁知	盘中	餐 — ，	粒粒	皆辛	苦 　。
					辛苦

① 老师手指图形谱中的圆舞板，启发幼儿跟着老师边唱边按八分音符的节奏说辛苦。

② 再次启发幼儿看着图形谱试敲 XX 的节奏（并边唱边说辛苦）。
"我们拿起圆舞板一起来试试演奏一下。"

（4）在比较中启发幼儿探索铃鼓的不同敲法。（长音 X—、短音 X）

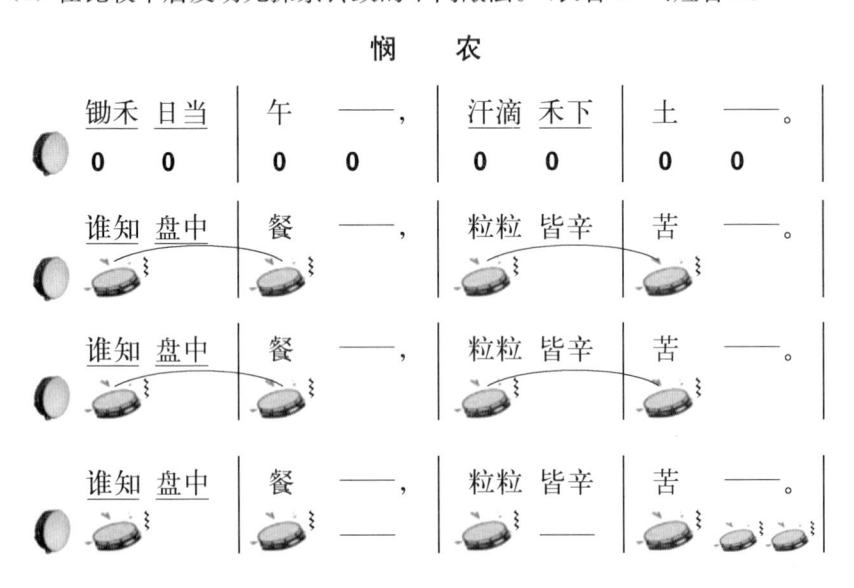

悯　农

锄禾	日当	午 — ，	汗滴	禾下	土 — 。
0　0	0　0	0　0	0　0

| 谁知 | 盘中 | 餐 — ， | 粒粒 | 皆辛 | 苦 — 。 |

| 谁知 | 盘中 | 餐 — ， | 粒粒 | 皆辛 | 苦 — 。 |

| 谁知 | 盘中 | 餐 — ， | 粒粒 | 皆辛 | 苦 — 。 |

① "刚刚故事里铃鼓说了些什么？"（先是说烈日下农民伯伯的汗流满面，再说下雨时农民伯伯汗流浃背？）

"你们看看图形谱,敲敲试试铃鼓是怎样讲农民伯伯辛苦。"

老师唱,幼儿尝试敲铃鼓,及时表扬表情做出辛苦表情和会轻轻摇铃鼓的幼儿,请他们来示范。

边唱边引导幼儿一起探索尝试。

② 出示最后一段的节奏谱,"最后铃鼓对不爱惜粮食的小朋友又是怎么样呢?"(很生气)

"告诉他们些什么呢?"手指图形谱,引导幼儿尝试做出。

老师伴随语言节奏:摇— 摇— 摇— 摇— 拍拍 拍
　　　　　　　　你一 定要 珍惜 粮食 知道 吗

3. 幼儿练习

(1) 在音乐的伴奏下,一样一样乐器练习

小铃——讲农民伯伯辛苦种粮食的故事。

圆舞板——幼儿边重复边练习节奏:辛苦。

铃鼓——告诉我们农民伯伯在风吹雨打下很辛苦,流了很多汗,后来又边举铃鼓边告诉我们要爱惜粮食。

(2) 幼儿分成三组,在音乐伴奏下练习(三次)

按 PPT 每组小朋友轮流交换每一种乐器来演奏。

(六) 幼儿在音乐伴奏下,拿好乐器随意走出活动室

多元智能统整课程评价表

语言智能
1. 会背诵古诗《悯农》，整体认读汉字，知道名称，理解内容
2. 会根据《悯农》的内容讲故事
3. 会读儿歌《爱惜一粒米》
4. 会背诵《悯农》的轮诵接尾音的二声部

数学逻辑智能
1. 会看着节奏乐图形谱，根据图谱上的顺序演奏节奏乐
2. 在感受探索中将古诗唱进旋律中，培养自学能力
3. 理解乐句的顺序，在一、二、四句后加重语气读辛苦

自然观察智能
1. 会观察多媒体的内容及图片的内容发声
2. 教材视觉形象化
3. 观摩图片内容唱歌
4. 观摩节奏乐谱，选择相应的节奏乐演奏
5. 观摩老师的动作进行创造性的模仿

肢体运动智能
1. 找朋友合作表演，并会用肢体动作表达对音乐的感受
2. 能根据歌曲的内容创编符合内容的不同动作

韵律活动(大班)：《悯农》

视觉空间智能
1. 会用目测的方法找朋友，找空地表演，互不碰撞
2. 教材视觉形象化

人际智能
1. 两人合作表演农民伯伯劳动的情景，体验合作的愉快
2. 通过唱、跳、演奏等激发幼儿对爱惜粮食的情感，并落实到行动中向爱惜粮食的朋友学习

音乐智能
1. 感受歌曲的性质学唱歌曲
2. 会根据节奏乐图形谱与节奏型演奏节奏乐
3. 用自然好听的声音唱歌
4. 会用领唱、齐唱的方法演唱歌曲

内省智能
1. 在感受探索中能将歌词大胆地唱进旋律中，培养自学能力
2. 能用歌声、动作、语言、表情、节奏乐表现出爱惜粮食的情感
3. 在表演中大胆、自信、自律
4. 两声部轮诵能送接尾音的二声部，古诗朗诵协调一致

韵律活动（大班）：
《咏鹅》

一、活动背景

开学第一个星期，孩子们在一起津津乐道地谈论着暑假中的活动，有的说："我去过长风公园，看到湖面上有许多大白鹅在游泳，真漂亮。"有的说："我们家的小狗生病了，爸爸在喂它吃药……"有些幼儿还拿来了动物玩具：小兔、大白鹅、熊、老虎、袋鼠，他们对动物产生了许多话题。观察到孩子们的兴趣点，于是，我决定以"可爱的小动物"为这学期的探索性主题。这一活动意在引导幼儿了解一些动物的知识，爱动物，知道要保护动物，激发爱小动物的情感。

二、教材

咏　鹅

〔唐〕骆宾王 词
谷建芬 曲

(前奏) 3 3 5 | 3 3 5 | 6 6 5 6 | 6 6 5 3 5 | 3 2 1 6 | 2 2 3 6 6 1 |

2 2 1 | 2 2 3 | 5 3 5 7 | 6 — | 6 — ‖

6 0 5 0 | 6 0 | 5 6 2 4 | 3 — | 2 3 2 6 | 1 1 2 | 7 7 5 | 6 — |
鹅　　鹅　　鹅，　曲项　向天　歌，　白毛　浮绿　水，红掌　拨清　波。

6 5 6 | 2 1 2 | 3 2 3 5 | 5 5 3 | 5 6 6 | 7 6 5 7 | 6 — | 6 — |
鹅鹅　鹅，鹅鹅　鹅，曲项　向天　歌，白毛　浮绿　水，红掌　拨清　波。

5 7 6 | 5 7 6
拨清　波，拨清　波，

```
      (18)              (20)
 6 5  6.  | 2 1  2  | 3 2  3 5 | 5  5 3 | 5 6  6 | 7 6 | 5 7  6 |
 鹅鹅  鹅,  鹅鹅  鹅,  曲项  向天   歌, 白毛 浮绿  水, 红掌   拨清 波,

                  (24)         (25)
 5 7  6 ‖ 5 7    6  -    6  -
 拨清 波, 拨 清   波。
                 5 7 6 | 5 7 6 ‖
                 拨清 波, 拨清 波。
```

三、教材分析

（一）本曲是根据唐朝骆宾王的古诗《咏鹅》而谱曲。诗中形象地描绘了鹅弯着脖颈，向着天空唱歌，洁白的鹅毛，浮在碧绿的水面上，红色的鹅掌有节拍地划动着清清的水波。

诗意：碧波之中，白鹅悠然嬉戏，诗人把白鹅那种活泼的神态刻画得惟妙惟肖，从而构成了一幅优美的画面。

（二）音乐的旋律明亮优美、欢快，表现出白鹅在碧波中悠然嬉戏的情境。

（三）本曲因音域广度，音调较高，且有四拍高音(6)的延长，幼儿较难唱出，因此在(16)—(17)、(25)—(26)小节的地方配上两声部，一声部唱不上去的时候，可

```
          ‖ 6 -   | 6 -   ‖
以唱两声部。 ‖:5 7 6 | 5 7 6 :‖ 一定要在多次感受后才能学唱歌曲。
            拨清 波   拨清 波
```

四、韵律活动：《咏鹅》

游戏顺序（动作、语言节奏），幼儿边念儿歌边模仿鹅按节拍自由走动。

　　鹅 鹅 鹅， 鹅 鹅 鹅， 去 找 朋 友 做 游 戏。

(幼) 几 个 朋 友 一 起 玩,(师) X 个 朋 友 在 一 起。（多媒体出示鹅数及队形）

```
前奏：‖ 3 3 5 3 3 5 | 6 6 5 6 6 6 5 3 3 5 | 3 2 1 6. | 2 2 3 6 6 1 | 2 2 1 2 2 3 ‖
动作：  （鹅按节拍走动找朋友）                （脚走小碎步手做拨水动作，排
                                          成多媒体出示的相应的队形）
语言  | 去 找  X 个 | 朋  友  | 去 找  X 个 | 朋  友 |（欢呼：朋友找到了！）
节奏：
```

```
5 3 5 7 | 6 - | 6 - ‖
```
数人数（两人）一　　　　　二

　　　（四人）一　二　　三　四

　　　（六人）一二三四 | 五　　六

　　　（八人）一二三四 | 五六　七八

```
(1)            (3)              (5)         (7)
‖: 6 0  5 0 | 6 0  5 6 2 4 | 3 - | 2 3  2 6 | 1  1 2 | 7  7 5 | 6 -
```
　鹅　鹅　鹅，　　　　曲项　向天　歌，　　白毛　浮绿　水，红掌　拨清　波。

　动作(按节拍,学鹅走)　(挺胸伸颈动作)　　　(鹅浮水)　　(鹅拨水)

```
 (9)        (11)          (13)             (15)      (17)
[ 6 5  6 | 2 1  2 | 3 2  3 5 | 5  5 3 | 5 6  6 | 7 6 | 5 7 | 6 - | 6 - :‖
```
　鹅鹅　鹅，　鹅鹅　鹅，　曲项　向天　歌,白毛　浮绿　水，红掌　拨清　波。

　动作（鹅按节拍走动）　（挺胸伸颈）　　　（鹅浮水）　　（手拨水）

```
(18)        (20)          (22)             (24)      (26)
[ 6 5  6 | 2 1  2 | 3 2  3 5 | 5  5 3 | 5 6  6 | 7 6 | 5 7 | 6 - | 6 -
```
　鹅鹅　鹅，　鹅鹅　鹅，　曲项　向天　歌,白毛　浮绿　水，红掌　拨清　波。

　动作（鹅按节拍走动）　（挺胸伸颈）　　　（鹅浮水）　　（手拨水）

（一）基本动作

1. 鹅走

预备时两脚稍分开，屈膝，稍成外八字形，挺起胸，两臂在体侧稍近身体，手心向下，手指跷起，模仿鹅的形象。

（1）—（2）小节：左脚开始，两脚轮流向前迈步（一拍一步），同时身体向左、右摇摆，表现出鹅笨拙可爱的样子。

2. 曲项向天歌

（3）—（4）小节：(3)小节：挺胸，臀部稍跷起，右手手心叠在左手手背上做鹅嘴，两臂在头前用力向上举，表现出鹅的长颈，同时手腕向下，表现出鹅的扁嘴。

（4）小节：两手掌分开，表示鹅唱歌。

3. 鹅浮水

两脚碎步,两臂在两侧自然打开,上下摆动,做浮水状。

4. 红掌拨清波

两脚碎步,两臂自然下垂,两手腕在体侧,向前后轮流快速摆动做拨水状。

(二)动作顺序

(1)—(2):鹅走。

(3)—(4):曲项向天歌。

(5)—(8):鹅浮水、拨水。(可以一个人做浮水、拨水动作;两个人面对面或一只手拉一只手,另一只手做浮水、拨水动作;也可以多人围成圆圈做不同的浮水、拨水的动作;或一个人在中间跳,其他幼儿在圆圈上围着他做浮水、拨水的动作……可发挥幼儿的想象力,做符合内容的不同动作。)

(9)—(10):鹅按节拍走动。

(11)—(17):根据歌词做相应的鹅走、曲项向天歌、浮水、拨水的动作。

(18)—(24):同(11)—(17)。

(三)韵律活动的顺序

1. 幼儿边拍手边自由走动边念:<u>鹅鹅 鹅,鹅鹅 鹅,去找 朋友 做游戏,几个 朋友 一起玩</u>,指挥官:<u>X 个 朋友 在一起</u>。

2. 幼儿根据指挥官说出的人数,边在前奏音乐的伴奏下按节拍走动,边念语言节奏找朋友:<u>去找 X 个 朋 友,去找 X 个朋友</u>,走到朋友面前自豪地说:<u>找到了,找到了</u>。前奏(5)—(6)小节根据多媒体上的队形,脚走小碎步做浮水动作,边说朋友找到了,边排成和多媒体一样的队形。(一横排或竖排,或圆圈)

前(7)—(8)小节,数自己小组的人数,手、口一致根据不同的人数用不同的节奏数数,一起根据人数数数:

```
              X    X    X    X
```

(两人)一   二

(四人)一   二   三   四

(六人)一 二 三 四   五   六

(八人)一 二 三 四   五 六 七 八

前奏(9)小节:高兴地欢呼,耶!

3. 根据歌曲的内容进行表演。

五、重点、难点

（一）难点

旋律较难唱。音域 10 度；音高 6——四拍子的延长；大跳 $\underline{6}\ \underline{5}\ \underline{6}\ |\ 2\ 1\ 2\ \|$
$6\ -\ \underline{6}\ \underline{5}\ \underline{6}\ |$

（二）重点

第一教时：在听、看、玩的感受过程中，初步能用符合内容的动作表现音乐。

第二教时：学唱，初步能边唱边表演。

第三教时：会用目测的方法结对找朋友，排成相应的队形表演。

第 一 教 时

一、活动目标

（一）在听听、看看、做做、玩玩的过程中，感受音乐，在探索中初步学做鹅的基本动作，试着用动作表现音乐。

（二）激发幼儿参加音乐活动的兴趣。

二、活动准备

（一）学会根据音乐的节拍、节奏、速度、力度念古诗。

（二）认识鹅，了解鹅的外形、习性。

三、活动过程

（一）在多媒体背景图（鹅在水中嬉戏）下，按音乐的节拍、节奏、速度、力度边念古诗《咏鹅》边模仿鹅走路，按节拍进入活动室。

（二）发声

启发幼儿根据多媒体上的内容用相应的歌声回答。

$$1\ 2\ \underline{3\ 4}\ \underline{5\ 6}\ 5\ |\ \underline{5\ 4}\ \underline{3\ 2}\ 1\ -$$

(师)白鹅 白鹅 干什么?(幼)曲项 向天 歌。
　　 白鹅 白鹅 干什么?　　 白鹅 在浮 水。
　　 白鹅 白鹅 干什么?　　 红掌 拨清 波。

鹅

$1=F\ \dfrac{4}{4}$ 稍慢

沈震亚词
贾　鹏曲

$$\underline{3\ 1}\ \underline{3\ 1}\ \underline{3\ 5}\ 3\ |\ \overset{2}{5}\ \overset{2}{5}\ \overset{2}{5}\ -\ |$$

(师)谁的 衣服 白又 白?(幼)我　我　我!

$$\underline{3\ 1}\ \underline{3\ 1}\ \underline{2\ 5}\ 2\ |\ \overset{1}{3}\ \overset{1}{3}\ \overset{1}{3}\ -\ |$$

(师)谁的 衣服 白又 白?(幼)我　我　我!

$$\underline{3\ 4}\ 5\ 5\ -\ |\ \underline{2\ 3}\ 4\ 4\ -\ |$$

(师)你是 谁呀?　 你是 谁呀?

$$\overset{3}{5}\ \overset{3}{5}\ \overset{3}{5}\ -\ |\ \underline{3\ 4}\ \underline{3\ 2}\ 1\ -\ \|$$

(幼)我　我　我　　我是 大白 鹅!

启发幼儿用对唱的形式演唱一遍。

(三) 新授

1. 激活幼儿的经验,引起活动的兴趣,在观看录像的过程中学鹅的基本动作

(1) 观看鹅嬉戏的录像。

师:"这是谁?"(鹅)"你怎样看出来是鹅?"(鹅有长长的脖子)

(2) 观看鹅的图片。

师:"鹅的长脖子怎样能表现出来呢?"启发幼儿在观察探索中试做出鹅的长颈。教师及时表扬大胆试做的幼儿后,把幼儿的动作梳理上升为艺术动作后,边做边小结:"有的小朋友这样做的,挺胸,小屁股翘起来,把两只手臂放在一起使劲向上举,真像鹅的长脖子。"

师:"鹅的脖子上是什么?"(头)"头上有什么?"(眼睛、嘴巴)"嘴巴是什么样的?"(扁扁的)"扁扁的嘴巴怎样做?"幼儿试做后教师边做边小结:"右手手心叠在左手手背上,手腕向下压,做鹅嘴。"启发幼儿跟做,教师伴随语言节奏。"右手手心

压在 左手手背上,手腕向下压,两只手臂 向上举,张嘴唱歌 嘎——。"(两遍)

(3) 教师边念 | 曲项 向天 歌— | 边做动作,启发幼儿即兴多次跟做。

(4) 观看录像。

师:"看看鹅是怎样浮在水里游泳的?"(两只翅膀抖动)"头怎样?"(一会儿在水里,一会儿抖水)"看看鹅的红掌是怎样拨水的?"(鹅的爪子向后一拨一拨的)教师边做动作边念:白毛 浮绿 水,红掌 拨清波—,和幼儿一起练习。

2. 感受歌曲

(1) 师:"小朋友,现在请你们听一首鹅的歌曲,听听歌曲是怎样的? 听了这首歌心里觉得怎么样?"(很好听)

(2) 师:"再听听歌曲,好像看到了什么?"欣赏后幼儿泛讲,教师边放录像边小结:看到了许多白鹅排着队,高高兴兴在碧绿的水面上得意地游来游去,边游边把脖子伸长唱着好听的歌。

(3) 教师清唱一遍。

师:"听听歌里唱了什么?"幼儿说出,教师唱出并做出相应的动作。

3. 在感受歌曲的过程中,启发幼儿大胆跟跳

(1) 教师边唱边表演。

(2) 欣赏四位教师一起表演,及时表扬坐在位置上大胆跟做的幼儿。

(3) 教师边唱边表演,请一位幼儿和教师一起表演。

(4) 请六位幼儿一起和教师表演。

(5) 教师多人一起表演,启发幼儿随意跟跳。(两到三遍)

(四) 在《咏鹅》的音乐伴奏下,边走边做动作离开活动室

第 二 教 时

一、活动目标

(一) 在学会歌词、会用动作表现音乐的基础上,启发幼儿在探索中学唱歌曲,培养幼儿的听觉和自学能力。

(二) 用迁移的方法学习四人一起排队做游戏。

(三) 激发幼儿参加活动的兴趣,大胆跟唱,不怕唱错。

二、活动准备

幼儿会做《小小鹅排好队》的游戏。

三、活动过程

(一) 在《咏鹅》的音乐伴奏下,边做动作边进入活动室。

(二)发声:同第一教时。

(三)复习歌曲:同第一教时。

(四)新授。

1. 边感受边试着将歌词唱入旋律中

(1)教师边唱边表演。

师:"听听歌曲,和儿歌有什么地方一样,什么地方不一样?"(歌词一样,歌是唱的)

(2)启发幼儿在念儿歌时,注意倾听音乐,体验歌词和儿歌的节奏是一样的。

师:"小朋友,老师轻轻地唱歌,你们轻轻地念儿歌,听一听,想一想,你们念的儿歌,是不是和我唱的歌词是一样的?"(两遍)

(3)启发幼儿注意边倾听歌曲边试着跟唱。

① 用 la 唱一遍。

② 用 lu 唱一遍。

③ 轻轻地将歌词唱入旋律中两遍。

师:"小朋友,你们大胆地、轻轻地试着把儿歌唱进歌曲中,行吗?"

④ 教师边唱边表演,幼儿配唱。

2. 在玩游戏的过程中,启发幼儿用迁移的方法,边唱《咏鹅》边做游戏

游戏:《小小鹅排好队》。

师:"多媒体是指挥官,看看多媒体上是几只小鹅在一起,我们就几只小鹅排队做游戏,好吗?"

出示多媒体(插入课件)。

师:"小朋友,看一看,多媒体上几只鹅在一起游戏?"(四只)"四只鹅排成什么队形?"(圆形)"看看谁的本领最大,会用眼睛找朋友,边念儿歌边找四个朋友,排成一个圆形。"幼儿边念儿歌边找朋友:"去找 四个 朋友 ,排成 一个 圆圈。"(一起数数:一、二、三、四,耶!)教师及时表扬会用眼睛目测的方法找到朋友,排成圆形的小组。

(1)幼儿边拍手边儿歌再次游戏。多媒体上出现四人排一横队。

幼儿:"<u>鹅 鹅 鹅</u>,<u>鹅 鹅 鹅</u>,<u>去 找 朋 友</u> 做 游 戏,<u>几个 朋友 一起玩</u>。"指挥官:"<u>四 个 朋 友 一 起 玩</u>。"幼儿边念儿歌边找朋友。

师:"小朋友,看一看,多媒体上几只鹅?"(四只)"四只鹅排成什么队形?"(横排)"小朋友,想一想,四个人怎样排横排,才能排得整齐?"(要向两面看一看,是不是排一横排)

① 启发幼儿用目测的方法,在教师语言节奏的伴奏下,排成一横排。

"<u>四个 朋友 排一 排</u>,<u>左看 右看 前不 直</u>,<u>排好 横排 再数 数</u>,一、二、三、四,耶!"幼儿排成横排后,教师及时表扬会用目测的方法找朋友,排成横排的小朋友。

② 再次练习念儿歌,排横排。

(2)边听音乐边做游戏。

(3)边唱《咏鹅》的歌边做游戏。

师:"小朋友,你们用做《小小鹅排好队》游戏的方法,听着咏鹅的音乐做游戏,好吗?"教师带领幼儿在《咏鹅》的音乐伴奏下,边唱边做游戏。

3. 边唱边表演,启发幼儿用符合内容的不同动作表现歌曲

(1)幼儿边唱边跳一遍,及时表扬动作符合内容的幼儿。

(2)启发幼儿创编(5)—(8)小节符合内容的不同动作。

师:"小朋友,想一想,表演白毛浮绿水,红掌拨清波时,如果几个小朋友一起跳,还可以怎么跳?"(排好队向前游,转圈游,一个朋友围着另一个朋友游……)幼儿说出,教师引导幼儿做出。

(3)欣赏8名教师用符合内容的不同动作完整表演两遍,供幼儿创造性地选择模仿,第二遍启发幼儿随意跟跳。

(五)幼儿边唱边做动作走出活动室。

第三教时

一、活动目标

(一)在幼儿初步会用符合内容的不同动作边唱边表演的基础上,启发幼儿会用目测的方法找朋友排成和多媒体上相应的队形跳舞。

(二)学习在四拍中根据不同人数用相应的节奏数数。

(三)体验朋友在一起表演的快乐。

二、活动准备

多媒体。

三、活动过程

(一)(二)(三)同第一教时。

(四)新授

1. 在玩游戏的过程中,学习在四拍节拍中用二分、四分音符和八分音符的节奏数出 2、4、6、8 不同的数字。

游戏(一):《看谁数得对》

(1)师:"小朋友,多媒体上有一幢楼,你们数数有几层?"(四层)"数数看,每层楼有几间房间?"(四间)"里面住着鹅妈妈还是鹅宝宝?"

① 师:"小朋友,先看一看,第三层楼住着谁?"(鹅妈妈)"每个房间住着几只鹅妈妈?"(一只)"一个房间住着一只鹅妈妈,一边拍手一边数数看,四个房间住着几

只鹅妈妈?"(一、二、三、四)

②师:"小朋友再看看,第二层楼住着谁?"(有鹅妈妈,有鹅宝宝)"鹅宝宝身体小,一个房间住着几只鹅宝宝?"(两只)"小朋友边拍手边数数,一间房间住着两只鹅宝宝,数得要快还是慢?"(快)教师带幼儿边拍手边数数:<u>一二 三四 五 六</u>。(两遍)

③师:"小朋友,看看第一层楼住的是谁?"(鹅宝宝)"一个房间住几只鹅宝宝?"(两只)"要快数还是慢数?"(快数)教师带幼儿边拍手边数数:<u>一二 三四 五六 七八</u>。(两遍)

④师:"小朋友,我们还有第几层楼没有数?"(第四层楼)"第四层楼里一共住着几只鹅妈妈?"(两只)"第一个房间有鹅妈妈,第二个房间有鹅妈妈吗?"(没有)"哪个房间有鹅妈妈?"(第三个房间)"第四个房间呢?"(空的)"我们一起边拍手,边数鹅,有一只鹅就拍一下手,没有鹅,就把两只手摊开,告诉别人,这个房间没有鹅。"教师带幼儿边拍手边数:一空二空。

(2)幼儿在探索中看图,一层楼一层楼数数。

(3)教师任说一层楼,引导幼儿按相应的节奏数数。

游戏(二):《看谁数得对》

教师任意说一层楼,启发幼儿边拍手边数数回答。如:"<u>三楼 住着 几只鹅</u>?" "<u>三楼 住着 六只 鹅,1 2 3 4 5 6</u>。"

游戏(三):《看哪队排得快》

师:"小朋友,今天做一个游戏,名字叫《看哪队排得快》,老师做指挥官,说几个人在一起,并看一看多媒体上是什么样的队形后,你们马上就找朋友排成和多媒体上一样的队形,看哪队排得快?"幼儿边拍手边念:"<u>鹅鹅 鹅,鹅鹅 鹅,去找 朋友 做游戏,几个 朋友 一起玩,四个 朋友 在一起</u>。"幼儿在咏鹅前奏的音乐伴奏下,边按节拍学鹅走,边念"<u>去找 四个 朋 友,去找 四个 朋 友</u>",脚走小碎步,边做拨水动作边说:"朋友找到了。"用目测的方法快速排成和多媒体一样的队形,数数后,欢呼:"耶!"

2. 启发幼儿用目测的方法排成相应的队形找空地方跳舞,互不碰撞。

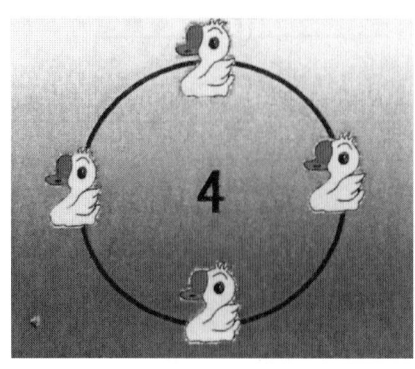

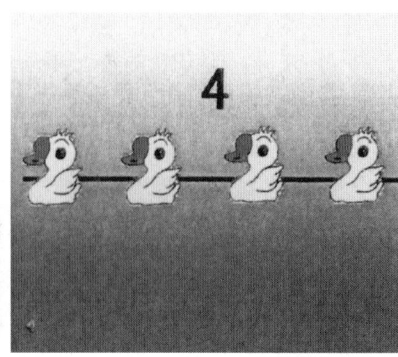

（1）观看四位教师表演，第二遍启发幼儿参与表演，及时表扬结队快、会根据人数按相应节奏数数的幼儿，以及会找空地方跳舞、互不碰撞的小组。

（2）请四组能力强的幼儿做小老师表演。

（3）全班幼儿再次练习。

（五）幼儿边唱边跳出活动室

多元智能统整课程评价表

语言智能
1. 念古诗《咏鹅》
2. 根据语言节奏变队形及跳舞

数学逻辑智能
1. 能用迁移的方法将歌词填入旋律中学唱歌曲
2. 会根据每个房间的鹅的大小及数量用相应的节奏数出数字
3. 能根据多媒体上的队形及人数排成相应的队形
4. 认识楼的第一层→第四层及鹅的只数

自然观察智能
1. 观察多媒体的内容，激发其相应的情趣
2. 观察多媒体的人数及队形找相应的朋友，排成相应的队形
3. 观察老师及同伴的动作，主动学习

肢体运动智能
1. 根据歌词的内容做动作，掌握相应的舞步，如鹅走、小碎步
2. 用肢体动作感受音乐内容，并且动作表现

韵律活动(大班)：《咏鹅》

视觉空间智能
1. 会根据多媒体内容找空地方跳舞，互不碰撞
2. 会根据多媒体上的队形用目测的方法排成相应的队形

人际智能
1. 体验合作表演的快乐
2. 会根据多媒体队形的人数找朋友跳舞，体验协商及交流合作的愉快

音乐智能
1. 感受音乐的旋律，学唱歌曲
2. 会唱结尾音的两声部
3. 会根据鹅的大小及数量在四拍中用二分音符、四分音符及八分音符的节奏数数

内省智能
1. 学会古诗后，在感受探索中将歌词填入旋律中，培养自学能力
2. 根据多媒体及歌曲内容发挥想象，做符合内容的不同动作，萌发相应的情感
3. 注意力专注地探索，排成相应的队形

童谣游戏(大班)：
《摇到外婆桥》

这是一首民间童谣，表现出外孙和外婆的亲情。

一、知识准备

（一）用沪语念童谣；用沪语朗诵二声部《摇到外婆桥》。

（二）通过看录像，理解如何划船（多人划船；一人、两人……划船的方法）。

（三）两人、三人、四人、五人玩划船的游戏。

（四）知道外婆是妈妈的妈妈。

（五）认识铝板琴：会用拇指和食指拿打锤，在铝板琴上刮奏。

（六）初步掌握 3/4 拍的节奏。可通过游戏用"声势练习"。

"声势"练习的方法：

3/4	1	2	3	1	2	3	1	2	3	……
拍手：	重拍	轻拍	轻拍	重拍	轻拍	轻拍	重拍	轻拍	轻拍	……
拍腿：	拍手	拍腿	拍腿	拍手	拍腿	拍腿	拍手	拍腿	拍腿	……
拍肩：	拍手	拍肩	拍肩	拍手	拍肩	拍肩	拍手	拍肩	拍肩	……
抱娃娃：	拍手	抱娃	娃	拍手	抱娃	娃	拍手	抱娃	娃	……

二、难点

（一）用沪语念儿歌《摇到外婆桥》，初步能用符合内容的不同动作表现。

（二）3/4 的节奏比较难掌握。

三、重点

第一教时：多种形式的感受，掌握 3/4 拍的节奏，初步会用动作表现。

第二教时：在感受中学唱歌。

第三教时：学会用铝板琴、铃鼓为歌曲伴奏，学习两人、三人、四人、五人结对划船。

韵律活动《摇到外婆桥》节奏乐图形谱

1 = C 3/4
抒情优美

陈淑琴 配器

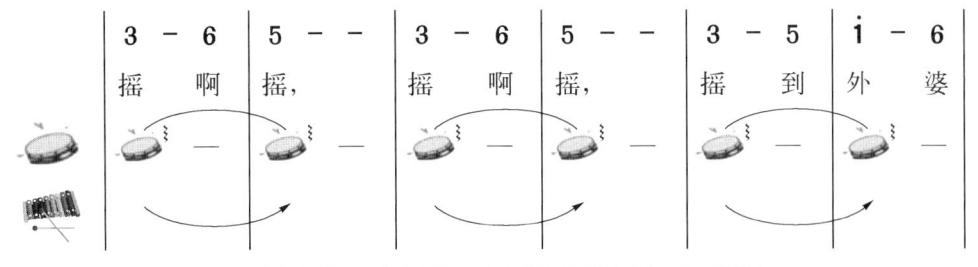

3 - 6	5 - -	3 - 6	5 - -	3 - 5	1̇ - 6
摇 啊 摇，		摇 啊 摇，		摇 到 外	婆

（右手拿一个打锤，由低到高两小节一次刮奏）

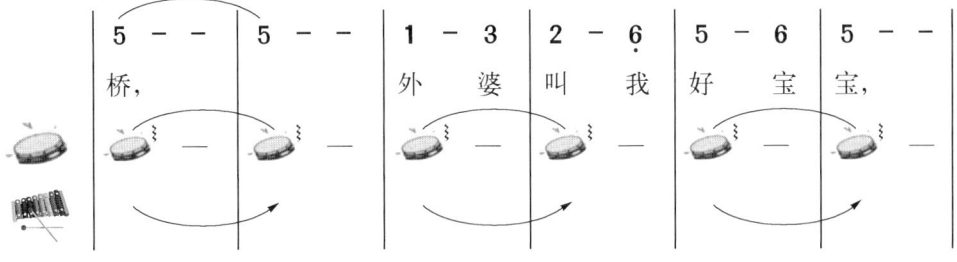

5 - -	5 - -	1 - 3	2 - 6	5 - 6	5 - -
桥，		外 婆 叫	我 好	宝 宝，	

（右手拿一个打锤，由低到高两小节一次刮奏）

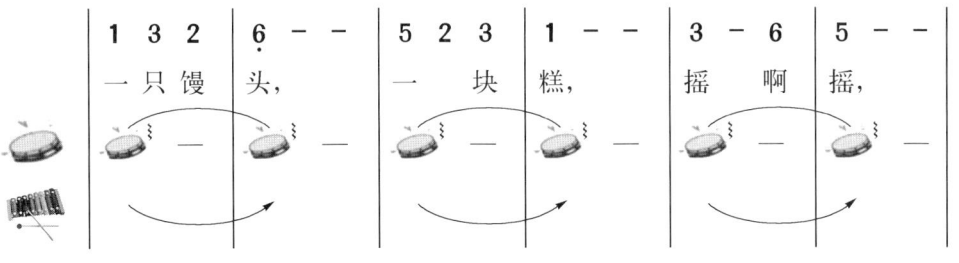

1 3 2	6̣ - -	5 2 3	1 - -	3 - 6	5 - -
一只馒 头，		一 块 糕，		摇 啊 摇，	

（右手拿一个打锤，由低到高两小节一次刮奏）

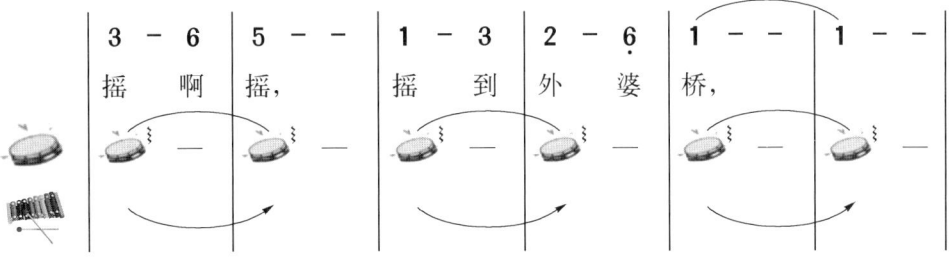

3 - 6	5 - -	1 - 3	2 - 6̣	1 - -	1 - -
摇 啊 摇，		摇 到 外	婆 桥，		

（右手拿一个打锤，由低到高两小节一次刮奏）

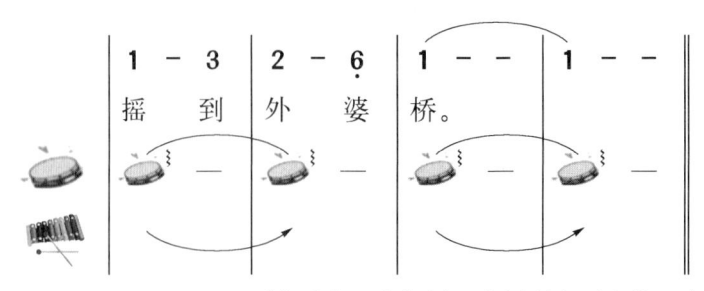

| 1 - 3 | 2 - 6̣ | 1 - - | 1 - - ‖
| 摇 到 | 外 婆 | 桥。 | |

（右手拿一个打锤，由低到高两小节一次刮奏）

民间童谣《摇到外婆桥》

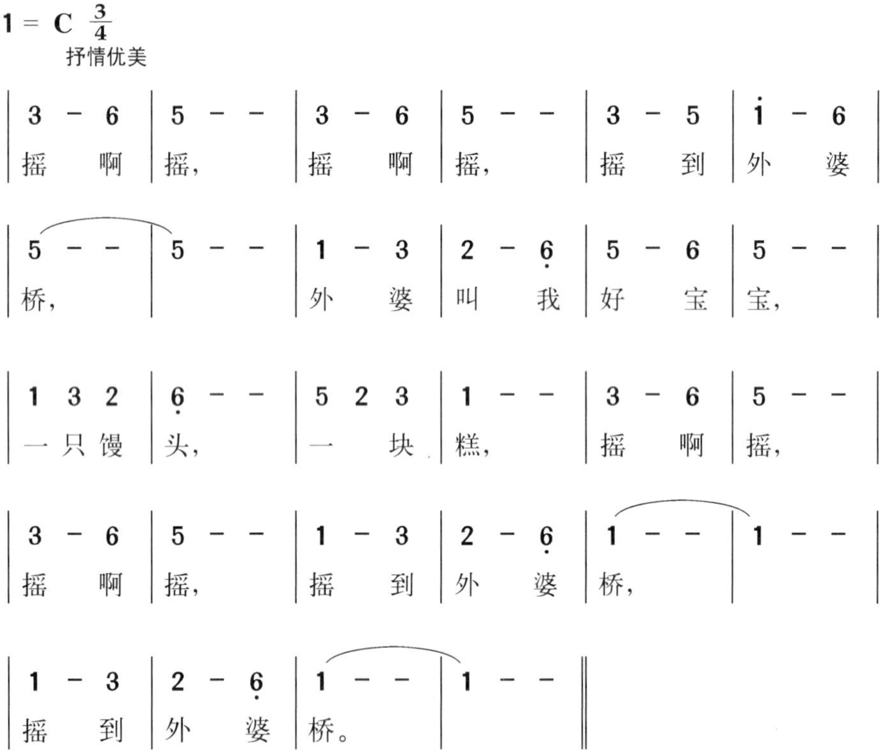

1 = C 3/4

抒情优美

| 3 - 6 | 5 - - | 3 - 6 | 5 - - | 3 - 5 | 1̇ - 6 |
| 摇 啊 摇， | | 摇 啊 摇， | | 摇 到 外 婆 |

| 5 - - | 5 - - | 1 - 3 | 2 - 6̣ | 5 - 6 | 5 - - |
| 桥， | | 外 婆 叫 我 好 宝 宝， |

| 1 3 2 | 6̣ - - | 5 2 3 | 1 - - | 3 - 6 | 5 - - |
| 一 只 馒 头， | 一 块 糕， | 摇 啊 摇， |

| 3 - 6 | 5 - - | 1 - 3 | 2 - 6̣ | 1 - - | 1 - - |
| 摇 啊 摇， | 摇 到 外 婆 | 桥， | |

| 1 - 3 | 2 - 6̣ | 1 - - | 1 - - ‖
| 摇 到 外 婆 | 桥。 | |

第 一 教 时

一、活动目标

（一）在听听、看看、玩玩的过程中感受歌曲的性质，掌握 3/4 拍的节奏，听音乐按 3/4 拍做划船动作(前摇摇、后摇摇)。

(二)启发幼儿能用符合内容的不同形式,表现 3/4 拍划船的情景。

(三)在玩游戏的过程中萌发爱外婆的亲情。

二、活动准备

(一)会用沪语方言念童谣。

(二)理解如何划船(看录像)。

(三)知道外婆是妈妈的妈妈。

三、活动过程

(一)律动:《去看外婆》。边用沪语念童谣,脚按 3/4 拍的节奏,一小节走一步。边念边进入活动室"囡囡,去看外婆啦!"

(二)发声:启发幼儿根据多媒体的内容,用歌声唱出。

$$\frac{3}{4}$$

| 1 — 2 | 3 — 4 | 5 — — | 5 — 4 | 3 — 2 | 1 — — |

(师)这　　是　　谁　　(幼)这　是　外　　婆
外　婆　外　婆　你　好　啊
外　婆　外　婆　祝　您　身　体　好

(三)语言节奏游戏《给外婆｜吃什么》。

"小朋友,我们特别爱外婆,你们想｜给外婆｜吃什么?｜陪外婆｜干什么?｜帮外婆｜做什么?"用(开火车)的形式,一个幼儿说出后,全班小朋友重复三个字。

师:给外婆｜吃点啥(吃蛋糕、吃饼干……)

幼:给外婆｜吃蛋糕(吃香蕉、吃水果……)

　　给外婆｜捶捶背(捶捶腿、揉揉腿……)

　　给外婆｜拿拖鞋(倒杯水、拿报纸、拿眼镜、拿拐杖……)

　　给外婆｜讲故事(画幅画、唱支歌、跳个舞……)

　　陪外婆｜聊聊天(看电影、去散步、看电视、逛公园、下下棋、看看花、去旅游……)

　　扶外婆｜去散步(上楼梯、下楼梯)

　　帮外婆｜摆碗筷(来摘菜、扫扫地)

(四)新授。

1. 感受音乐的性质

(1)听一遍:让我们来听一听歌曲《摇到外婆桥》。

这首音乐听上去你觉得怎么样?(很美、有点慢)

师:这首音乐听上去很优美、很舒服,又温柔又亲切。

(2)这么抒情优美的歌曲,老师听了真想用身体来动一动。我们来试试吧。

这首《摇到外婆桥》是几拍子的歌曲?(三拍子)123,123,启发幼儿用拍手、拍

腿、拍肩、身体左右摆动、手上下摆动、摇船等方法拍出 3/4 拍的节奏。(听 4—5 遍音乐)

师：我们用拍手拍腿的方法来试一试。

还可以用什么方法来为歌曲伴奏？我们来试试看。表扬大胆试做的幼儿。

2. 在玩游戏的过程中，了解歌曲的内容

(1) 老师边做划船的动作边唱："听听歌曲，想想歌曲里讲了一件什么事？"幼儿泛讲。

老师小结："小朋友慢慢地、得意地摇着船，高兴地去看外婆，所以这首音乐有点慢，很美，是抒情优美的。"

(2) 老师范唱："你们再听听歌曲，想想歌里唱了什么"，幼儿讲出，老师唱出。

(3) 老师边做划船动作边唱："再听听歌曲，歌里前面和后面一样吗？"幼儿泛讲后，老师小结："前面和后面有点一样，都说摇船去看外婆，中间是说'外婆叫你们什么'（好宝宝）'外婆给你们什么吃？'（一只馒头、一块糕）"

老师唱出 | 1 3 2 | 6̣ - - | 5 2 3 | 1 - - |
　　　　　　一 只 馒 头　　　一 块　　糕

(4) 老师边唱边做划船动作，启发幼儿随意跟做，鼓励大胆跟做的幼儿。

(5) 两位老师边唱边表演（两遍）

(6) 游戏《去看外婆》："小朋友，我们划着船去看外婆了！"

老师边唱边按三拍子的节奏划船，两小节做一个划船动作（向前摇、向后摇）。

启发幼儿听着音乐随意跟做，音乐结束，启发幼儿随老师一起问候外婆。"外婆您好！我们来看您了！"

(7) 游戏《给外婆过生日》："外婆的生日到了，我们要去看外婆，给外婆过生日，你们给外婆带什么生日礼物？"（生日蛋糕）

"我们到外婆门口要说什么？"幼儿泛讲后，老师小结："外婆，我们来看您了，我们给您买了蛋糕，祝您什么？"（生日快乐）

启发幼儿听音乐随意做划船动作，音乐结束，多媒体上出示大蛋糕，启发幼儿一起问候外婆，并帮外婆吹蜡烛。师："外婆年纪大了，牙掉了，牙齿漏风，我们帮外婆吹蜡烛，再一起边拍手边唱生日歌。"

给外婆说一句祝福的话："祝外婆生日快乐！祝外婆寿比南山！祝外婆福如东海！……"

(8) 播放视频。师"为了给外婆过生日，我们还准备了一个节目呢！快点坐下来看看。"

（五）幼儿随老师边唱歌边做划船动作走出活动室，启发幼儿随意跟做。

师："外婆累了，要休息了，我们要回去了，我们要对外婆说什么？"（外婆再见！）

师："囡囡，跟着妈妈划船回家了。"

第 二 教 时

一、活动目标

（一）在多种形式反复感受的基础上，启发幼儿在探索中将歌词填入旋律中，培养幼儿的自学能力。

（二）启发幼儿在游戏中，按三拍子的节奏做划船的动作来表现歌曲的内容，并学着在铝板琴上用刮奏的方法为歌曲配流水声。

（三）在活动过程中萌发爱外婆的情感。

二、活动准备

（一）会用沪语方言念童谣。

（二）理解如何划船（看录像）。

（三）知道外婆是妈妈的妈妈。

（四）准备多媒体。

三、活动过程

（一）律动同第一教时。

（二）发声同第一教时。

（三）语言节奏游戏《给外婆｜吃什么》同第一教时。

（四）新授

1. 进一步感受歌曲的内容

（1）老师范唱："歌里唱了什么？讲了一件什么事？"幼儿泛讲，老师小结："小朋友摇着船，去看外婆，外婆可喜欢宝宝了，送给宝宝什么？（一只馒头、一块糕）"

（2）老师边唱边做动作，启发幼儿随意跟做，及时表扬大胆跟做，并且动作符合 3/4 拍节奏的幼儿。

2. 启发幼儿在探索中，试着学唱歌曲

（1）老师唱歌，启发幼儿随音乐，按音乐的节拍、节奏、速度、力度轻声念歌词。

（2）启发幼儿轻轻地试着用 la、lu 学唱歌曲（两遍）。

（3）轻声跟唱：幼儿坐着唱——边做划船动作边唱。

(4) 在玩游戏中复习歌曲：游戏《去看外婆》。

①"我们要去看外婆,想一想给外婆带什么礼物?"

幼儿泛讲(带香蕉、带糕点……),老师小结:"唱完歌曲后,向外婆问好以后,要把送给外婆的礼物举起来,告诉外婆,'外婆好'。"老师边做举香蕉的动作边说:"外婆,我给您带来香蕉了!"引导幼儿玩一个游戏:"去看外婆。"

②多媒体出示××小朋友外婆的照片:"这是谁的外婆?"(红红的外婆)

红红外婆的家可远了,要过一条大河,"要坐大船过河(多媒体上出示一个），'看!这是一条大龙船'。我们也一起搭一条大龙船去看外婆。"启发幼儿把小椅子转向一个方向，龙头 搭一条大船,右边第一个小朋友头戴龙船头饰,启发全班幼儿眼睛向前看,两手按三拍子的节奏做出摇船的动作。

‖: 1 2 3 | 1 2 3 | ……
　向　前　摇　　向　前　摇

随音乐摇。

音乐结束,启发幼儿向外婆问好,并说出自己给外婆带来的礼物。

3. 幼儿复习歌曲,老师拿铝板琴用刮奏的方法为幼儿配流水声

(1) 小朋友一边唱一边听听好像有什么声音?(流水声)用什么乐器奏出来的流水声?(铝板琴)启发幼儿模仿老师演奏铝板琴的方法,用右手大拇指和食指拿一个打锤,从低音向高音轻轻刮奏,用书空的方法为歌曲伴奏。

$\frac{3}{4}$ ‖ 1 2 3 | 1 2 3 | 1 2 3 | 1 2 3 |
　　　刮
　　　刮　2 3 | 刮 2 3 | 刮 2 3 | 刮 2 3 |(……)

(2) 幼儿边唱边用食指模仿铝板琴刮奏的方法,用书空的方法为歌曲伴奏。

$\frac{3}{4}$ 1 2 3 | 1 2 3 | 1 2 3 | 1 2 3 | 1 2 3 | ……
　刮　……　　　刮　……　　　刮　……

4. 出示铝板琴图形谱,启发幼儿慢慢地学着用刮奏的方法为歌曲伴奏

童谣《摇到外婆桥》铝板琴伴奏图形谱

1 = C 3/4

抒情优美

| 3 — 6 | 5 — — | 3 — 6 | 5 — — | 3 — 5 | 1̇ — 6 | ……
| 摇 啊 摇， | 摇 啊 摇， | 摇 到 外 婆 |

（右手拿一根打锤，由低音到高音两小节刮一次）

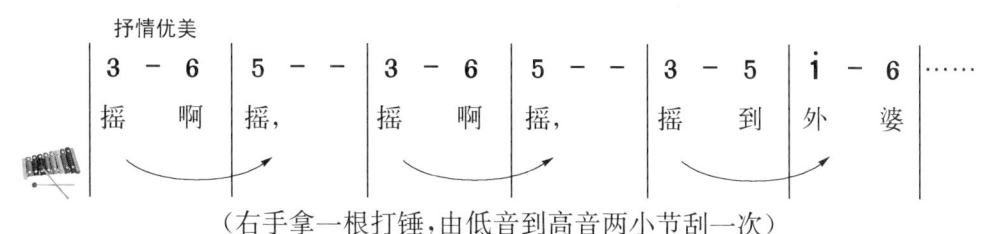

提醒幼儿，用戴红花的右手大拇指和食指，拿着打锤从低音向高音轻轻地两小节刮奏一次。

（1）幼儿边唱边练习两遍。

（2）幼儿看着铝板琴图形谱，先用书空的方法练习，然后边唱边练习。

5. 学习用铃鼓为摇船摇奏的方法

（1）老师出示用铃鼓为《摇到外婆桥》伴奏的图形谱为歌曲伴奏。

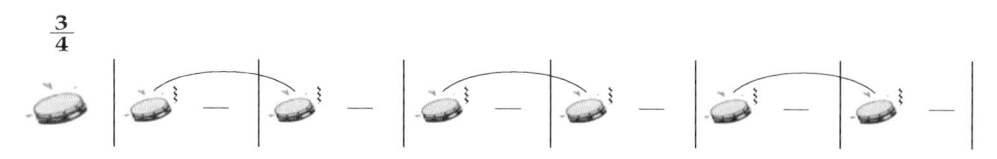

3/4

小朋友坐着船去看外婆，铃鼓高兴地边轻轻地摇边说："你们听听我摇铃鼓发出的是什么声音？"（哗啦啦……）

老师：边演示摇铃鼓边说："| 哗啦啦 | 哗啦啦 | 看外婆 | 真开心 | ……"

（2）启发幼儿用书空的方法，手模仿拿铃鼓，边摇边说："| 看外婆 | 真开心 | ……"

（3）引导幼儿手拿铃鼓，看着铃鼓图形谱为音乐伴奏

① 幼儿边念"摇到外婆桥"的儿歌，边摇铃鼓为儿歌伴奏。

② 在音乐的伴奏下，幼儿边看铃鼓图形谱，边摇铃鼓为其伴奏边说：

‖ 哗啦啦 | 哗啦啦 | 看外婆 | 真开心 | ……

③ 幼儿边唱边用铃鼓为其伴奏。

（1）多媒体上出示头戴铃鼓头饰的卡通人物，以铃鼓的口气说："小朋友，我是铃鼓，很想和你们一起去看外婆，可以吗？"（好！）师：边拍手边说："欢迎，欢迎！"

（2）多媒体上出示头戴铝板琴的卡通人物，以铝板琴的口气说："去看外婆真开心，我也想和你们一起去看外婆行吗？"师：带幼儿边拍手边说："欢迎，欢迎！"

（五）"囡囡！咱们和铝板琴、铃鼓一起去看外婆去！启发幼儿把铝板琴放在铃鼓里，双手拿好，脚走交替步，边唱《摇到外婆桥》边出去。"

第 三 教 时

一、活动目标

（一）在初步会唱歌曲的基础上，启发幼儿根据多媒体出示的小船的人数：一人、两人、三人、四人结伴搭成小船。按 3/4 拍的节奏边唱边做摇船动作。

（二）启发幼儿看着节奏乐图形谱，在分析比较中学着用铃鼓和铝板琴为歌曲伴奏。

（三）激发幼儿参加活动的兴趣，萌发热爱外婆的情感。

二、活动准备：多媒体

三、活动过程

（一）律动同第一教时。

（二）发声同第一教时。

（三）语言节奏游戏《给外婆|吃点啥》同第一教时。

（四）新授

1. 复习歌曲唱一遍。

2. 幼儿唱歌曲，老师配铝板琴伴奏。

3. 幼儿唱歌曲，两位老师分别拿铝板琴、铃鼓为其伴奏，启发幼儿在分析比较中，学着为歌曲伴奏。师："小朋友，看一看，老师慢慢地伴奏，你们轻轻地按三拍子的节奏拍手好吗？"

(1) 启发幼儿看看老师演奏乐器的动作,每两小节拍一次手。
(2) 出示节奏乐图形谱,在分析比较中学习。

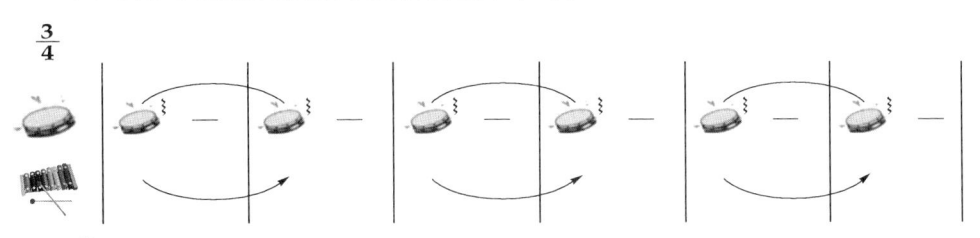

$\frac{3}{4}$

启发幼儿模仿演奏铃鼓的方法,右手拿铃鼓从左往右,边摇边在头前画圆弧两小节一次。

右手拿一根打锤,由低音到高音两小节刮奏一次。

师:"小朋友,看看两位老师演奏铝板琴和演奏铃鼓是一样快慢吗?"(是的)

师:"对,他们都是慢慢地、高兴地划着船。"

(1) 引导幼儿逐项乐器书空练习。
(2) 引导幼儿逐项拿乐器练习。
(3) 幼儿分两部分,分别拿铃鼓、铝板琴为歌曲伴奏两遍。

4. 启发幼儿看多媒体,根据多媒体上的人数搭船,边唱边游戏

师:我们要去看外婆,可是没有船怎么走呢?(那我们来搭船吧。)

(1) 一人搭船。"小朋友,看看图片上是几个人搭船?"(　　)

(2) "一个人怎么搭船?"启发幼儿试着做出动作后老师小结:"每人找一个空地方,互相不要撞着。坐在地上两腿向前并拢、伸直、搭船。"老师带领幼儿一起找空地方边唱边划船。

(3) 两人搭船。"小朋友,想想两人怎么搭船?"(　　)幼儿说出。启发幼儿做出动作,老师带幼儿随着音乐搭船,两人一起合作搭船边唱边做划船动作。

(4) 三人搭船。"三个人怎么搭船?"(　　)听音乐,幼儿自愿结

对,跟着音乐边唱边划船。及时鼓励幼儿动作一致,按三拍子节拍做动作的幼儿。

5. 在游戏中,复习巩固一人、两人、三人、四人……结对搭船的方法

(1) 出示某教师扮演外婆的照片,"瞧,这是谁的外婆?"(红红的外婆)红红的外婆生日是 4 月 18 日。呀! 巧了,正好是明天,我们明天给外婆过生日去好吗? (好)

"咱们把搭船的方法练习的好一点,好吗?"(好!)我们男孩和女孩来比赛一下,谁先来呢?(幼儿踊跃地举手)小朋友真棒! 男孩女孩都踊跃地举手,怎么办呢? 谁先来呢?(用剪刀、石头、布的方法!)

"咱们就用剪刀石头布吧,全体小朋友当评委,男孩女孩各出一名代表。"小朋友一起喊"剪刀、石头、布!"女孩子赢了,请女孩子上来搭船。

(2) 启发女孩根据多媒体中出现的船(一人船、两人船……)自愿结对,第一遍音乐合作搭船,第二遍音乐边唱边协调一致地划船,男孩分成两部分,分别用铃鼓和铝板琴为其伴奏。

结束后老师边鼓掌边小结:"女孩子搭船搭的好,男孩子伴奏也很棒,老师太高兴了!"

(3) 启发男孩,根据多媒体中出现的船(一人船、两人船……)自愿结对搭船,"男孩子肯定会更棒! 请女孩子在第二遍音乐为他们伴奏。"

老师边拍手边说:"我们的男孩子、女孩子都很棒! 老师太高兴了。"

6. 游戏:给外婆过生日

(1) 全班幼儿练习搭船、划船,老师为其伴奏。

"4 月 18 日到了,我们去看外婆了!"启发幼儿根据多媒体上出现的各种船(一人船、两人船……),快速找到朋友结对、搭船。老师巡回指导,及时表扬能快速找到朋友搭船,并迅速找到空地方坐好,准备划船的幼儿。第一遍音乐搭船,第二遍音乐边唱边划船,两位老师分别用铃鼓和铝板琴为其伴奏。

(2) 看外婆,给外婆过生日。

出示:房门(门上有门铃),"叮咚"一教师扮演外婆,"谁呀?"幼儿打招呼,"外婆,侬好! 阿拉来看侬啦!"

师:"快给外婆说说,你们带了什么礼物?"幼儿说带蛋糕等。

师:"今天是外婆的生日,说句什么祝福的话?"幼儿踊跃举手说,如祝外婆寿比南山、福如东海等。幼儿说出后全班幼儿拍手,有节奏的重复。

外婆:"孩子们,你们真是乖。谢谢你们来看我,欢迎以后常来玩,陪陪外婆。"

幼儿:"外婆,我们一定会常来看你,陪您玩……"

师:"囡囡,阿拉陪外婆去玩了!"

(五) 幼儿拿好自己的一份乐器,边唱边走交替步出门。

多元智能统整课程评价表

语言智能
1. 会用上海方言念儿歌
2. 会说很多祝福生日快乐的话
3. 语言节奏游戏《给外婆吃什么……》
4. 会有礼貌地向外婆问好
5. 会说上海话

数学逻辑智能
1. 能掌握3/4拍的节奏，知道两小节伴奏一下
2. 会一人、两人、三人、四人结对搭船做游戏
3. 在分析比较中学唱歌曲
4. 在探索中学唱歌曲

自然观察智能
1. 会观察老师的示范表演
2. 会观察老师的摇船动作、模仿做出
3. 会观察多媒体，并根据多媒体的摇船的动作，模仿做出

肢体运动智能
1. 会用肢体动作拍手、拍腿……表现3/4拍的节奏
2. 会用肢体动作合作表演划船
3. 会用符合内容的不同动作表现与表达

童谣游戏(大班)：《摇到外婆桥》

视觉空间智能
1. 教材视觉形象化
2. 会用目测的方法，结对表演，并找空地方表演互不碰撞
3. 会观察多媒体上船的人数，结对搭船

人际智能
1. 给外婆买礼物，帮外婆做事情，激发爱外婆的情感
2. 会找朋友，合作搭船，合作表演
3. 在师幼、幼幼的互动中体验快乐

音乐智能
1. 用自然好听的声音唱歌
2. 能掌握3/4拍的节奏
3. 会按音乐的3/4拍的节奏摇船
4. 会用3/4的节奏二小节一次刮奏、摇奏，弄出流水声为歌曲伴奏

内省智能
1. 能集中精力专注的学习在探索中学唱歌曲，培养自学能力
2. 在游戏中感受歌曲的内容，激发爱外婆的情感
3. 在活动中，自主自律，能遵守节奏乐的常规

韵律活动(大班)：
上海叫卖小调《白兰花》

一、活动背景

作为一个上海小公民需要了解上海乡土文化，因此我们立足从幼儿兴趣出发，提取具有教育价值的内容，选择了上海叫卖小调《白兰花》。

我们从幼儿实际出发，把握幼儿发展层次的差异，在日常活动中我们让幼儿做了已知经验的储备：说上海话，了解各种花卉的名称，并渗透了有关春季的知识。希望通过多种形式、多种途径的交互作用，以达到幼儿自主参与、自发生成，在其自身认知结构基础上向更高一阶段发展。

二、教材

上海叫卖小调《白兰花》

$1=\frac{1}{3}$　　　　　　　　　　　　　　　　　　　　　　　　上海童谣

3　3　2　—　|　1　2　6　—　|　1　2　3　2·　|　1　2　6　—　‖

沪语：栀 子 花，　　白 兰 花，　　五 分 洋 钿　买 一 朵，
　　　栀 子 花，　　白 兰 花，　　人 民 生 活　要 美 化。

沪语说白：A. 栀子花，白兰花，五分洋钿买一朵，请问你要买啥花？
　　　　　B. 我要买朵白兰花，五分洋钿交给你。

(一) 分析教材

1. 音乐：三拍子，抒情优美的音乐，是上海传统叫卖小调，歌词简单，幼儿容易理解。

2. 动作：启发幼儿脚按三拍子节奏走一步或走交替步，手做符合内容的不同动作。

第一段(1)—(2)：做不同开花动作。

(3)—(4)：五分钱必须准确地做出五个手指，买一朵必须准确伸出一个手指。

第二段(1)—(2)：同第一段。

(3)—(4)：这一小节表现人民生活水平提高做高兴的动作：两臂可在胸前打开，或在头上按三拍子节奏左右摆动，或双手在头上按三拍子节奏高兴地转圈。

(二) 重点、难点

1. 难点

三拍子节奏，特别是用脚走出三拍子。（五分洋钿——上海话，洋钿是钱的意思，即五分钱）

2. 重点

第一教时：在学会儿歌(歌词)的基础上，边感受边把歌词填入歌曲旋律中，培养自学能力。

第二教时：在感受中，通过看手势、看指挥、看两声部轮唱的图式谱学唱两声部轮唱。

第三教时：根据图片及实物所表现的不同花，能即兴改编花名和价格并唱出。

(三) 已知经验的准备

1. 幼儿用上海话学会儿歌及轮诵。

2. 认识常见的各种花，特别是栀子花、白兰花。再认识其他花，如玫瑰花、鸡冠花、茉莉花、一串红、蝴蝶花、美人蕉、康乃馨、大理菊。请幼儿从家中带各种花的图片。

3. 请家长向幼儿介绍花，在教育环境中提供花的名称及图片布置。

4. 在角色游戏中开花店，扮演做花、卖花的角色。学会买花，会进行买卖交易。

5. 户外活动时即兴向幼儿介绍小区内的各种花卉。

6. 向幼儿介绍旧社会卖花姑娘、卖花的情况，利用多媒体或图片出示卖花姑娘的照片。

7. 幼儿已学会交替步。

第 一 教 时

一、活动目标

(一) 在听听、看看、玩玩的过程中，感受音乐的性质，了解歌曲的内容，知道这是老上海卖花姑娘卖花时唱的歌。

(二) 在学会儿歌(歌词)的基础上,启发幼儿在感受探索中,将歌词填入旋律中,培养幼儿的自学能力。

(三) 激发幼儿参加音乐活动的兴趣,在活动过程中萌发幼儿喜爱上海传统文化的情感。

二、活动准备

(一) 多媒体。

(二) 会用上海话背诵叫卖小调《白兰花》。

(三) 会按三拍子的节奏走交替步。

二、活动过程

(一) 律动《逛花市》,在《白兰花》的音乐伴奏下,幼儿脚按三拍子的节奏走路,手做各种逛花市休闲的动作(打伞、扇扇子、背包、两个人手挽手指点花等)

师:"小朋友,今天我们一起去逛逛花市,花市上有各种各样美丽的花朵,真高兴啊！走喽！"

(二) 练声《这是什么花》

$\frac{3}{4}$ 1· 2 3 4 | 5 − − | 5· 4 3 2 | 1 − − ‖

师：这 是 什 么 花？ 幼：这 是 玫 瑰 花(茉莉花、栀子花……)

(三)语言节奏《你买什么花》

老师即兴随机问个别幼儿"你买什么花",启发幼儿用 3/4 拍的节奏(ⅹ ⅹ ⅹ ⅹ)说出自己要买的花名。

师:你买 什么 花?

幼:我买 玫瑰 花。

全体:玫瑰 花—……

(四)复习歌曲《上海童谣——摇啊摇》

(五)新授上海叫卖小调《白兰花》

1. 感受歌曲的性质和内容

(1)师:"听一听这首歌曲有什么感觉?在哪里听过?"(进场)

(2)师:"听一听这首歌好听吗?有什么感受?"(好听)

(3)师:"听一听音乐,拍拍手,试一试、想一想是几拍子的音乐?"(三拍子)

幼儿泛讲后,老师讲出并唱出。这是一首优美抒情的歌曲。

(4)边听边按三拍子的节奏拍手。师:"听听歌里唱了什么内容?"

幼儿说出,老师唱出,同时出示卖花姑娘卖花的录像。老师介绍:"这是一首旧社会上海卖花姑娘卖花时唱的歌曲。"老师边唱边跳,做卖花的动作与表情(两遍),第二遍幼儿随意跟做。

2. 在感受探索中启发幼儿将儿歌试着唱进旋律中

（1）老师清唱。

师："你们听听老师唱的歌曲,想想和你们学的儿歌一样吗?"（一样）"有不一样的地方吗?"（老师是唱的,我们是念的儿歌）

（2）启发幼儿用沪语念儿歌（歌词）两遍。

（3）听录音歌曲,老师带幼儿随歌曲念儿歌（两遍）,体验词曲一致。

师："我们一边听着录音里唱的歌曲,一边念念儿歌,最后怎么样?"幼儿泛讲后师："录音里的歌唱完了,我们的儿歌也结束了,原来我们念的儿歌就是歌曲的歌词,我们再试一遍。"

（4）再次听录音歌曲,老师带幼儿念儿歌（两遍）。

（5）启发幼儿边听录音,用 la、lu 轻声随旋律哼唱两遍。

（6）启发幼儿试着将歌词填入旋律中放慢速度唱两遍,正常速度唱两遍。

（六）结束：启发幼儿边唱边按三拍子的节奏走出教室

第 二 教 时

一、活动目标

（一）进一步感受歌曲,在观察探索中找出创编的基本规律并进行创编,启发幼儿用符合内容的不同动作表现。

（二）在初步会唱歌曲的基础上,通过看指挥及看轮唱图式谱,在探索中学唱两声部的轮唱,培养幼儿的听觉和注意力的分配,体验和声美。

（三）激发幼儿参加音乐活动的兴趣,大胆参与。

二、活动准备

多媒体、图片（花和钱）。

三、活动过程

（一）律动《逛花市》，启发幼儿脚按三拍子的节奏走路，边唱《白兰花》边随意做出符合歌曲内容的动作

师："小朋友，今天我们一起去逛逛花市，花市上有各种各样美丽的花朵，真高兴啊！走咯！"

（二）练声同第一教时

（三）语言节奏《你买什么花》

启发幼儿用3/4拍的节奏 XX　XX　X 说出自己要买的花名，老师边走交替步，边按 XX　XX　X 的节奏，轮流问幼儿 你买 什么 花，被问到的幼儿边拍手，边按3/4拍的节奏，说出自己要买的花。一位幼儿说出，全班幼儿边拍手边重复 他 买 XX 花……

（四）新授

1. 进一步感受歌曲，在观察探索中找出创编的基本规律进行创编，启发幼儿做出符合内容的不同动作

（1）听前奏回忆名称。

（2）唱一遍歌曲。

（3）观察老师三种符合内容的不同动作的表演，启发幼儿找出其中创编动作的基本规律。

① 师："现在由老师边唱边表演三遍，你们看一看，哪些动作是每一遍都做得一样？"（唱五分钱时，伸出5个手指，一朵花时，伸出1个手指）

幼儿说出，老师边唱(3)(4)小节带幼儿做一遍。

② 启发幼儿说出动作不一样的地方。（栀子花、白兰花）

A. 师："老师做的花的动作是不一样的，你们想一想不一样的花可以怎样做？"

幼儿说出一种，老师在多媒体中出示相应的图片，并做出相应的动作，大花、小花、花朵与花苞、不同方位开花（上下左右），并引导幼儿做出。

B. 老师唱(1)(2)小节，启发幼儿做出不同的开花动作。

C. 师："人民生活要美化，这句话是什么意思？"（幼儿泛讲）

老师小结："人民的生活越来越好，会用许多鲜花来装扮家里的环境，心里很开心。想想用什么动作表现开心？"

幼儿说出，老师做出，并启发幼儿一起做。

D. 在"人民生活要美化"的音乐伴奏下，启发幼儿做出开心的不同动作，及时表扬符合内容的不同动作，引导幼儿向其学习。

③ 在音乐的伴奏下，由幼儿表演。

2. 在感受探索中,学习两声部的轮唱

(1) 欣赏老师的两声部轮唱。

师:"听听两位老师唱的一样吗?(不一样)有什么不一样?"(一个先唱,一个后唱)

(2) 幼儿两声部轮诵《白兰花》。

师:"我们小朋友会念两声部的轮诵,你们想想和老师的两声部轮唱比比,什么地方一样,什么地方不一样。"(老师唱,我们念)

(3) 幼儿看两声部轮唱图式谱,在探索中学唱。

① 师:"刚才两位老师唱轮唱时,第一句是几个人唱?"(一个)出示第一声部的图式谱(8张)。

② 再次示范两声部轮唱。

师:"第二位老师在什么时候开始唱的?"(第一位老师唱完《白兰花》的时候开始唱的)

幼儿说出,老师在第一声部下面出示第二声部的图式谱。

③ 第三次示范两声部轮唱。

师:"两位老师开始不是一起唱的,最后却是一起结束,她们是怎样唱的?"(第一声部最后一句唱两遍)

幼儿说出,老师出示完整的9张图片。

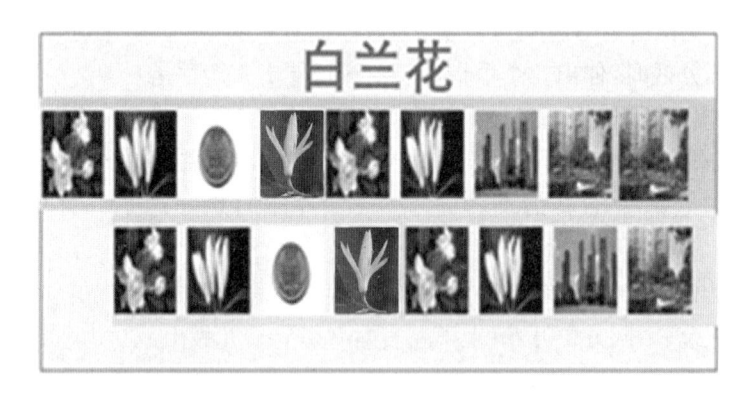

④ 老师带幼儿看图片学唱第一声部,一个老师配唱第二声部两遍。

⑤ 另一个老师唱第一声部,师带幼儿边看图边唱第二声部两遍。

⑥ 幼儿分两声部边看图边唱,提醒幼儿认真看图,耳朵要听别的声部演唱。

(4) 看指挥学唱两声部轮唱。

师:"老师的两只手就代表两声部,什么时候开始唱,什么时候结束,一定要看我的指挥。"

幼儿在老师的指挥下练习,在第二小结及最后一句用夸大的动作和眼神进行

提示。（唱两遍）

（五）幼儿边唱《白兰花》边做符合内容的不同动作走出活动室

第 三 教 时

一、活动目标

（一）在听听、看看、玩玩的过程中，会用齐唱、轮唱、动作表现歌曲的基础上，启发幼儿根据图片、实物上不同的花及不同的价格，即兴在花及价格处改编并唱出。

（二）在活动过程中，萌发幼儿爱上海传统文化的情感。

（三）激发幼儿参加活动的兴趣，大胆参与，不怕唱错。

二、活动准备

图片、实物、不同的花及不同的价格。

三、活动过程

（一）律动同第二教时。

（二）练声同第二教时。

（三）语言节奏《你买什么花》。

老师即兴随机问个别幼儿"你买什么花"，启发幼儿用 3/4 拍的节奏（XX XX X）全班轮流说出自己要买的花名，一位幼儿说出，全班重复。

（四）新授

1. 启发幼儿用齐唱、轮唱的方法表现歌曲

（1）听前奏回忆名称。

（2）幼儿演唱一遍。

（3）老师带部分幼儿表演，幼儿伴唱一遍。

（4）全体幼儿边唱边表演一遍。

（5）两声部轮唱。（提醒幼儿注意倾听他声部，协调一致地朗诵）

2. 启发幼儿根据多媒体及实物花的名称及价格，即兴在花及价格处创编并唱出

（1）游戏《看看谁的本领大》。

启发幼儿根据多媒体上出示的花，试着在花处用相应的花名唱。

① 师:"小朋友你们看多媒体上有几种花?(两种)两种花叫什么名字?"(一串红、大理花)

引导幼儿重复念出。师:"你们试试能不能把这两样花名唱进歌曲中。"

幼儿试唱后,老师引导幼儿唱出。(在花名的地方老师用夸大的口型进行暗示)

② 引导幼儿根据多媒体中出示的花名与价格唱出。

师:"你们看看刚才的一串红或大理花,是多少钱买一朵?你们数数看是几元钱?"

引导幼儿口、手一致地数。(1元钱)

师:"你们谁能把1元钱唱进歌里?"

幼儿试唱后,引导幼儿把几分钱在第三小节"5分钱"处改编成"一元钱"唱出。

③ 幼儿完整演唱改编的歌曲。

④ 老师在多媒体中出示不同的花和价格,引导幼儿一一改编唱出三遍。

(2) 游戏《变变变》。

① 师:"我们做一个游戏《变变变》,老师拿出两朵花和它的价格数,你们要把这两朵花的名字和价钱唱出来。"

师:"这是 什么 花?"幼:"郁金香—,百合花—。"师:"几元钱—,买一朵—?"

幼:"2元钱—,买一朵—。"幼儿在音乐伴奏下唱一遍。

② 请个别幼儿上来拿出花和价格后,老师带幼儿用语言节奏问和答,再带幼儿演唱一遍。

3. 在玩游戏的过程中,通过互动进一步巩固歌曲创编的内容

(1) 老师扮演卖花人,幼儿扮演顾客,老师演唱叫卖,在歌曲结束后,站在幼儿面前用上海方言说:栀子花—,白兰花—,五分 洋钿·买一 朵—,请问 你要·买啥 花—?

幼儿回答:我要 买朵·白兰 花—,五分 洋钿·交给 你—。全体幼儿用沪语数数,正确后说:对对 对—,卖给 你—。

(2) 游戏重复两次,第二次改编花名和价格。

(3) 幼儿分两部分,分别扮演卖花者与买花者,卖花者唱歌曲时,即兴唱出不同的花名和价格并互相对话;买花者拿出相应价格的数字,交给卖花者,再交换角

色再次进行表演。

师:"小朋友,我们一半小朋友当卖花的,一半小朋友当买花的,你们商量商量谁当卖花的谁当买花的,按音乐的节奏取道具,准备表演。"买花和卖花的幼儿互相交换表演两次。

(五)幼儿手拿道具边唱边按三拍子的节奏走出活动室

附教材:

上海叫卖小调《白兰花》

一、《白兰花》二声部轮唱

3 3 2 — | 1 2 $\dot{6}$ — | 1 2 3 $\widehat{21}$ 2· | 1 2 $\dot{6}$ — | 3 3 2 — | 1 2 $\dot{6}$ — |
栀子 花, 白兰 花, 五分 洋钿 买一 朵, 栀子 花, 白兰 花,

1 2 3 $\widehat{21}$ 2· | 1 2 $\dot{6}$ — | 1 2 $\dot{6}$ — ‖
人民 生活 要美 化, 要美 化。

   3 3 2 — | 1 2 $\dot{6}$ — | 1 2 3 $\widehat{21}$ 2· | 1 2 $\dot{6}$ — | 3 3 2 —
   栀子 花, 白兰 花, 五分 洋钿 买一 朵, 栀子 花,

1 2 $\dot{6}$ — | 1 2 3 $\widehat{21}$ 2· | 1 2 $\dot{6}$ — ‖
白兰 花, 人民 生活 要美 化。

二、《白兰花》二声部轮诵

栀子花	白兰花—	五分洋钿·	买一朵—	栀子花—	白兰花—	人民生活·	要美化—	要美化—
	栀子花—	白兰花—	五分洋钿·	买一朵—	栀子花—	白兰花—	人民生活·	要美化—

三、"白兰花"图形谱

四、"白兰花"两声部轮唱(轮诵)图形谱

多元智能统整课程评价表

语言智能
1. 学会《白兰花》的歌词，学会用上海话朗读歌词。学会二声部的轮诵、轮唱
2. 语言节奏游戏，"这是什么花？""你买什么花？"
3. 会有礼貌地向外国朋友、中国朋友、老人打招呼
4. 用语言主动宣传花

数学逻辑智能
1. 在探索中找出创作的规律，培养孩子逻辑思维的能力
2. 能准确地用手指数表现花朵数及钱数
3. 根据多媒体上的花名及钱数，创编出歌曲
4. 口、手一致地数数1—5

自然观察智能
1. 会看着指挥和图形谱朗诵、唱歌
2. 根据多媒体上的内容发声
3. 根据多媒体出示的内容创编

肢体运动智能
1. 能用符合内容的不同动作表达与表现
2. 能边唱边表演
3. 边走交替步边和朋友交流

韵律活动(大班)：上海叫卖小调《白兰花》

视觉空间智能
1. 教材视觉化
2. 能自由结伴逛花市。能自主地找地方表演，互不碰撞

人际智能
1. 体现卖花者与买花者之间的交流、合作的愉快
2. 两声部轮唱、轮奏，协调一致，互相配合，体现合作的愉快
3. 老师即兴随机问幼儿，幼儿回答后，全班重复说出，对同伴的回答进行肯定支持

音乐智能
1. 会用自然好听的声音唱歌
2. 能掌握三拍子的节奏，两声部轮唱、轮诵，培养了注意力的分配及体验和声美
3. 能按3/4拍的节奏表达、表现

内省智能
1. 能大胆自信地做小宣传员，主动和人打招呼，在活动过程中萌发幼儿爱上海传统文化的情感
2. 集体活动中能自主和自律
3. 能发挥想象力进行创编
4. 在探索中，主动地学唱歌曲
5. 自主协调分配卖花者、买花者的角色，合作表演

韵律活动(大班):
民歌续编《花儿对对碰》

一、活动背景

冬去春来,四季不断地轮换,大班幼儿通过自身的生活经验,他们知道了四季轮换规律,充满好奇——四季为什么轮换?四季是怎么形成的?四季的花有什么不同?为此,我们《春夏和秋冬》的主题预设活动中,有必要让幼儿知道四季是怎么来的。让他们再次感受四季的花、草、树木以及各季节天气的主要特征,比较四季的明显不同,初步了解四季轮换顺序,并感受季节的变化对人们生活的影响。对歌作为民歌,具有浓郁民俗风格,一般幼儿很难接触,因此选择《花儿对对碰》音乐活动设计,结合了电影《刘三姐》插曲《对歌》山歌问答的特点,引发幼儿根据原唱的规律,以四季花为背景,利用可探索、可搜集的生活中直观资源,不论是在幼儿园中、在家中都鼓励孩子们研究四季的花的相关信息,到大自然中去寻找答案,到生活中去搜集自己所需要的材料,这样让孩子们利用身边的资源,使他们有更多的机会亲近大自然,教学活动注重以幼儿学习兴趣为起点,采用多种游戏化的方法,调动幼儿学习的积极性,给幼儿创设了和谐自由的学习氛围,引导幼儿用积极探索的方法,获得续编对歌的能力,从而空间智能、观察智能、内省智能、数学逻辑智能、人际智能、身体运动智能与语言智能等多方位的智能得到提高。

二、教材分析

(一)音乐

电影《刘三姐》插曲——《对歌》具有浓厚的民族风格的音乐。采用独唱和众唱的对唱形式,幼儿很喜欢。

(二)难点

旋律拐弯较多,装饰音较难唱,一定要在反复感受的基础上学唱歌曲。

(三)重点

第一教时:反复多种形式感受听音乐,跟学众唱。

第二教时：学唱歌曲和用动作表现。

第三教时：续编歌曲，根据各种花的知识，用小组协商讨论的方法迁移到歌曲中。

三、知识准备

（一）了解刘三姐的歌曲—对唱的形式、内容

什么叫对唱（一问一答）了解少数民族壮族的服饰、特点。

（二）了解花的知识

认识花（名称、形状、颜色、功能、开放的季节……）。

（三）孩子会协商（小组分工合作）

如何设计方案；知道用相应的符号设计图形，表达歌曲的内容；如何画主要的代表事物；如何看图练习对唱；了解图形谱上的符号怎样表达歌曲内容。

（四）会用简笔画

画鸭子、鸳鸯、轮船、人翻筋斗……能画出主要特征，让别人能看懂。

四、歌曲

花儿对对碰

电影《刘三姐》插曲《对歌》

1=♭B 2/4 4/4

$\widehat{5\cdot\ 3}$ | 3 2 3 2 2 | 2 1 6 1 6 5 | 2 3 2 1 6 5 5 | 5 — 5 — |

(1)　　　　　　　　　　　　　　　(3)

$\widehat{2}$ — — | 3 2 3 2 6 1 2 3 2 | 2· 5 3 1 2 0 |

男：哎　　　　　什么　水面　打筋斗？哎　　（众）嗨　哎　呦　呦！

女：哎　　　　　鸭子　水面　打筋斗？哎　　（众）嗨　哎　呦　呦！

　　　　　　　　　　　　　　　(5)

3 2 3 2 2 1 6 1 6 5 | 5· 1 6 3 5 |

男：什么　水面　起高楼　哎　　（众）嗨　哎　呦　呦

女：轮船　水面　起高楼　哎　　（众）嗨　哎　呦　呦

6 1 2 3 2 1 2 1 6 | 6 1 2 3 2 1 6 1 2 1 | 1· 3 |

男：什么　水面　撑　雨伞哎　什么　水面　共　白头　哎

女：荷叶　水面　撑　雨伞哎　鸳鸯　水面　共　白头　哎

```
         3 2 3   2 2  | 2 1 6̣  1 6̣ 5̣  | 6̣ 1 2   3   | 2 1 6̣ 5̣  | 5̇·⁶̇ |
男：什么  水面   撑雨  伞      什么 水面  共   白     头哎
女：荷叶  水面   撑雨  伞      鸳鸯 水面  共   白     头哎
```

问答歌词图形谱

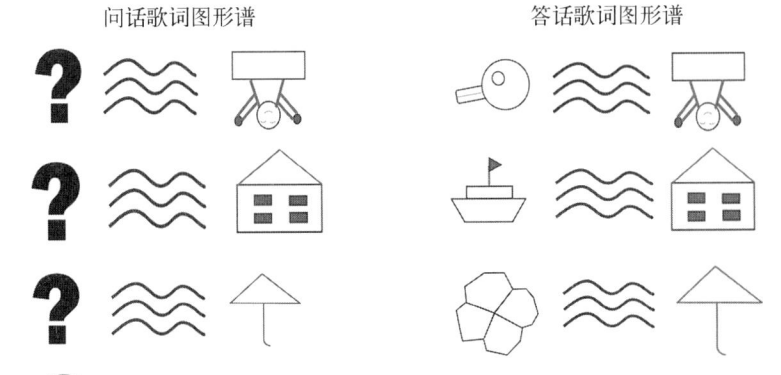

问话歌词图形谱　　　　　答话歌词图形谱

儿歌《对答歌》：

师："嗨嗨 我来问，你来答！"　　幼："嗨嗨 我来答 请听好！"

师："什么 水面 打筋斗……！"　　幼："鸭子 水面 打筋斗……！"

师："什么 水面 起高楼……！"　　幼："轮船 水面 起高楼……！"

师："什么 水面 撑雨伞……！"　　幼："荷叶 水面 撑雨伞……！"

师："什么 水面 共白头……！"　　幼："鸳鸯 水面 共白头……！"

第 一 教 时

一、活动目标

（一）在听、看、玩、念、唱的过程中，了解对歌的演唱形式。

（二）感受歌曲音乐的性质及歌曲的内容，对歌曲有一个完整良好的印象，初步跟唱众唱部分。

（三）初步了解用符号表现歌曲内容的方法。

（四）激发幼儿参加音乐活动的兴趣。

二、活动准备

(一) 示范录像、《刘三姐》视频、《对歌》的相关内容。

(二) 幼儿学会《花儿对对碰》的歌词：即儿歌《对答歌》。

三、活动过程

(一) 游戏《到山寨去旅游》：多媒体出示壮族山寨背景,在《花儿对对碰》的音乐伴奏下,幼儿按节拍自由步入活动室,并在第(3)(5)小节最后二拍,按XXX的节奏拍手。

(二) 儿歌《对答歌》。

(三) 语言节奏游戏：《看谁答的对》老师不按歌词顺序问,启发幼儿即兴回答出。

师："嗨嗨 我来问,你来答!" 幼："嗨嗨 我来答 请听好!"

师："什么 水面 打筋斗……!" 幼："鸭子(白鹅、天鹅) 水面 打筋斗……!"

(四) 发声《这是什么花?》：启发幼儿根据多媒体的内容及老师的问唱,用相应的歌词唱出。

| 1 2 3 4 | 5 - | 5 4 3 2 | 1 - |

师：这 是 什 么 花？ 幼：这 是 太 阳 花。

太阳花 何时 开？ 太阳花 夏天 开。

太阳花 像什 么？ 太阳花 像太 阳？

(马蹄莲、喇叭花、鸡冠花、蝴蝶花)

(五) 复习歌曲《白兰花》：幼儿用齐唱和轮唱的方法各唱一遍,启发幼儿用心听他声部的歌声,老师用指挥的方法稳定两个声部的节奏。

(六) 新授。

1. 感受电影《刘三姐》插曲《对歌》的欢快情绪和热闹的对唱形式

(1) "小朋友,老师给你们听一段音乐,看一段录像,你们听听音乐心里觉得怎么样?"

(听两遍)幼儿泛讲后,老师小结："音乐很好听,很欢快,很热闹。"

(2) 再次感受音乐："听听音乐,看看录像,想一想,他们唱歌的方法,和我们平时一起唱歌的方法有什么不一样?"幼儿泛讲后老师小结："小朋友唱歌是一起唱的,他们是对唱的,一部分人问唱,一部分人答唱,有问有答,这种用对唱的形式唱歌叫对歌。"

2. 感受《花儿对对碰》音乐的内容

(1) 多位老师示范(一人领唱,众答唱)："听听老师唱的歌,想想是怎样唱的?"(一位老师问唱,许多老师答唱,也是对唱的)

(2) 多位老师再次示范:"老师唱的和《刘三姐》的山歌歌唱的方法一样,都是用对唱的方法唱的,听听歌里唱了什么?"幼儿说出,老师讲出、画出,边指边问边答。

小结:这首歌有两大段,第一段唱的是问话,第二段唱的是答话。

(3) 再次范唱:感受问话的内容,并启发幼儿想出用不同的符号画出歌词。

① "这首《对歌》问话都问了什么?"幼儿说出,老师讲出并唱出(什么水面打筋斗哎?什么水面起高楼?什么水面撑雨伞?什么水面共白头?)

② "问话可以用什么符号画?"(? 号)"还可以用什么符号?"(还可以写汉字"什么"或画一个小朋友动脑筋的样子……)幼儿回答后老师画出。

(4) 老师再次范唱:感受答话的内容,并启发幼儿想出记录歌词的方法。

① "答话是怎样回答的? 唱了什么?"幼儿讲出老师讲出,唱出并画出。

② "答话先画什么?"(要想想问话中问的是什么? 画出答案)"第一段中先问什么?"(什么水中打筋斗?)"'什么水中打筋斗?'的答案是什么?"(鸭子)

"答案应该先画什么?"(画鸭子 　　　鸭子……)

"答案再画什么?"(画水面、写字或画图 　　水)

"最后画什么?"(打筋斗 　　　)

老师小结:"我们用符号画歌曲的时候,要想想歌里唱的是什么? 把主要内容按顺序画出来。"

③ 再次感受歌曲:启发幼儿边看图边跟唱(3)—(5)小节的众唱部分,老师领唱时用符合内容的不同动作表现。

A. 多位老师示范(一人领唱,多人众唱)。

B. 多位老师范唱:启发幼儿跟唱众唱部分。

C. 观看歌曲符号图形谱,跟随老师唱众唱部分(两遍)。

(七) 在音乐伴随下边唱边走出教室。

第 二 教 时

一、活动目标

(一) 在多种形式感受的基础上,启发幼儿根据歌曲内容初步学习用不同符号记录歌曲内容,发挥幼儿的想象力和创造力。

(二) 在感受中初步学唱歌曲,并初步用简单动作表现。

（三）激发幼儿参加活动的兴趣，大胆参与，不怕做错。

二、活动准备

示范录像、《刘三姐》视频、问答歌、每人一份纸、笔、照相机。

三、活动过程

（一）游戏《到山寨去旅游》同第一教时

（二）复习儿歌《问答歌》

1. 幼儿分两组问、答。

幼："嗨嗨 我来问，请你答！"幼："嗨嗨 我来答，请听好！"……

2. 幼儿两两协商谁问，谁答，念一遍。

（三）发声《什么花有啥用》。启发幼儿边唱边做动作

1 2 3 4 5 —	5 5 5 5 5 5 —	5 4 3 2 1 —
师：菊 花 有 啥 用？幼：	能 降 火 能 降 火，	菊 花 能 降 火。
玫瑰花 有 啥 用？	能 美 容 能 美 容，	玫瑰花 能 美 容。
玉蝴蝶 有 啥 用？	能 减 肥 能 减 肥，	玉蝴蝶 能 减 肥。
桂 花 有 啥 用？	能 做 糕 能 做 糕，	桂 花 能 做 糕。

（四）新授

1. 进一步感受音乐的性质和内容

（1）听前奏回忆名称和内容。

（2）老师边表演边唱一遍："这首歌曲有几段？每段唱的是什么？"

幼儿泛讲，老师小结："第一段唱的是问话，第二段唱的是答话。"

（3）教师边表演边唱："想想第一段都问了什么话？"幼儿说出，老师讲出唱出。

（4）教师边表演边唱："想想第二段都答了什么话？"幼儿说出，老师讲出唱出。

2. 老师启发幼儿能根据歌曲的内容，初步学习用不同的符号记录

（1）教师放慢速度分段演唱，启发幼儿用符号逐渐记录老师观察，及时发现记录出主要的内容，表征清晰，用不同方式记录的幼儿在多媒体上展示，教师和幼儿评析后，教师简单小结："用符号记录画面要让别人一看就知道你画的是什么内容，和歌曲的歌词顺序要一样。"

（2）幼儿手举自己记录的歌曲图形谱，听老师演唱，检查自己记录的内容是否正确并随意跟唱。

3. 在感受中初步学唱歌曲

（1）教师唱歌，幼儿念儿歌（歌曲的歌词），体验词曲一致性。

"老师唱的歌和你们念的儿歌一起结束，原来儿歌的内容就是歌词。"

（2）启发幼儿用 la、lu 各唱一遍，熟悉旋律。

（3）启发幼儿放慢速度把歌词唱进旋律中。

坐着唱—看着自己记录的歌曲图形谱唱—老师表演幼儿配唱。

4. 启发幼儿边唱边用符合歌曲内容的简单动作表现

（1）启发幼儿创编第一段符合歌词内容的动作。

"什么"：做问话的创编动作，幼儿泛讲、创编后，老师小结："唱'什么'时眼睛看着对方，头抬起，身体前倾；左手（右手）放在嘴边问；两手在中间做问话；站着问；半蹲着问；踮起脚来问。"

"高楼"：幼儿创编动作泛讲后，老师小结："唱到'高楼'时可以举单手或双手搭高楼，两手轮流叠拳搭高楼。"

"撑伞"：幼儿创编动作，泛讲后老师小结："唱到'撑雨伞'时可以右手食指放在左手手心；合作搭伞（一人伸手心，另一人伸食指放在另一朋友手心下合作搭伞）；做打伞；扛伞动作……"

"共白头"：两个人一起搭肩做朋友；两人食指尖相对（靠近）。

① 边唱第一段边启发幼儿随意做出符号内容的不同动作，及时表扬动作美、有创意的幼儿做小老师，引导幼儿向其学习。

② 边唱边做符合第一段内容的不同动作，老师参与表演。

（2）启发幼儿创编第二段。

重点引导幼儿创编答案的内容，如哎、鸭子、轮船、荷叶、鸳鸯处做出符合内容的不同动作。

① 启发幼儿边唱边随意做出，请有创意的幼儿示范做小老师，带幼儿练习。

② 边唱边做第二段歌词的动作。

（3）观看老师符合内容的不同动作表演（录像）。

（4）老师和幼儿共同表演。

（5）教师幼儿分成两部分，进行对唱表演。启发幼儿做出符合内容的不同动作。

（五）幼儿边唱边跳走出活动室

第 三 教 时

一、活动目标

（一）在会唱歌曲《花儿对对碰》的基础上，在观察、分析、探索中引导幼儿根据已会唱的对歌、内容，分析出续编规律。尝试合作用简笔画、符号或简单文字续编有关花的对歌的图形歌词，并初步根据图形谱上的歌词内容用对歌的旋律唱出，培养幼儿迁移能力。

（二）在互动游戏中体验对歌的乐趣，萌发自信心和敢于挑战的精神，体验合作的愉快。

二、活动准备

（一）会唱对歌，每人一个圆舞板。

（二）丰富有关花的用途、颜色、外形等知识。

（三）会画简笔画，画出花的特征以及与花续编有关的内容（纸和笔每人一份）。

三、活动过程

（一）游戏《到山寨去旅游》同第一教时。

（二）语言节奏接龙游戏《看谁说的对》：启发幼儿根据多媒体上出示的内容及老师的问话，用XX或XXX的节奏型用相应的词有节奏地说出，衔接要紧凑。

师："嘿嘿！我来问，你来答。"幼："嘿嘿，我来答，你听着。"

师："什么 花儿 夏天开？"（幼儿根据多媒体把内容连续说出：荷花、牡丹、月季、石榴花、栀子花、茉莉花……）

师："什么 花儿 是红色？"（一串红、红玫瑰、红月季、蔷薇、茶花……）

（三）新授。

1. 幼儿用多种形式演唱歌曲《花儿对对碰》

（1）启发幼儿看着对歌图形谱唱一遍。

"刚才我们是用什么方法演唱的？"（齐唱）"除了用齐唱的方法，还可以用什么方法演唱这首歌？"（对唱，边唱边敲圆舞板）

（2）幼儿用对唱的形式，边敲圆舞板边唱一遍。

2. 在观察、分析、比较中掌握原歌词的规律，尝试以小组的形式合作，合作创编有关花的内容的歌词，用迁移的方法唱进对歌的旋律中

（1）启发幼儿看多媒体中《花儿对对碰》的对歌，歌词图形谱，分析原唱歌曲的歌词规律。

① 分析问唱四句话中哪个地方一样？（什么，水面）。

哪个地方不一样？（在水面上干什么）

② 分析答唱中四句歌词的规律：幼儿泛讲后老师小结："答唱的时候就是要把答案在'什么'的地方唱出来。中间的水面和在水面上干什么和问话是一样的。"

（2）启发幼儿以小组协商、分工合作的方式，共同商量选择创编花的内容，并用不同的符号记录下来，并共同试着唱进对歌的旋律中。

① 提出创编要求。

"今天我们要进行花的对唱比赛，我们试着用花来创编对歌，我们可以从哪些

地方来编花的问话呢?"幼儿泛讲后老师小结:"可以从花的形状、花的用途、花的颜色、花结的果实、开花的季节、开花的地方、花的颜色……"

② 帮助幼儿试着创编。

"我们大家先一起编编、试试花的形状要怎样编? 谁来试一试?"幼儿说出后,老师即兴用符号记录下来,并启发幼儿共同看着符号图形谱唱出。

③ 启发幼儿以小组的形式在《花儿对对碰》轻声音乐的伴奏下,共同协商,试着创编。

"你们想创编什么内容? 是花的外形还是花的用途? 开放的季节? 还是花的颜色,花的果实? 你们好好商量选择一下,然后你们用自己的方法记录编的内容,最后商量一下六个人如何分工合作? 每个人都要有事做,谁记录问话? 谁记录答话? 谁记录花儿干什么? 谁帮助大家把记录好的符号插在黑板上摆出来.然后按照记录好的歌词图形谱一起唱一唱。记录的图形谱内容,一定要让别人看得懂。"

④ 幼儿分小组在背景音乐伴奏下合作创编,老师参与各小组的讨论、创编,及时进行引导。

(3)启发幼儿将自己小组创编的《花儿对对碰》的歌词图形谱摆出,用不同的方式演唱。

"你们创编的花儿对对碰都很棒,你们打算用什么方式演唱? 哪个小组先演唱?"幼儿可以用抽签或黑白配、抛绣球等方式决定演唱的先后顺序,以各组自己提出的不同表演形式表现与表达,大家共同分析评价。

① 自己小组分两部分对唱。

② 小组问唱,全班答唱。

③ 请大家唱问话,本小组唱答唱,以检验记录的内容是否能被人看得懂。

(四)全体幼儿即兴问,老师回答,和老师互动问话。

四、启发幼儿整理好物品学具,物归原处后边唱边走出活动室。

多元智能统整课程评价表

语言智能
1. 《问答歌》会念
2. 幼儿掌握不同花的名称、开花的季节以及相关的名词
3. 与客人老师互动对歌，幼儿问，老师答

数学逻辑智能
1. 掌握续编的规律
2. 根据歌曲问话、答话，用不同符号记录进行表达、表现。发展幼儿逻辑思维能力
3. 分析评价同伴的创作
4. 会根据不同问话用相应的内容回答

自然观察智能
1. 会根据同伴续编的记录符号唱歌
2. 观察多媒体、老师、同伴表演
3. 在观察、分析、探索中用不同符号为歌曲创编

肢体运动智能
1. 用简单的肢体动作感受、表现音乐
2. 创编歌表演，用符合内容的不同动作表现歌曲，动作协调

律动活动(大班)：民歌续编《花儿对对碰》

视觉空间智能
1. 找空地方表现、表达，互不妨碍
2. 会根据表现的要求及时调整演唱方向

人际智能
1. 与好朋友合作问答
2. 分工合作协商续编内容
3. 小组商量演唱方式
4. 在师幼、幼幼的互动中体验快乐
5. 用各种方法演唱、创编民歌，激发幼儿对祖国民歌的喜爱之情

音乐智能
1. 发声练习《这是什么花》和《看谁答的对》
2. 复习歌曲《白兰花》及学唱歌曲并学会对唱
3. 初步根据图形歌词的旋律唱出，培养幼儿迁移能力
4. 会用自然好听的声音唱歌，会领唱，会齐唱

内省智能
1. 激发幼儿大胆参与、不怕做错的自信。愿意发表自己的意见
2. 活动中主动参与并能自律。发挥想象进行续编
3. 遵守节奏乐演奏的常规
4. 会根据歌词规律用迁移方式进行续编
5. 小组合作创编、协商分工，人人都是有事情做，并协商小组记录如何让别人看懂、听懂

京剧操（大、中、小、托班）：
《北京，我们的首都》

乔　木　陈淑琴 词
汪　玲 曲
陈淑琴　编排动作、队形
浙江省义乌市儿童乐园幼稚园：毛逸萍、徐笑、刘丹、徐欢
文字整理：毛逸萍
图片整理：毛逸萍、徐欢

(1) 1 2 3 2 3 | (3) 3 3 2 1 6 | 3 3 2 1 2 3 5 | 2 1 6 2 1 | (5) 7·7 6 7 | 5 3 5 6 1 |
北京　城多雄　伟，我们的　首　都　　放光　明。天安门　城楼　上，

(7) 3·2 1 2 | 5 6 5 3 | (9) (0 X 0 X | 0 X X | (11) 0 X 0 X | 0 X X) | (13) 7 7 6·7 | 5 5 6 |
大红　灯笼　高高　挂，乙台 乙台 乙台 匡，乙台 乙台 乙台 匡，大会　堂多壮

(15) 1 | 3·5 2 3 | 5 — | (17) X X X X X | X X X X X | (19) X X X X X | X X X X X |
丽　金碧辉　煌。　仓仓 才才仓　才才才才 仓，仓仓 才才仓　才才才才 仓，

(21) 1 2 3 2 3 | (23) 3 3 2 1 6 | 3 3 2 1 2 3 5 | 2 1 6 2 1 | (25) 3 3 2 1 2 3 5 | 2 1 6 2 |
全国　那小朋　友心心　向往　　北京　城，心心　向往　　北京

(27) 1 | 3·5 2 3 | 5 — | 5 0 | (29) X X X X 0 X X | X X X X 0 X X | (31) X X X X | X — ‖
城，北京　城，　　　仓仓七仓 乙台仓，仓仓七仓 乙台仓，才才 才 仓。

动作说明

大花脸：

(1)—(2)小节：左手摊掌由胸前向外侧打开一次，右手同左手做动作一次。（图1）

(3)—(4)小节：双手托掌由下举至右上方。（图2）

(5)—(6)小节：双手翻掌于右侧，原地转一圈。（图3）

(7)—(8)小节：同(3)—(4)小节。

(9)—(12)小节：双手握空心拳曲肘架起，左脚勾脚向侧前方踢，落下后，右脚紧跟成丁字步，换右脚在前走一次。（图4）

图1　　　　　图2　　　　　图3　　　　　图4

(13)—(14)小节：同(5)—(6)小节。

(15)—(16)小节：双手掌心向上由胸前向上打开。（图5）

(17)—(20)小节：同(9)—(12)小节。

(21)—(22)小节：同(1)—(2)小节。

(23)—(24)小节：同(3)—(4)小节。

(25)—(26)小节：动作同上，反方向一次。

(27)—(28)小节：双手打开两侧，翻掌，亮相。（图6）

(29)—(30)小节：同(5)—(6)小节。

(31)—(32)小节：左右手在胸前轮手两次，接着左手在胸前，右手在头顶亮相。（图7）

花旦：

(1)—(2)小节：双手兰花指绕腕由下举至左上方，左脚垫步在右脚后。（图8）

(3)—(4)小节：同上。

(5)—(6)小节：双手在胸前绕圈于右侧翻掌，原地转一圈。（图9）

(7)—(8)小节：双手在胸前由下至上转手腕。（图10）

图 5　　　　　　　　图 6　　　　　　　　图 7

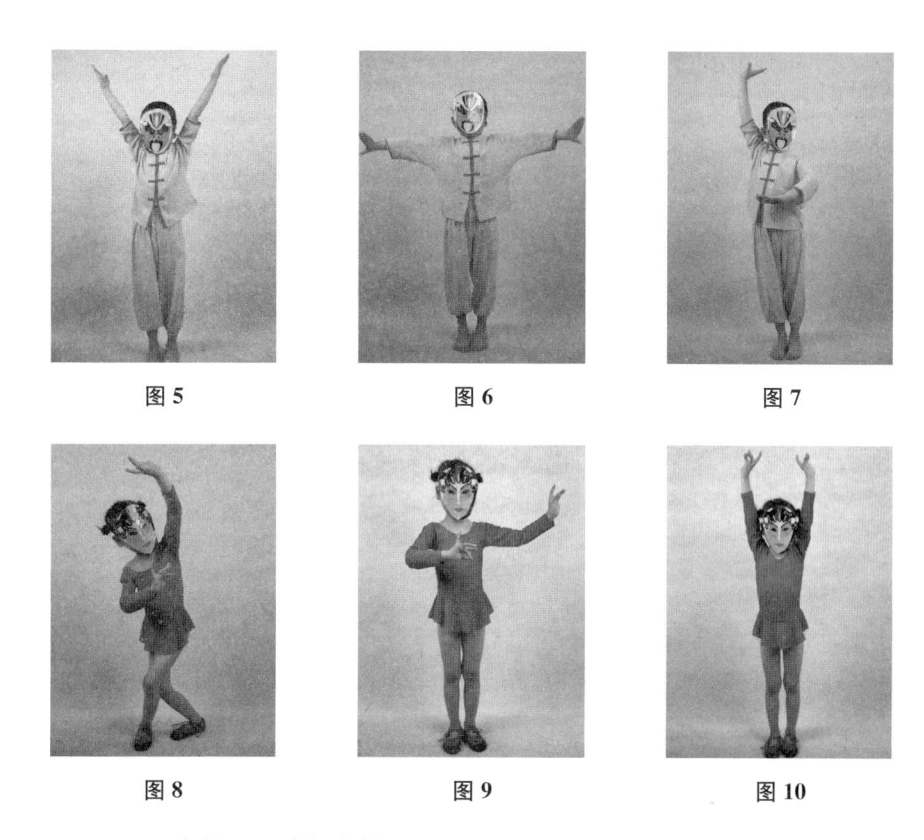

图 8　　　　　　　　图 9　　　　　　　　图 10

(9)—(10)小节：双手由胸前从上至右侧压腕，脚走台步到左侧，右脚垫步站，接着双手翻腕一手在胸前，一手在头顶，甩头，亮相。(图11、图12)

(11)—(12)小节：动作同(9)—(10)小节，反方向做一次。

(13)—(14)小节：垫步站，左手翻腕平举于体侧，右手做一次。(图13)

图 11 　　　　　　　图 12 　　　　　　　图 13

(15)—(16)小节：同(7)—(8)小节。

(17)—(20)小节：同(9)—(12)小节。

（21）—（22）小节：同（13）—（14）小节。

（23）—（26）小节：同（1）—（4）小节。

（27）—（28）小节：同（5）—（6）小节。

（29）—（30）小节：双手按掌由胸前从上至右侧，脚走台步到左侧。（图11）

（31）—（32）小节：同（11）—（12）小节。

道具说明：

大班——可两用的面具。（图14）

中班——黄色的小旗。（图15）

小班——大龙四条。（图16）

托班——小龙，人手一条。（图17）

图 14

图 15

图 16

图 17

大班操：

第一遍音乐：做大花脸动作一遍。

第二遍音乐：做花旦动作一遍。

第三遍音乐：动作同第一遍音乐。

第四遍音乐：动作同第二遍音乐。

中班操：

第一遍音乐：做大花脸动作一遍。

第二遍音乐：做花旦动作一遍。

第三遍音乐：右手拿旗，跑场到指定位置站成一横排。

第四遍音乐：原地站立甩旗，唱词处按斜上下方向四小节甩一次，锣鼓经两小节甩一次。（图18、图19）

图 18 　　　　　图 19

小班操：

第一遍音乐：跟着音乐原地摇摆龙。

第二、三遍音乐：4—5人合作舞龙到指定位置。

第四遍音乐：跟着音乐原地摇摆龙。

托班操：

每位幼儿在指定位置跟着音乐自由舞龙。

队形图示：

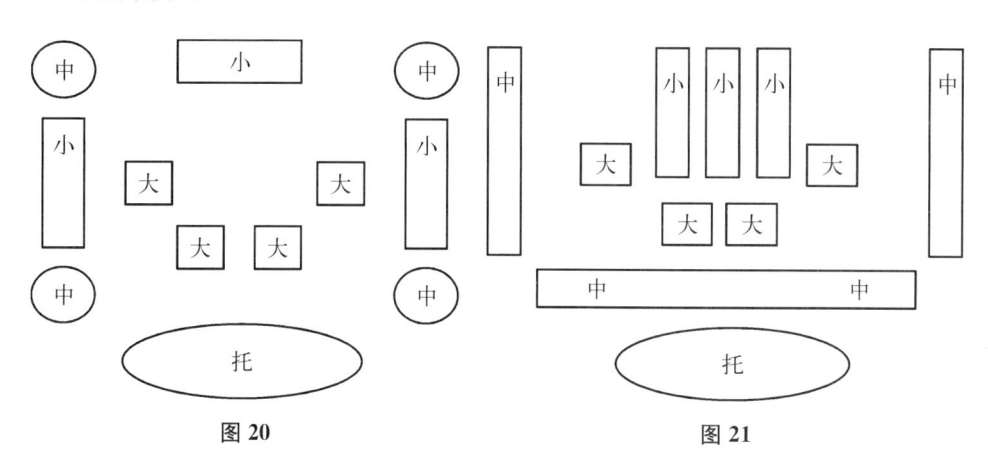

图 20　　　　　图 21

音乐游戏(小班)：
上海童谣《卖糖粥》

一、背景

上海是一座开放性的大都市，上海话是本地特色，"上海话"也是能够激发起孩子们想说、爱说、能说的兴趣。

童谣《卖糖粥》易于上口，又富有情节、对话，折射出传统的上海弄堂文化、海派特色，很受孩子们的欢迎，凸显出浓浓的"上海乡土"色彩以及浓郁的乡土情意。

在这个活动中，力求能让孩子们感受到生活中的语言美，从而进一步激发起幼儿自己身为上海人的自豪感和爱上海的美好情感。

二、教材分析

歌词是上海童谣，配有简单的旋律，并穿插卖、买糖粥的情节，说唱结合，幼儿较喜欢。

（一）难点

1. 十六分音符、切分音较难唱准。
2. 音乐和儿歌重音相似，比较容易。
3. 理解内容、规则：根据多媒体出示的动物，学相应的动物叫声，做相应的律动。

（二）重点

第一教时：反复感受，了解内容，会念游戏中的说白部分。

第二教时：在感受中学唱歌曲。

第三教时：完整游戏。

附：歌曲《卖糖粥》(曲一)

```
                                          (1)        (2)      (3)
6 6 5 3 3 5 | 6 5 6 | 3 3 5 2 1 | 6 - | × × × × | × × × - |
                                       糖粥糖粥  真好吃， 香是香得来，
```

(5)　　　　　　　　　　　　　　　　　　　　　(7)
| X X | X - | X X | X - | 3 3̲ 5 6̲ 5 | 3 3̲ 5 6̲ 5 |
　笃 笃 笃，　　笃 笃 笃，　　卖 糖 粥，　卖 糖 粥

(9)　　　　　　　　(11)
| 3 3̲ 5 6̲ 5 | 3 3̲ 2̲ 1 | 3 3̲ 5 6̲ 5 | 3 3̲ 2̲ 1 | (13) 6̲ 6̲ 1 2 | 5 5̲ 3̲ 2 |
　三斤　核桃　四斤　壳，三斤　核桃　四斤　壳，吃你的 肉　还你的 壳

(15)　　　　　(16)　(17)　　　　　　　　　　　　(19)　　　　　　　　(21)
| 6̲ 5̲ 3̲ 5̲ 2 | X - | 3 3̲ 5 6̲ 6̲ 5 | 3 3̲ 2̲ 1 | X X X X | X̲ X̲ X |
　张家老伯 伯，哎　　问你　要个　小花　狗，汪 汪 给你，谢谢你，

(22)
| X̲ X̲ X̲ X̲ | X X X - |(24)
　糖粥糖粥　真 好 吃，　甜是甜得来。

曲二：小动物律动

| 3̲ 3̲ 5 | 2̲ 5̲ 5 | 3̲ 5̲ 6̲ 1̲̇ | 6̲ 3̲ 5 | 6̲ 6̲ 1̇ | 6̲ 5̲ | 3̲ 5̲ 6̲ | 5̲ 3̲ 2̲ |

| 1̲ 2̲ 3̲ 5̲ 5̲ | 3 - | 6̲ 6̲ 5̲ 3̲ 5̲ | 6̲ 5̲ 6 | 1̲̇ 0̲ | 5̲ 0̲ | 6 0 ‖

上海童谣（一）

动作：

第(1)—(2)小节：左右按着节拍拍手。

第(3)小节：用鼻子做闻味道的动作。

第(5)—(6)小节：做敲木鱼的动作。

第(7)—(8)小节：用手放在嘴巴旁做喇叭状，向左、右吆喝。

第(9)—(12)小节：根据歌词内容，伸出三个手指或四个手指。

第(13)—(14)小节：做吃东西的动作，然后两手伸出做还东西的动作。

第(15)小节：小姑娘喊张家老伯伯。

第(16)小节：张家老伯伯，点头回应。

第(17)小节：小姑娘将两手伸到头顶上做小花狗的耳朵。

第(19)小节：张家老伯伯将手伸到头顶上做小花狗的耳朵。

第(20)小节：张家老伯伯伸手将小花狗送给小姑娘。

第(21)小节：小姑娘做谢谢的动作。

第(22)—(25)小节：左右按着节拍拍手。

第一教时

一、活动目标

（一）在听听、看看、说说、玩玩的过程中，感受音乐，了解内容，初步学说游戏中的说白。

（二）激发幼儿参加音乐活动的愿望，大胆参与。

（三）在活动过程中体验交往的快乐。

二、活动准备

（一）学会用上海话念儿歌。

（二）学说简单的上海话表达交往语言（谢谢、再见、你好等）。

三、活动过程

（一）逛美食街

上海话：笃笃笃，笃笃笃，我们 要去 买糖粥，糖粥 里面 有核桃，香是 香得来，—甜是 甜得来。—买糖粥，买糖粥，又香 又甜，真好吃，真好吃。

张：（自我介绍）我是张家老伯伯，我来卖糖粥。

师：小朋友，他是谁？（启发幼儿用上海话和张家老伯伯问好）

师：他在干什么？（重复：卖糖粥）

师：糖粥里面有什么？（核桃）

师：几斤核桃（3斤）。

师：老伯伯你称称有几斤核桃肉？（3斤）。（幼儿用上海话学说：3斤核桃）

师：有几斤核桃壳？（4斤）（幼儿用上海学说：4斤壳）

师：几钿一碗？

张：1元。

师：你要买几碗？

（二）练声：（看多媒体）启发幼儿根据多媒体内容，进行对答。

1 2 3 4 5 −	5 4 3 2 1 − ‖ X X | X − ‖
你买 几 碗 粥，	我买 1 碗 粥， 1 1 1.
你买 几 碗 粥，	我买 2 碗 粥， 2 2 2.
你买 几 碗 粥，	我买 3 碗 粥， 3 3 3.

（三）新授

1. 观看多媒体《卖糖粥》的录像，感受游戏歌曲。

（1）第一遍

看看这是谁？他在干什么？谁卖糖粥？（张家老伯伯）谁买糖粥？（小姑娘）

（2）第二遍

看看、听听他是怎么买糖粥的？（幼儿说出，老师唱出）

（3）第三遍

张家老伯伯在卖糖粥的时候，唱了什么？（学学老伯伯吆喝的样子）

小姑娘问张家老伯伯要了一个什么？（启发幼儿当张家老伯伯，师当小姑娘共同练习礼貌用语）

2. 在参与游戏的过程中，学说游戏歌曲中的说白部分。

（1）张家老伯伯在卖糖粥前和卖糖粥后说了什么话？（欣赏后启发幼儿说出：糖粥、糖粥真好吃，香是香得来，甜是甜得来）

（2）幼儿和电视里的张家老伯伯一起卖粥，老师做小朋友买粥，随意跟唱。

（3）张家老伯伯卖粥，师带领幼儿买粥，幼儿随意跟做游戏两遍。（重点启发幼儿念说白的地方，及时表扬大胆、自信跟说说白的幼儿）

（四）结束

边卖糖粥，边在音乐伴奏下，幼儿边随意跟唱走出活动室。

第 二 教 时

一、活动目标

(一)在初步学说歌曲中对白的基础上,在玩游戏的过程中学唱歌曲。

(二)激发幼儿参加音乐活动的愿望,大胆参与。

二、活动过程

(一)逛美食街同第一教时。

(二)练声同第一教时。

(三)与张家老伯伯互动。

张:(自我介绍)我是张家老伯伯,我来卖糖粥。

师:小朋友,他是谁?(启发幼儿用上海话和张家老伯伯问好)

师:他在干什么?(重复:卖糖粥)

师:糖粥里面有什么?(核桃)

师:几斤核桃?(3斤)

师:老伯伯,你称称有几斤核桃肉?(3斤)。(幼儿用上海话学说:3斤核桃)

师:有几斤核桃壳?(4斤)(幼儿用上海学说:4斤壳)

师:几钿一碗?

张:1元。

师:你要买几碗?

幼儿:1碗、2碗、3碗(幼儿说出后,教师将粥的卡片给幼儿,理解买、卖关系)

(四)新授

1. 进一步感受歌曲

(1)观看情景录像

歌里唱了什么?(幼儿说出,老师唱出并出示相应图片)

(2)再次观看录像:看看录像里的内容,想想你们说得对不对?我们一起来看看。

(3)老师边指图片边清唱

老师将四幅图片连起来唱一唱。

2. 在玩"卖糖粥"的游戏中,学唱歌曲

(1) 观看情景示范,启发幼儿逐句学唱

① 张家老伯伯怎么卖粥的?（学句：ｘｘｘｘ｜ｘｘｘ－｜
糖粥糖粥　真好吃，　香是香得来—）

② 糖粥里面有啥?(核桃)幼儿说出,老师唱出后引导幼儿学句：

<u>3 3</u> 5　 <u>6 5</u> ｜ <u>3 3</u> <u>2</u> 1 ｜
三　斤　核 桃　四 斤　壳，

③ 核桃肉能吃,壳能吃吗? 老师局部示范后启发幼儿跟唱：

<u>6̣ 6̣</u> 1　2　｜<u>5 5</u> 3　2　｜
吃你的　肉　　还你的　壳

④ 小姑娘向张家老伯伯要什么? (小花狗)幼儿说出跟唱：

<u>6 5</u> <u>3 5</u>　2　｜ｘ　－｜<u>3 3</u> 5　<u>6 6</u> 5　｜<u>3 3</u> <u>2</u> 1 ｜ｘ ｘ ｜ｘ ｘ ｜<u>ｘ ｘ</u> ｘ ｜
张家老　伯　伯，哎　　问 你 要 个　小 花　狗，汪 汪　给 你，谢 谢 你。

⑤ 糖粥好吃吗?(幼儿跟念后,一起扮演小花狗边叫边走一圈走回自己的座位)

(2) 老师看着情景表演配唱歌曲(两遍)

3. 在游戏中进一步学唱

(1) 一位老师扮演老伯伯卖粥,一位老师带领幼儿扮演小姑娘买粥(两遍)。

(2) 一位老师带幼儿扮演老伯伯买粥,一位老师扮演小姑娘买粥(一遍)。

(3) 幼儿分成一半一半分别由老师带领扮演买粥、卖粥的人边唱边表演(两遍)。

(五) 结束

在《卖糖粥》的音乐下边唱边走出活动室。

第 三 教 时

一、活动目标

(一) 在初步学会歌曲的基础上,启发幼儿在玩游戏的过程中,根据多媒体出示的不同动物改编歌曲。

(二) 激发幼儿参加音乐活动的愿望,大胆参与不怕说错,体验集体活动的快乐。

二、活动过程

(一) 逛美食街同第一教时。

(二)练声同第一教时。

(三)与张家老伯伯互动同第二教时。

(四)新授

1. 进一步感受歌曲

看着录音跟唱一遍。(图片同第二教时)

2. 启发幼儿边唱边用简单的动作表现搭毛巾、捋胡子、高兴的动作

(1)张家老伯伯在准备糖粥店开张前,做了什么动作?(请做得好的幼儿示范,并上升为艺术动作,鼓励幼儿模仿)

(2)老伯伯高兴的时候做了什么动作?(鼓励幼儿观看录像,并模仿捋胡子、哈哈大笑的动作,激发他们大胆、自信、不怕做错)

3. 启发幼儿根据歌曲内容,用符合歌词的动作表现

(1)张家老伯伯是怎么吆喝的?(启发幼儿做出不同的吆喝动作,幼儿尝试后老师上升为艺术动作,进行示范,引导幼儿做出符合歌曲内容的不同动作)

① 双手放在嘴巴里做喇叭状。

② 单手放在嘴巴里做喇叭状。

(2)三斤核桃四斤壳是怎么表示的?(启发幼儿根据歌词内容做出相应动作,唱到3斤核桃时伸出3个手指头,唱到4斤壳时伸出4个手指头)

(3)边唱边完整表演一遍。

4. 根据多媒体出示不同的小动物

(1)张家老伯伯给小姑娘什么?(小花狗)小花狗是怎么叫的?(汪汪汪)。

(2)张家老伯伯还会给小姑娘什么?(出示多媒体在 $\underline{3\ 3\ 5\ \ 6\ 6\ 5}$ 问 你 要 个

$\underline{3\ 3\ 2\ \ 1}$)唱出相应的小动物(小狗、小猫、小青蛙、小鸭子、小绵羊……)后随音
小 花 狗
乐(曲二)做出律动。

5. 游戏:卖糖粥

(1)幼儿分成两部分进行简单化装(老伯伯戴上胡子、帽子、毛巾,小姑娘戴上发箍),根据多媒体的小动物进行表演,并唱出相应小动物的名称和做出相应的律动。

小姑娘边唱边走到老伯伯旁边,与张家老伯伯一一对应进行表演。

(2)幼儿互换。

(五)结束

幼儿在《卖糖粥》的歌曲中离开活动室。

多元智能统整课程评价表

语言智能
1. 歌曲的说白部分
2. 富有特色的上海本地方言，会说简单交往的上海话

数学逻辑智能
1. 对应歌词数伸出相应的手指
2. 知道一碗粥1元，两碗粥2元，三碗粥3元，一一对应

自然观察智能
1. 观看录像
2. 观看老伯伯和小姑娘的示范

肢体运动智能
1. 学做各种小动物的律动（小猫、小青蛙、小鸭子、小绵羊）
2. 会用不同的动作表现老伯伯和小姑娘

音乐游戏(小班)：上海童谣《卖糖粥》

视觉空间智能
1. 在空地方唱歌
2. 两两表演，互不妨碍

人际智能
1. 理解买、卖关系
2. 和张家老伯伯互动，人际交往
3. 学说简单上海话进行交往，体现交往的快乐

音乐智能
1. 唱准歌曲
2. 各种小动物不同的声音和节奏

内省智能
1. 能看着小动物的图片唱出相应小动物的叫声和做出相应的动作
2. 大胆、自信地回答问题

京剧舞蹈(大班):
《京剧与脸谱》

一、活动背景

京剧是我国的国剧,角色要画脸,脸上有红块、白块和各种图案叫脸谱。衣服有长袍、马褂、长裙、长袖,很花很漂亮。唱京剧时,伴随着锣鼓点子,走起路来很带劲,是幼儿所喜欢的戏剧。

大班幼儿已通过各种媒体接触过京剧脸谱。用多种适合幼儿年龄特点的方法给幼儿欣赏感受,引导幼儿在参与活动的过程中认识京剧脸谱,感受教师提供的同一角色不同的典型动作,并伴随着语言节奏对动作的要领进行提示,供幼儿创造性地模仿各种角色的基本动作,激发幼儿热爱京剧的情感是完全可能的。

平日里,幼儿时常会自由地模仿京剧中的人物说话、动作或画个脸谱戴戴……他们对京剧中的人物产生了模仿和进一步探究兴趣,特别是有一种强烈的表演欲望。

本教材来自《我是中国人》的主题,为了激发幼儿的爱国主义情感,并满足他们的探究和表演欲望,教师提供展示的舞台,进行了此韵律活动。

二、教材

我是中国人

孙花满 词
金国贤 曲
陈淑琴 王 丹 编动作

$1= {}^\flat E \quad \frac{1}{4}$

(5 | 1 | 0 1 | 6.5 | 4.3 | 2 3 5 | 0 5 | 3 2 | 1 2 1 2 | 3 5 | 2 1 | 6.2 | 1 0 |

6.1 | 2 2 | 2 2 | 2 2 | 2 2 | 2 5 | 2 1 | 6 1 6 1 | 2 1 2 3 | 5 1 | 3.2 | 1 2 1 |

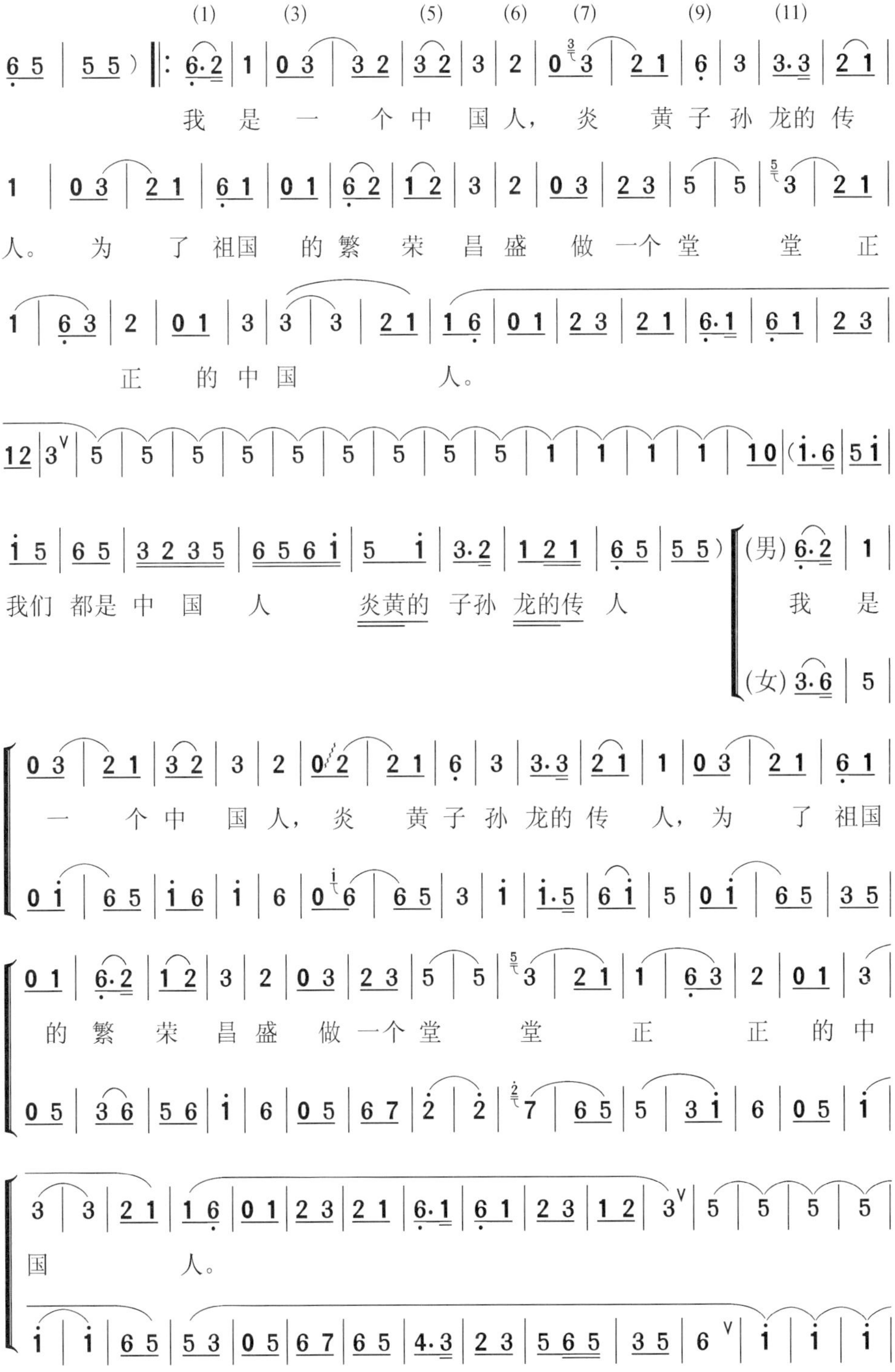
我是一个中国人，炎黄子孙龙的传人。为了祖国的繁荣昌盛做一个堂堂正正的中国人。
我们都是中国人 炎黄的子孙 龙的传人
(男)
我是一个中国人，炎黄子孙龙的传人，为了祖国的繁荣昌盛做一个堂堂正正的中国人。
(女)

（白）我们 都是 中国 人　炎黄的 子孙

龙的传　人

三、教材分析

（一）音乐

选用《我是一个中国人》的音乐作为表演动作用。

（二）难点、重点

不同脸谱的名称及角色的基本典型动作。为完成这一难点，在活动中一方面注重将幼儿的已有经验及粗浅表现加以艺术的提升；另一方面注重发挥表演动作好的幼儿的榜样作用，在师幼互动、幼幼互动中学习。

（三）重点

在参与活动和教师同伴一起玩的过程中，了解动作与人物、个性的关系，并加以正确表现，这是这个活动的重点。

1. 第一教时：感受音乐，认识京剧和脸谱，随意跟学动作。
2. 第二教时：在感受过程中，边探索边学习京剧角色的动作。
3. 第三教时：突破重点、难点，完整学习京剧舞蹈。

（四）基本角色动作与人物个性的关系

1. 花旦个性特点及动作

京剧中的花旦指的是"小姐"，个性比较温柔、细腻，是大家闺秀，所以走起路来都是圆场步（八分节奏），脚跟先着地，两腿并紧，上身自然挺直且平稳，一步挨着一步走。花旦举止柔美漂亮，所以兰花指也是她的典型动作。

2. 花脸

京剧中的花脸步子有踱步（四分节奏），勾脚斜前方踢出，走成外八字形，迈步有力，掸膀、按手或握拳，展现了他非常神气、威风凛凛的样子。

3. 武生

京剧中的武生最具代表的形象是孙悟空，他个性活泼、勇敢，喜欢冲锋陷阵，打抱不平。他的动作灵敏，所以步子以小碎步（八分节奏）或两脚自然迈开向前走，脚跟先着地,一手拿金箍棒舞动,一手虎口叉腰,边抓耳挠腮边眨眼。

4. 老旦

京剧中的老旦是指年迈的奶奶,因为年老体弱所以走起路来很慢,是两分节奏的步子,身体向前含胸,一手拄拐杖,一手五指分开抖动。

5. 丑角

京剧中的丑角样子滑稽、可爱,逗人喜爱,面部表情也十分夸张。所以他的动作多是两腿半蹲,前脚掌着地,脚走八分节奏,上身挺直,脸上做着各种滑稽的表情与动作。

(五)舞蹈动作顺序

1. 幼儿自愿选择京剧中五个角色(花旦、花脸、武生、老旦、丑角)中任一角色进行表演,中间也可以更换不同的角色动作。

2. 开头第一句唱到"我是一个中国人"时,必须做"右手手心向上放在胸前"动作,唱到"炎黄的子孙龙的传人"时要根据不同的角色做一个有精神的相应的亮相动作,表示"我是一个伟大的中国人"。

3. 在最后尾音音乐的倒数第八拍开始,边表演边念语言节奏:

"我.们 都是 中国 人,炎黄的 子孙 龙的 传人"表现出作为一个中国人的自豪感。

第 一 教 时

一、活动目标

(一)通过反复地感受,幼儿知道京剧中各种脸谱的名称及代表京剧中不同角色(老旦、花脸、丑角、老生、花旦)的不同的代表性表演动作。

(二)激发幼儿的探索兴趣,培养幼儿的自信心和表演欲望,大胆参与不怕跳错。

(三)在参与活动的过程中,萌发幼儿喜爱京剧的情感。

二、活动准备

(一)初步了解京剧,感受过锣鼓经。

(二)脸谱、京剧角色图片、金箍棒等。

三、活动过程

(一)激发参与活动的兴趣

"小朋友,跟老师一起去看京剧了。"

教师口念锣鼓经 ‖ⅹ ⅹ │ⅹⅹ 0 ⅹ ⅹ │ⅹⅹ 0 ⅹ ⅹ - - - - ：‖ 引导
　　　　　　　　　仓 仓　七仓 乙台 仓　仓仓 乙台 仓

幼儿脚走碎步,手在最后两拍做出不同的亮相动作。

(二)多种形式感受京剧中的不同角色、认识脸谱并感受不同角色的基本动作

1. 感受京剧

(1)欣赏京剧音乐《我是一个中国人》第一遍："你们听听这首曲子是什么戏?"(京剧)"和我们平时唱的歌一样吗?"(不一样)"对!这首曲子是京剧,京剧是我们中国的国剧,只有我们中国才有,很多人都非常喜欢京剧。"

(2)欣赏京剧音乐《我是一个中国人》第二遍："小朋友,听,京剧和我们平时唱的歌有什么不一样? 京剧的唱腔是怎么样的? 是用什么乐器伴奏的?"

幼儿讨论回答后,教师小结："京剧的唱腔要拐很多弯。唱京剧时人物上场或唱腔的中间、前奏或间奏有锣鼓点子伴奏。"(教师哼唱京剧,并边走动边念锣鼓经)

2. 感受京剧中的不同角色及基本动作

(1)示范表演："老师要演京剧,要扮演好多角色,你们看看都扮演了什么样的角色? 打扮一样吗?"

教师戴上不同的脸谱,用简单、不同的服饰化装成不同的角色,在音乐伴奏下表演一遍。引导幼儿从脸谱、头饰、服饰道具进行讨论,幼儿回答后教师出示相应的脸谱,告诉名称。(老旦、花脸、丑角、老生、花旦)

(2)欣赏京剧中不同角色的基本动作。

教师再次化装表演："你们想让老师表演什么角色?"幼儿说出后,教师表演相应的角色。提问："你们看看老师做了什么动作,怎样走路的?"

教师表演后,引导幼儿讨论,然后边念锣鼓经或边哼唱《我是一个中国人》的音乐边做动作,表现出该角色的基本动作,启发幼儿随意跟做,鼓励大胆跟做的幼儿。

(三)参与体验,进一步激发幼儿学习的兴趣,加深对京剧中的脸谱及其不同角色的基本动作的感受

游戏一："看看谁来了?"教师表演不同角色的动作,幼儿猜是哪个角色来了。幼儿闭上眼睛,教师随机化装后念锣鼓经,哼唱《我是一个中国人》的音乐或发出代表角色的不同声音出场。"看看哪个角色来了?"幼儿猜出后,教师用填空式的方式边问边回答,边念锣鼓经和做出相应动作后,出示该角色的京剧娃娃,较准确地说出该角色的基本特征,巩固脸谱的名称。并引导幼儿随音乐做出该角色的基本动作,教师参与表演做出该角色的不同动作。

游戏二："猜猜我是谁?"启发个别幼儿表演不同的角色的动作,让幼儿猜是哪个角色来了。

"我们再做一个游戏,先请一个小朋友来做京剧中的不同角色动作,然后大家猜一猜是哪个角色。猜对后我们大家跟着音乐做动作,音乐的最后一句要做亮相的动作像木头人一样不动,好不好? 你们互相商量还有什么角色没表演过? 谁愿意来表演让大家猜猜你是谁?"幼儿表演后,教师出示该角色的娃娃,巩固该角色脸谱的名称和特征后,教师与幼儿一起表演,做出该角色的不同动作。

(四)启发幼儿在音乐第一句和最后一句,表现出作为一个中国人的自豪感

1. "小朋友,老师在表演时不管演什么角色开始都做了一个什么动作? 为什么?"幼儿泛讲后,教师小结:"唱到我是一个中国人时,我的右手手心向上放在什么地方?"(胸前)"放在胸前是告诉别人我是一个中国人。""唱到炎黄的子孙龙的传人时,做了什么动作?"(亮相)"对,做了一个亮相动作,表现出我是一个伟大的中国人。"

2. "音乐的最后一句,我念了一句什么很有力的话?"(<u>我.们 都是 中国 人,炎黄的 子孙 龙的 传人</u>)

"一边念这一句话一边做了什么动作?"(亮相)"对! 很有精神地一边亮相一边告诉世界上所有的人说:<u>我.们 都是 中国 人,炎黄的 子孙 龙的 传人</u>。表现出我们是中国人很自豪!"

3. 教师引导幼儿在开头和结尾的音乐伴奏下,练习自豪的语言、动作与表情。

(五)初步迁移应用

1. 在《我是一个中国人》的音乐伴奏下,引导幼儿把以上五个角色的基本动作初步运用于活动之中。启发幼儿大胆尝试,即兴表演一遍。

2. 用回忆的方法引导幼儿进行联想、想象、回忆出角色的名称:"刚才我们表演了京剧中的什么角色?"幼儿说出后,教师口念锣鼓经,做出该角色的基本动作,边出示该角色的脸谱和道具。

3. 启发幼儿任选一角色戴上脸谱,拿着适当的道具,随音乐即兴表演:"小朋友,你愿意当什么角色,就去戴什么角色的脸谱,拿着这个角色的道具,听着音乐做出这个角色的动作,让别人一看就知道你是什么角色。看谁能勇敢大胆地表演。"

六、愉快的结束:"小朋友,我们一起到别的地方去演戏喽!"幼儿边念锣鼓经,边走小碎步出活动室。

第 二 教 时

一、活动目标

(一)在反复感受的基础上,边感受边学习花旦、花脸等基本动作。

(二)在活动过程中,引导幼儿积极探索主动发现动作的要领,培养幼儿的自学能力。

(三)萌发幼儿喜爱京剧的情感。

二、活动准备

教师表演京剧的道具(脸谱、披风、金箍棒……);京剧录像;人物剧照;人物布画等。

三、活动过程

(一)音乐素质练习

1. 锣鼓经入场。(同第一教时)

2. 语言节奏：《锣鼓经》

| ×× ×× ×× × | ×× ×× ×× × | ×× ×× ×× × | × × × 0 |

仓仓 七仓 乙台 仓　仓仓 七仓 乙台 仓　仓仓 七仓 乙台 仓　乙 台 仓

(1)教师敲鼓敲出节奏型,幼儿即兴模仿。(最后一句做造型)

(2)出示节奏卡用锣鼓经念出：

| × × × × | × × × × | × × × × | ×× ×× × — |

匡 采 匡 采　匡 采 匡 采　匡 采 匡 采　仓仓 七台 仓

(坐念—站念—边走边念)

3. 发声练习：《这是什么脸谱》

| 1 2 3 2 3 | 3 3 2 1 6̣ | 3 3 2 1 2 3 5 | 2 1 6̣ 2 | 1 — |

(师)小 朋 友, 告 诉 我, 这 是 什 么 脸 谱 ?

| 1 2 3 2 3 | 3 3 2 1 6̣ | 3 3 2 1 2 3 5 | 2 1 6̣ 2 | 1 — |

(幼)王 老 师, 告 诉 你, 这 是 京 剧 花 旦。(花脸、丑角……)

(二)基本部分

1. 游戏："这是什么脸谱?"

幼儿念锣鼓经 ×× ×× ×× × | ×× ×× × 0 |

　　　　　　　　仓仓 七仓 乙台 仓　仓仓 乙台 仓

教师在最后一拍出示脸谱幼儿说出名称。

2. 进一步感受京剧角色的不同动作

(1)完整示范第一遍：

"看看老师表演了什么角色? 他们动作都是怎么做的?"(幼儿说出,教师做出

相应的动作)

(2)完整示范第二遍:

"还做了什么动作?每一个角色第一句和最后一句做了什么动作?为什么?"幼儿说出后教师进行小结,每一句的最后一小节做一个有力的亮相动作,表现出作为一个中国人的自豪感。

3. 出示角色剧照,引导幼儿在观察探索中学习

(1)示范花旦动作。

幼儿试做花旦动作,启发:"花旦动作怎么做?"幼儿说出教师总结要领,幼儿跟"小老师"学习。

① 观看录像:观察花旦整体动作提问:"花旦是怎样走路的?"(走得很快,很平稳,上身挺直的)

② 幼儿练习。

观察脚的动作。

师:"花旦脚是怎样走路的?脚什么地方先着地?两条腿怎样?"

小朋友随录像学习,教师配语言节奏,对幼儿进行动作提示。(<u>花旦 走路 快如 飞,两腿 并紧 迈小 步,一步 挨着 一步 走,挺胸 走路 真美 丽</u>)

观察手的动作。

教师示范,幼儿分析。"手是怎样的?"(兰花指)"什么叫兰花指,你们来做给我看看。"幼儿做出说出,教师边示范边说:"手像一朵花,手指像花瓣,花瓣慢慢开了,中间一个花瓣开得最大,头都低下了。"引导幼儿自由跟做。"两手可以怎么做?"(可以放在上边、下边、左边、右边、斜上方、两手一高一低……不同的方向)

③ 花旦手脚配合动作。

在教师的语言节奏伴奏下练习。

(2)边感受边在观察比较中学习花脸动作。(观看录像)

"花脸的动作怎样?和花旦的动作有什么不一样?"幼儿讨论。泛讲后教师小结:"花脸的动作很神气、有力,花旦的动作很柔美、漂亮。"

"花旦和花脸脚上动作有什么不一样?"幼儿讨论、泛讲后教师边做动作边小结:花旦走的是步子很小的圆场步,花脸步子很大,用力向上踢。"花旦、花脸的手有什么不一样?"幼儿讨论、泛讲后教师小结"花旦是兰花手,花脸的手是撑膀,有力"。

① 配语言节奏随录像自学练习:

(中速)<u>花脸 走路 真神气— 勾脚 用 力向 斜前 方 踢— 前脚 迈出 后脚 跟上— 腰板 挺直 两臂 用力 提—</u>

② 练习花脸手臂的动作:启发幼儿观察多媒体上的花脸的手臂动作,及时表

扬掸膀、按手或握拳非常神气的幼儿,并启发幼儿互相学习。

(3) 边回忆边联想学习武生、老旦、丑角的动作。

① 学习老旦动作。

提问:"老旦动作是怎样做的?"(慢)"为什么慢?"(老旦年纪很大,老了)

幼儿分析后练习,配二分音符的语言节奏。(老—旦—年—老—走—得—慢—,含—胸—弯—腰—拄—拐—杖—。走—起—路—来—手—颤—抖—,年—纪—虽—老—精—神—好—)

② 边回忆边联想学习武生动作。

提问:"武生动作和老旦有什么不一样?"(快)"是怎样做的?"幼儿试做后分析讨论,教师小结。

在语言节奏伴随下进行练习。(快)(武生 走路 快有 力,耍起 金箍棒 真神气。抓耳 挠腮 不停眨 眼,边走 边耍 武艺 高)

③ 学习丑角动作。

"丑角动作是怎么做的? 走路和其他角色有什么不一样?"(丑角动作很滑稽)幼儿试做后分析讨论,教师小结后配语言节奏练习。(两脚 半蹲 前脚掌着 地,伸头 缩脖 样子真滑 稽。丑角 丑角 我们喜欢 你,花旦花脸 武生老旦 还有一个 你)

4. 教师完整表演(教师胸前贴相应的京剧人物画布,幼儿再次感受)

5. 幼儿随意跟随表演

(1) 问幼儿愿意表演什么角色,根据幼儿的意愿在音乐及教师语言节奏进行动作提示下练习。

(2) 女孩扮演花旦,男孩子扮演花脸练一遍,启发幼儿随教师一起念语言节奏进行动作提示。

(3) 互换角色练习一遍。

(4) 根据教师即兴举出的不同脸谱,在音乐伴奏下即兴表演相应的角色动作。

6. 边念锣鼓经边做动作走出活动室。

第 三 教 时

一、活动目标

(一) 在初步学会角色动作的基础上,在玩游戏的过程中,大胆自信,较熟练地表演律动。

(二) 在参与活动过程中,激发幼儿喜爱京剧的情感,萌发做一名中国人的自豪感。

二、活动准备

教师表演京剧的道具(脸谱、披风、金箍棒……);京剧录像;人物剧照;人物布画等。

三、活动过程

(一)律动:《看京剧》

听锣鼓经进场(同第二教时)。

×× ×× ×× ×	×× ×× ×× ×	×× ×× ×× ×	× × × 0
仓仓 七仓 乙台 仓	仓仓 七仓 乙台 仓	仓仓 七仓 乙台 仓	乙 台 仓

(二)游戏:《快乐的舞步》

根据教师在鼓的不同部位敲出不同音高的鼓声,敲出的节奏,幼儿联想探索出京剧中的动作节奏,鼓声的最后一拍做出亮相动作。

鼓梆 | × × × × | ——花旦   中音鼓 | × × × × | ——花脸

低音鼓 | × - × - | ——老旦   高低音鼓 | ×× ×× ×× ×× | ——武生

高低音轮敲 | ×× ×× ××× ×× | ——丑角

(三)游戏:《看谁来了?》

播放花旦花脸的录像,幼儿说出名称后,在已有经验基础上探索学习京剧人物动作。

1. 重点学习花旦、花脸的动作

(1)游戏:"看看谁来了?"

教师出示花旦、花脸的录像。幼儿说出名称后在动作、语言节奏提示下练习脚的动作、手的动作和手脚配合表演。

(2)游戏:"听听我是谁?"

听花旦和花脸的用不同的音色发出不同声音,猜出角色名称后,在不同角色音乐伴奏下表演。

2. 游戏:《变变变》

请个别幼儿做京剧中5个角色不同的动作,幼儿猜出后,集体在语言节奏伴奏下表演,最后一句引导幼儿创编不同的亮相动作。

(四)游戏:《去表演》

教师接电话,电话中有人问:"你们是阳光幼儿园小红星艺术团的小朋友吗?我们大剧院有一场招待外宾的演出,他们最喜欢看中国的京剧,点名要你们表演,你们愿意吗?"(愿意)

1. 练习彩排

"我们要先练一练,让外宾看看我们中国的京剧是最好看的戏剧。"幼儿根据自己意愿摆放京剧剧照,确定角色顺序出场。幼儿听音乐练习。

2. 去表演

(1) 念锣鼓经,脚走八分音符节奏开汽车。

(2) 出示大剧院图像:"大剧院到了!"大家协商确定人物出场顺序。

(3) 商量扮演什么角色？决定后拿相应的道具互相化妆。(音乐伴奏)

(4) 交代演出规则:"听听音乐,想象哪个角色先出场？没轮到的演员该在什么地方等候？"……

(5) 主持人宣布演出开始。

(6) 演出成功,大家合影,谢幕!

五、边念锣鼓经边走下"台"

多元智能统整课程评价表

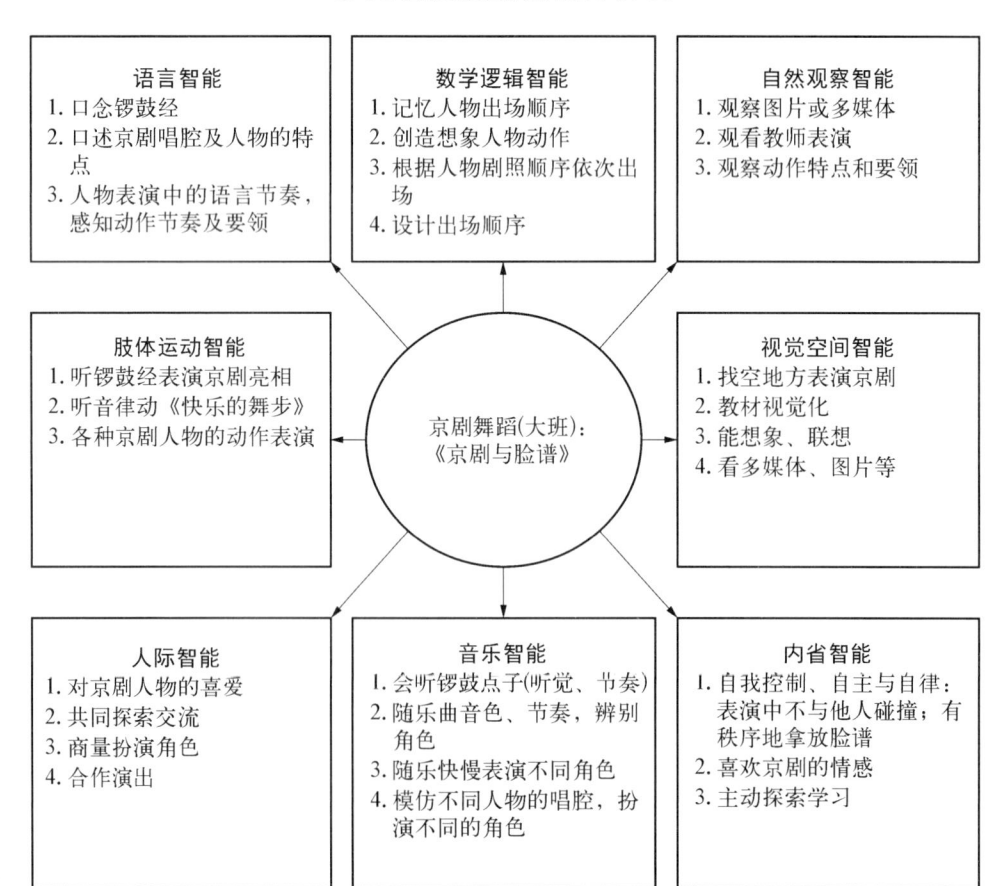

语言智能	数学逻辑智能	自然观察智能
1. 口念锣鼓经 2. 口述京剧唱腔及人物的特点 3. 人物表演中的语言节奏,感知动作节奏及要领	1. 记忆人物出场顺序 2. 创造想象人物动作 3. 根据人物剧照顺序依次出场 4. 设计出场顺序	1. 观察图片或多媒体 2. 观看教师表演 3. 观察动作特点和要领

肢体运动智能	京剧舞蹈(大班):《京剧与脸谱》	视觉空间智能
1. 听锣鼓经表演京剧亮相 2. 听音律动《快乐的舞步》 3. 各种京剧人物的动作表演		1. 找空地方表演京剧 2. 教材视觉化 3. 能想象、联想 4. 看多媒体、图片等

人际智能	音乐智能	内省智能
1. 对京剧人物的喜爱 2. 共同探索交流 3. 商量扮演角色 4. 合作演出	1. 会听锣鼓点子(听觉、节奏) 2. 随乐曲音色、节奏,辨别角色 3. 随乐快慢表演不同角色 4. 模仿不同人物的唱腔,扮演不同的角色	1. 自我控制、自主与自律:表演中不与他人碰撞;有秩序地拿放脸谱 2. 喜欢京剧的情感 3. 主动探索学习

韵律活动（大班）：
《四大发明》

一、活动背景

中国古代有许多对世界上有重大贡献的发明创造，如指南针、火药、造纸、印刷术，"四大发明"是对世界人类文明史上的杰出贡献。为了激发幼儿的爱国主义情感，让幼儿知道"四大发明"是中国人创造的，能为我们中国人的勤劳聪明而感到自豪，特选定《四大发明》这个教材，用韵律活动的形式对幼儿进行教育。

二、教材分析

（一）音乐

四 大 发 明

陈淑琴 郑春华 词
汪 玲 曲

1 = D 4/4
有力地

6 6 6 5 6 0	6 1 6 5 3 0	5 1 6 5 0	1 2 3 0
我们要记住，	我们要记住，	火药、造纸、	印刷术，
四大发明是，	祖先的创造	6 5 6	好后代，
		我们是你的	

2 2 3 5 6	1 — 1 0
还有那指南	针 呐。
永远走在世界	前— 呐。

1. 这是一首雄壮有力的歌曲，表现出小朋友爱祖国的自豪感。

2. 难点

歌词难点：理解、记住四大发明（火药、造纸、印刷术、指南针）；咬准字音：勤劳、祖先等。

旋律难点：唱好四分休止符，表现出坚定有力的情绪。

(二) 儿歌《四大发明》二声部轮诵

1.(二声部) | 我们 要记住〇 | 我们 要记住〇 | 火药 造纸〇 | 印刷术 〇 | 还有那 指南 | 针 — 呐 — | 针 — 呐 — |
| | | 我们 要记住 | 我们要记住〇 | 火药造纸〇 | 印 刷术 | 还有 那指南 | 针—呐— |

2.(二声部) | 四大 发明是〇 | 祖先 的创造〇 | 我 们 是你的 | 好后代 — | 永远走在世界前 | 列 — 呐 — | 列—呐— |
| | | 四大发明是 | 祖先 的创造〇 | 我们是你的 | 好 后代〇 | 永远走在世界前 | 列—呐— |

(三) 歌曲《四大发明》节奏乐图形谱

陈淑琴 编

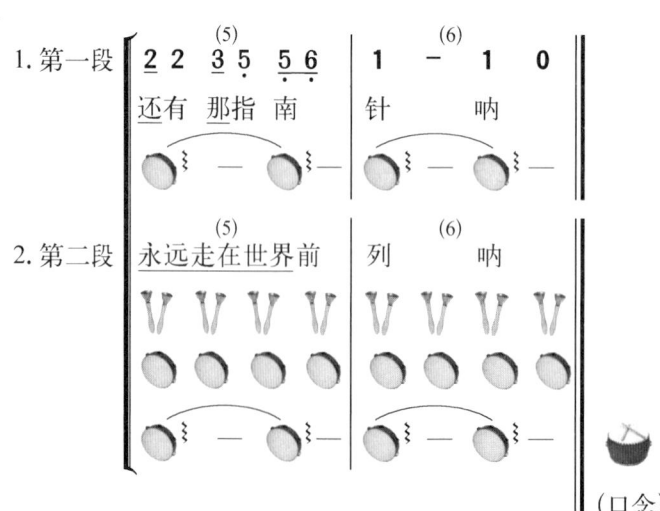

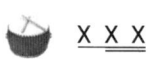

1. 第一段　(1) 6 6 6̣5 6 0 　(2) 6 1̣ 6̣5 3 0 　(3) 5 1̣ 6̣5 0 　(4) 1 2 3 0
我们 要记 住〇　我们 要记 住〇　火药 造纸〇　印刷 术〇

2. 第二段　(1) 四大 发明 是〇　(2) 祖先 的创 造〇　(3) 我们 是你的 好后代〇　(4)

1. 第一段　(5) 2 2 3̣ 5̣ ·5̣ 6 　(6) 1 — 1 0
还有 那指 南　针　呐

2. 第二段　(5) 永远走在世界前　(6) 列　呐

×××　××　× —
(口念) 咚咚叭　咚叭　咚 —

三、重点

第一教时：1. 通过听音乐、猜谜语、念儿歌……理解歌曲的内容和性质。在探索中初步学唱第一段。

2. 在感受中知道四大发明是中国人创造的，能为中国人的勤劳聪明而感到自豪。

第二教时：1. 在初步学会歌曲《四大发明》第一段的基础上。启发幼儿将《四大发明》儿歌的第二段，在探索中尝试唱进歌曲中，学唱第二段。培养幼儿的自学能力及迁移能力。

2. 在老师的指挥下，试着学唱四大发明的二声部轮唱。培养幼儿的注意力分配及自学能力。

第三教时：1. 较熟练地唱歌曲《四大发明》及二声部的轮唱。

2. 启发幼儿看着节奏乐图形谱，在探索中，用节奏乐为歌曲《四大发明》伴奏。培养幼儿的探索精神及自学能力。

四、知识准备

（一）一定要通过常识活动及日常生活丰富有关"四大发明"的知识经验，初步通过小实验了解吸铁石能吸铁的现象。

（二）初步理解"四大发明"的主要用途、作用。

（三）会念儿歌。

1. 《中国人了不起》并会念二声部。
2. 《四大发明》的儿歌及二声部的轮诵。
3. 会念儿歌对诵《指南针》。

五、物质准备

1. 《四大发明》的彩色图片。
2. 录制好 PPT 课件和娃娃对话的录像。

第 一 教 时

一、活动目标

（一）通过听音乐、念儿歌、猜谜语……等形式，知道歌曲的名称、理解歌曲的内容及音乐的性质，在探索中初步跟唱第一段。

（二）在感受过程中，知道四大发明是中国人创造的，能为中国人的勤劳、聪明而感到自豪。

二、活动准备

（一）在常识活动及日常生活中，丰富有关"四大发明"的知识经验，使每个孩子都能初步理解。

（二）初步理解"四大发明"的主要用途、作用……

（三）会念儿歌。

1.《中国人，了不起》，并会念二声部。

2. 会念《四大发明》的儿歌及二声部的轮诵。

3. 会念儿歌对诵《指南针》。

三、活动过程

（一）游戏《快乐的舞步》："听着鼓声，我们跳着快乐的舞步进入活动室吧。"幼儿根据鼓声的节奏型，走出相应的节奏培养幼儿的节奏感。

（二）语言节奏《中国人，了不起》："我们来念一首儿歌《中国人，了不起》，要求两声部较协调一致。

×× ×× 0	×× ×× 0	×× ×× 0×	×× ×× 0
中华 民族 0	聪明 勤劳 0	开动 脑筋 0搞	发明 创造 0
中国 人—	真聪 明—	中国 人 —	最勤 劳—

×× ×× 0	××××× 0	×× ×× 0×	×× ×× ×—
造纸 印刷 0	指南针火药 0	四大 发明 是	中国人创 造—
中国 人—	了 不起—	四大 发明 0是	中国人创 造—

（三）发声练习："我们看着图片上的内容，唱唱我们中国的四大发明吧。"（请4位小朋友分别拿出火药、造纸、印刷术、指南针的大幅图片，幼儿根据图片上的内容用歌声回答。）

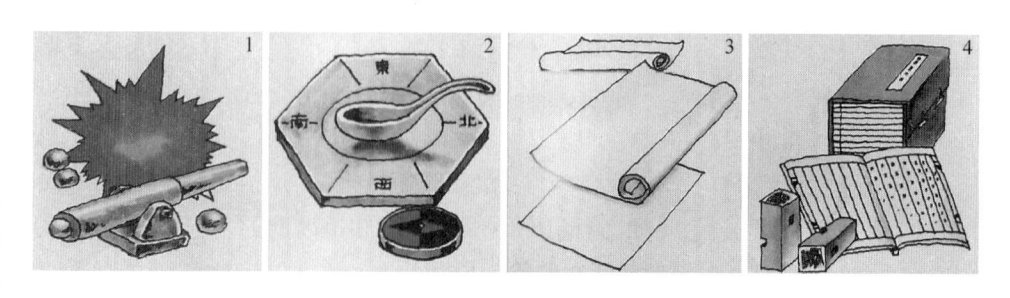

```
   1 2 3 2  3  | 3 3 2 1  6  | 3 3 3 2  1 2 3 5  | 2 1 6 2   1  ‖
师：小 朋  友  告 诉 我       四 大 发 明        有 什 么
幼：X 老  师  告 诉 你       四 大 发 明        有 火 药。
```
（指南针、造纸、印刷术）

（四）朗诵儿歌《四大发明》及两声部的轮诵

1. 朗诵儿歌《四大发明》。

```
| 我们 要记 住  ○ | 我们 要记 住 ○ | 火药造纸 ○ | 印刷术 ○ |
| 四大 发明 是  ○ | 祖先 的创 造 ○ | 我们是你的  | 好后代 ○ |

| 还有 那指 南 | 针 — 呐 ○ ‖
| 永远走在世界前 | 列 — 呐 ○ ‖
```

2. 儿歌《四大发明》两声部轮诵：要求看着老师的指挥较协调一致。

（五）新授

1. 了解歌曲的名称、内容性质。

（1）欣赏《四大发明》歌曲的内容。

"你们都用儿歌朗诵和二声部儿歌的轮诵夸了我们祖先发明的四大发明，我想给你们唱一首歌，你们听听歌里唱了什么？"

① 老师唱一遍歌曲《四大发明》，幼儿泛讲（四大发明……）

② 老师再次范唱歌曲《四大发明》："你们听听歌里还唱了什么？"（我们要记住）"记住什么"幼儿泛讲后，老师小结："记住四大发明是什么？（指南针、造纸、火药、印刷术）。"

"我们还要记住什么？"幼儿泛讲后老师小结："小朋友说对了，一定要记住。这'四大发明'是我们祖先创造的，是对世界杰出的贡献。"

③ 老师再次范唱："小朋友，再听一遍，听听老师唱的歌《四大发明》的歌词和你们念的儿歌《四大发明》一样吗？"（一样）

④ 老师再次范唱歌曲《四大发明》，启发幼儿轻声念《四大发明》的儿歌，体会词曲的一致性。

"老师唱完了《四大发明》的歌曲，你们把《四大发明》的儿歌也念完了。原来，这首《四大发明》歌曲的歌词和你们念的《四大发明》的儿歌是一样的。"

（2）理解歌曲《四大发明》的用途。

小朋友，我们为什么要记住《四大发明》？ 幼儿泛讲……

老师小结："四大发明的用途很大，是我们祖先最早发明创造的。"

① 了解指南针的用途。

"小朋友,你们知道指南针是什么?有什么用途?"幼儿泛讲(指方向,不迷路……)

老师小结:"指南针是用来判断方位的一种简单的仪器。用以辨别方向,常用以航海指方向、大地测量及旅行不迷路及军事上……我们问一问多媒体中的玲玲,她知道得很多,我们请她给我们讲讲好吗?""欢迎。"(幼儿鼓掌)

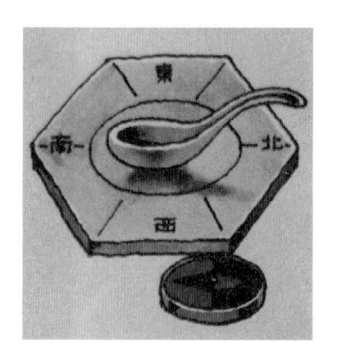

多媒体中出示小姑娘玲玲手拿磁石、磁铁和指南针的大幅图片讲:"我们的祖先最聪明,最会动脑筋,早就知道磁石能吸铁。"边做磁石能吸铁的实验边说:"你们看我拿的磁石就能把铁吸起来了。我们的祖先就用磁石制造了世界上最早的指南针。"(手指图片讲)

"就是司南,司南的形状像一个汤匙,把它放在大铜盘上。他的柄就会指向南方,后来又用人造磁铁制成了指南鱼来指示方向,后来又制造出比指南鱼更好的指南针。"

老师问:"玲玲,指南针为什么能指南?"

玲玲:"我来告诉你们,我们居住在地球上,地球就像块大磁铁,磁铁的两端是性质相反的两个磁极。指南针的两端分别受地磁极的吸引,所以指南针能指向南、北极的方向。"

"小朋友,我们明白了,知道指南针的用途了,谢谢玲玲。"

"小朋友,我们还会朗诵一首指南针的儿歌对诵的。我们男女小朋友分成两组,边按节拍拍手,边把儿歌对诵《指南针》念一遍好吗?"

儿歌对诵《指南针》

陈淑琴 编

1.(男)船 在 风里 航 行 — (女)船 在 雨里 航 行 —
 (男)船上有 指南 针 (女)向着南方 来指 引 (合)来呀来指引—‖

2.(男)船 在 雾里 航 行 — (女)船 在 夜里 航 行 —
 (男)船上的 指南 针 (女)好比一只 眼 睛 (合)一只眼 睛—‖

3.(男)船 呀 快快地航 行 — (女)船 呀 慢慢地航 行 —
 (男)那明亮的 眼 睛 (女)什么都能 看得 清 (合)看呀看得 清—
 (合)指南针 用途 大 我们的祖先 来创 造 来呀来创 造 —‖

② 启发幼儿在讨论、探索中了解造纸的用途。

老师出示各种纸张："小朋友，这是什么？"（纸）

"纸有什么用途？"（可以画画、写字、折纸、印书……）幼儿泛讲后老师小结："纸的用途可大了，手指墙上的地图说，这张地图就是纸做的。纸可以写字、印书、印报、印画册，还可以包装物品。"（出示包糖果、饼干、玩具的各种盒子）这些都是用纸造的。最早造出纸的就是我们的中国，在两千多年以前我们的国家就造出了纸，后来传到了世界各国。（多媒体中出现竹子林）看这些竹子可以造竹器，还可以造纸。我们中国人真聪明，火药、指南针、造纸都是我国最早发明的。

③ 了解印刷术的用途。

A. "小朋友，现在我说一个谜语，你们猜猜是什么？"

谜　语

<u>一样</u> 东西 真奇妙，<u>他的</u> 本领 真不小，
　　<u>放上</u> 纸头 按一按，<u>字儿</u> 画儿 出来了。

幼儿泛讲是：印刷术。

B. "小朋友，你们知道发明印刷术有什么用吗？我们请玲玲给我们讲讲，好吗？"（好）"欢迎！"多媒体上出示印刷术的大图片。

玲玲手指印刷术的图片边讲："小朋友，你们知道这一本本书上的字和画为什么都一模一样吗？"（是印的）对，是印的。为什么要印呢？因为在发明印刷术之前，书上的字和画全靠手工抄写、描画，可慢了，要想得到两张完全相同的画是一件很难做到的事，是用什么办法制作出一模一样的字和图画呢？是我们国家的祖先开动脑筋，想办法克服许许多多的困难，进行一次次的试验，最后获得了成功，发明了印刷术。我们中国人发明了印刷术后传到了全世界。全世界各个国家都用了这一发明，有了我们中国的这一发明，才有今天这么现代化的印刷术。小朋友，我们中国人对世界的贡献真大呀。我们当一个中国人，真光荣，真自豪。

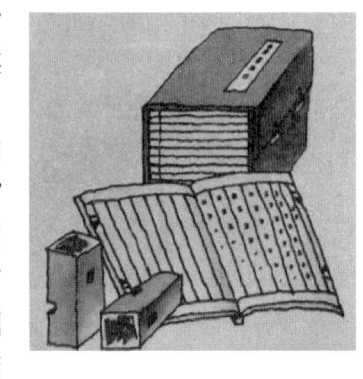

C. 老师发给小朋友每人一本绘本画册，启发幼儿互相观察上面的字和画一样吗？老师请小朋友翻到第一页，"小朋友，老师，这里也有和你们一样的绘本画册。我也翻到第一页，你们看上面的字和画和你们一样吗？"（一样）"这一模一样的字和画就是用印刷术印出来的。我们中国人真聪明、勤劳、肯动脑筋。我们小朋友也要向祖先学习、勤劳、肯动脑筋，将来发明更多先进的东西。"

④ 认识火药，了解火药的用途。

多媒体上出示放大烟花，爆竹的热闹录像……

"小朋友，多媒体上是什么？"（幼儿边拍手边欢呼："烟花，好看！"）师：烟花真好看，真漂亮……烟花和爆竹中就有火药，打敌人的大炮里也有火药，火药的用途真大！

（3）了解歌曲四大发明的性质，在探索中学唱第一段。

① 老师范唱《四大发明》的第一段："小朋友，我们都知道《四大发明》是我们祖先创造的。再听听老师用歌声夸一夸《四大发明》的内容。"

"小朋友听上去有什么感觉？"（很有力）

老师再次范唱第一段："小朋友再听听这首歌曲，听起来为什么很有力？"幼儿泛讲后，老师小结："因为我们的祖先在世界上最早发明、创造了火药、造纸、印刷术，还有指南针，很了不起，很自豪，所以唱起来是很有力的。"

② 启发幼儿在感受、探索中用 la、lu 跟唱歌曲第一段（两遍）。

③ 看着图片跟着钢琴慢慢地唱一遍，提醒幼儿把火药、造纸清清楚楚地告诉大家，唱完了空一拍再唱印刷术。"印刷术后还有什么？"（还有指南针）老师范唱最后一句，引导幼儿跟唱最后一句。

④ 看着图片，再次慢慢地唱一遍，提醒幼儿把每一句的最后一个字要用力，空一拍。提醒大家要记住，老师范唱边适当地做记住的动作。

⑤ 幼儿唱一遍："小朋友想一想，告诉别人记住可以做什么动作？"幼儿泛讲后，老师边小结边做动作："右手用力握住拳头或两手指着胸前……表示一定要记住。"幼儿边唱边随意做用力的动作，老师及时表扬边唱边大胆做动作的幼儿。

⑥ 老师："我们站起来，看着图片再唱两遍，老师按节拍敲大鼓，启发幼儿要用力唱，最后和老师一起随大鼓念 | 咚咚叭 咚叭 | 咚○ | 耶—！ | "

⑦ 老师完整地演唱歌曲，引起幼儿学习第二段的兴趣。

老师再次完整地演唱歌曲，边唱边敲大鼓伴奏，启发幼儿在歌曲最后一段念 | 咚咚叭 咚叭 | 咚○ | 耶—！ |

（六）多媒体中出示《长城》的图片："长城多么雄伟壮观啊。长城也是我们的祖先创造的。我们听着音乐边做爬长城的游戏边走出活动室。"

第 二 教 时

一、活动目标

（一）在初步学会歌曲《四大发明》第一段的基础上，启发幼儿将《四大发明》儿歌的第二段,在探索中大胆尝试唱进歌曲中,培养幼儿们的自学能力及迁移能力。

(二)在老师的指挥下,试着学唱《四大发明》的二声部轮唱,培养幼儿的注意力分配及自学能力。

二、活动准备

(一)"四大发明"的大幅图片。

(二)熟练地掌握《四大发明》的儿歌及两声部的轮诵。

三、活动过程

(一)边念《中国人了不起》一声部的儿歌,脚按节拍走路,有精神地走入活动室。"小朋友,我们是中国人,真为我们祖先的聪明、勤劳,对世界有杰出贡献而骄傲、自豪,我们有精神地边念儿歌边走起来吧。"

(二)二声部儿歌朗诵《中国人了不起》要求两声部朗诵协调一致。

(三)发声练习:《四大发明》我们用好听的声音告诉大家,我们的祖先在世界上发明了什么。(多媒体上出示《四大发明》的大幅图片,幼儿根据图片上的内容用好听的歌声唱出)

| 1 2 3 2　3 | 3 3 2 1　6 | 3 3 3 2　1 2 3 5 | 2 1 6 2　1 ‖

师:小 朋 友,　告 诉 我,　四 大 发 明　有 什 么
幼:X 　老 师,　告 诉 你,　四 大 发 明　有 火 药。

(指南针、造纸、印刷术)

(四)复习《四大发明》儿歌朗诵,及二声部轮诵

1.《四大发明》儿歌朗诵,刚才我们用歌声唱了《四大发明》,现在我们用好听的声音清楚、有力地、自豪地把《四大发明》是什么再朗诵一遍。

2.《四大发明》儿歌二声部的轮诵:幼儿分两部分,分别念一声部和二声部的轮诵"小朋友想一想,谁先朗诵第一声部,第二声部什么时候开始朗诵?最后一句怎么朗诵"启发幼儿看着老师的指挥,耳朵听好别的声部的声音,协调一致地朗诵。

(五)新授

1. 复习歌曲《四大发明》的第一段

(1)听歌曲前奏回忆名称:"这是一首什么歌曲?"(《四大发明》)

(2)欣赏老师唱《四大发明》第一段:"听听歌曲唱了什么?"(幼儿泛讲)

(3)再次欣赏老师唱《四大发明》老师边唱边根据内容做有力的动作。

(4)启发幼儿边唱边做有力的动作,及时表扬大胆做符合内容的不同动作的幼儿。

2. 启发幼儿在探索中学唱歌曲第二段

(1)听《四大发明》歌曲的第二段的歌里唱了什么?幼儿说出内容,老师说出,

唱出(四大发明是祖先的创造……)

(2) 再次听《四大发明》歌曲的第二段:"还唱了什么"(好后代)老师解释好后代就是祖先的子子孙孙的意思,老师讲出后唱出。

(3) 启发幼儿随钢琴,接音乐的节拍、节奏、速度、力度念第二段的歌词,提醒幼儿念准"祖先"等字音。

(4) 幼儿跟唱两边第二段,重点学唱 | 5 $\dot{1}$ | $\underline{6}$ 5 $\underline{6}$ | 1 2 | 3 0 |
| 我 们 | 是 你 的 | 好 后 | 代 0 |

老师范唱,幼儿练习。

(5) 幼儿完整地唱《四大发明》一、二段(两遍)。

(6) 启发幼儿边唱边做符合内容的不同动作:"'四大发明'是我们祖先创造发明的,我们真高兴,真自豪。"我们用什么动作能让大家记住呢?"幼儿说出,启发幼儿做出,在唱到每一句的记住时,右手握拳在身体的右前方,用力点一下……双手指着自己的前胸,用力按节拍点头……及时表扬边唱边大胆做动作的幼儿。

3. 在感受探索中学唱《四大发明》两声部的轮唱

(1) 欣赏两位老师的《四大发明》两声部的轮唱。

师:"听听两位老师唱的一样吗"(不一样)"有什么不一样"(一个先唱,一个后唱)。

(2) 幼儿二声部轮诵《四大发明》。

师:"小朋友会念《四大发明》的二声部轮诵,你们想想和老师唱的两声部轮唱比一比,什么地方一样,什么地方不一样"(老师唱的,我们是念的)。

(3) 幼儿试着,在探索中学唱二声部轮唱。

① 师:"刚才两位老师在轮唱时,第一句是几个人唱。"(一个)

② 老师再次示范二声部轮唱。

师:"第二个老师什么时候开始唱的。"(在第一个老师唱完我们记住后,第二个老师开始唱的)

③ 第二次示范两声部轮唱。

师:"两位老师一开始不是一起唱的,最后却是一起结束的,他们是怎么唱的?"(第一声部最后一句,指南针的"针呐"唱两遍)

④ 幼儿说出,两位老师示范一遍:"小朋友,看我们两位老师唱第二段轮唱是不是这样唱的。"(是)

⑤ 老师带幼儿唱第一声部,另一个老师配唱两声部轮唱的第二段声部。

⑥ 另一个老师唱第一声部,师带幼儿配唱第二声部(两遍)。

⑦ 幼儿分两部分,老师和另一老师每人各带一半幼儿唱两声部轮唱,提醒幼

儿耳朵听别的声部的演唱。用心看着自己声部老师的手势,和夸大的口型。

⑧ 看老师的指挥学唱两声部轮唱。

A. 师:老师的两只手代表着两个声部,什么时候开始唱,什么时候结束一定要看我的指挥。

幼儿在老师的指挥下练习,老师在第二小节及最后一句用夸大的动作和眼神进行提示。(唱两遍)

B. 在老师的指挥下,幼儿试着唱《四大发明》的第二段歌词的轮唱。

a. 幼儿分两部分,在两位老师的带领下,放慢速度唱一遍《四大发明》第二段歌词的轮唱,提醒幼儿看着自己声部的老师的指挥,并要注意倾听其他声部(两遍),第二遍两个声部互换。

b. 看指挥学唱《四大发明》第二段歌词的轮唱:提醒幼儿看老师的指挥,注意倾听其他声部的歌声。

c. 幼儿在老师的指挥下完整地唱《四大发明》二声部的轮唱(两遍)。

老师在每一段的第二小节及最后一句用夸大的动作、口型和眼神进行提示(两遍)第二遍的两个声部的幼儿轮换。

(六) 听音乐《大中国》,引导幼儿做韵律感强的动作走出活动室。

第 三 教 时

一、活动目标

(一) 较熟练地唱歌曲《四大发明》及二声部的轮唱。

(二) 启发幼儿看着节奏乐图形谱,在探索中,用节奏乐为歌曲《四大发明》伴奏,培养幼儿探索精神、自学能力,及逻辑思维能力。

二、活动准备

(一) 熟练地唱歌曲《四大发明》及二声部的轮唱。

(二) 多媒体及节奏乐谱,节奏乐演奏顺序图。

(三) 节奏乐、每人一份(圆舞板、小铃、铃鼓)。

三、活动过程

(一) 边唱《四大发明》的歌曲,边按节拍走路,边做符合内容的不同动作进入活动室。

(二) 发声:同第二教时。

(三) 念二声部儿歌《中国人,了不起》:同第二教时。

(四) 复习歌曲《四大发明》及二声部轮唱。

1. 复习歌曲《四大发明》(两遍)

听前奏回忆名称：这是一首什么歌曲？《四大发明》

① 我们用好听的声音,把《四大发明》是什么及四大发明是祖先的创造,我们是你的好后代,永远走在世界前列,清楚地告诉别人。

② 唱第二遍,启发幼儿边唱边随意做符合内容的有力动作。

2. 复习歌曲《四大发明》二声部轮唱

幼儿分两声部,提醒幼儿两个声部要互相倾听,看着老师手的指挥唱。

师："老师的两只手代表两个声部,想想自己声部什么时候开始唱,什么时候结束,结束一句怎么唱,一定要看着老师的指挥。"老师在最后一句用夸大的动作及眼神进行提示。

(五) 新授：引导幼儿在探索中,看着节奏乐图形谱,学习节奏乐,培养幼儿的探索精神,及自学能力、思维能力。

1. 出示节奏乐图形谱："小朋友,看一看这个《四大发明》的节奏乐图形谱,是怎样用节奏乐伴奏的？"

"节奏乐图形谱上有几样乐器？"(三样)"哪三样？"(圆舞板、小铃、铃鼓)

(1) 在分析探索中学习为歌曲《四大发明》第一段伴奏

① 老师手指节奏乐图形谱"小朋友,你们一边慢慢地唱第一段,想一想节奏乐是怎样伴奏的？""小朋友,看懂了吗？"(看懂了)

A. 第一句 | 我们 要记 住 0 :‖ 用什么乐器伴奏的？(圆舞板)怎么敲的？(一下一下敲后空一拍)

引导幼儿用模仿拿乐器击空的方法练习两遍。

| X X X 0 :‖ "空拍怎么做？"(两手自然打开)老师边喊口令边带幼儿练两遍。

B. 第二句 | 火 药 造纸 0 | 印 刷 术 0 ‖"怎样敲？用什么乐器敲？"(小铃)"怎样敲？"启发幼儿模仿敲小铃,用书空的方法敲出,及时表扬大胆试敲的幼儿。老师边喊口令边模仿拿小铃的方法书空两遍。

| X X X 0 | X X X 0 :‖
　叮 叮 叮　空　叮 叮 叮 空

C. 第三句用什么乐器伴奏？(铃鼓)老师手指节奏乐图形谱上的铃鼓问："铃鼓上有什么？"(弧线)

老师手指铃鼓："这铃鼓怎么敲呢？"幼儿试敲泛讲后,老师手指节奏乐图形谱小结："这个铃鼓旁边有一条横线是二拍,两个二拍是几拍？"(四拍)

老师模仿铃鼓演奏的方法,左手指着节奏乐图形谱,右手举着铃鼓边摇边讲：

| 摇 呀 摇 — | 摇 呀 摇 — | 师带幼儿用鼓铃书空的方法,边喊口令边练习两遍。

② 师带幼儿模仿拿乐器击空的方法练习《四大发明》第一段。(两遍)

△用拍手的方法练习一遍：| × × × 0 :‖ × × × 0 :‖ ;
　　　　　　　　　　　　 拍 拍 拍 空　叮 叮 叮 空　　举起 铃鼓摇 —

③ 启发幼儿看着节奏乐图形谱,放慢速度练习两次。

A. "小朋友,我们演奏《四大发明》第一段,用几种乐器?"(三种)

"这三种乐器怎么放?"启发幼儿动脑筋、想办法,如何用三种乐器演奏?

"小乐器怎么放?"幼儿泛讲后,老师小结:"把圆舞板、小铃、铃鼓三种乐器都放在自己的脚前摆放整齐。"

"小朋友,再动动脑筋,想一想,根据歌曲《四大发明》第一段的演奏顺序,节奏乐小乐器怎样摆放,才能方便演奏?"及时表扬动作轻而快的孩子,并请其介绍自己的小乐器是怎么放的。

幼儿介绍:"左边第一个放圆舞板,因为圆舞板先演奏,中间放小铃,因为小铃第二个演奏,铃鼓放在最后,因为铃鼓最后演奏。"

老师边鼓掌边说:"××小朋友,真棒! 真会动脑筋,想的办法最方便演奏! 我们像他一样,把自己的三种乐曲,轻轻地放好!"

B. 老师手指节奏乐图形谱,带幼儿练习第一段。

"小朋友要看清楚,每一句用什么乐器伴奏? 怎么伴奏? 换乐器时要又轻又快。"引导幼儿在放慢歌曲的伴奏下练习一遍。

"小朋友,用这种方法练习,你们觉得好吗? 有什么问题?"幼儿泛讲后老师小结:"一样乐器一样乐器换,太慢,忙不过来,你们说说用什么办法好呢?"幼儿泛讲后老师小结:"小朋友分三组,每人拿一种节奏乐,然后再交换好吗?"(好)

幼儿分三组,分别拿圆舞板、小铃、铃鼓,在音乐的伴奏下,眼睛看着节奏乐图形谱练习三次。

C. "小朋友先拿什么乐器呢? 第二遍换什么乐器演奏? 第三遍又拿什么乐器呢?"启发幼儿根据多媒体上出示的演奏节奏乐的顺序图,动脑筋想一想自己是第几组的? 每一遍演奏时,自己该拿什么小乐器。

	一组	二组	三组
第一遍演奏图形谱	圆舞板	小铃	铃鼓
第二遍演奏图形谱	小铃	铃鼓	圆舞板

"小朋友看得懂吗?"(看得懂)启发幼儿在歌曲的伴奏下练习两遍。第三遍演奏:"小朋友,想一想,你没拿过的乐器是什么?请拿出来"老师出示演奏第三遍时的拿乐器的顺序图,启发幼儿看一看自己拿的节奏乐对不对,听《四大发明》第一段歌曲演奏第三遍。

　　　　　　　　　　一组　　　二组　　　三组
第三遍演奏图形谱

(2) 启发幼儿在探索中学习演奏《四大发明》第二段

① 出示节奏乐图形谱,老师手指图形谱说:"小朋友,看一看《四大发明》第二段是如何演奏的?仔细看看和第一段的演奏方法有什么不同?看懂了吗?"(看懂了)幼儿分成三组,分别拿圆舞板、小铃、铃鼓,在探索中听着放慢速度的歌曲声,逐句学习演奏《四大发明》的第二段。

"第一句是谁敲?"(圆舞板)"接着是谁敲?"(小铃)

"第二句是谁敲?"(圆舞板、小铃一起敲,一起告诉别人,我们是祖先的好后代。)

"最后一句是谁敲?"(圆舞板、小铃、铃鼓大家一起,高兴地告诉别人,我们永远走在世界前列。最后大鼓也高兴地说:"我也要参加,用大鼓敲起来,告诉别人我们要永远走在世界前列")大鼓边敲边说:| 咚咚叭 | 咚叭 | 咚— | 耶—! |

A. 幼儿在放慢速度歌曲的伴奏下练习,老师用语言节奏提示:

| ×　×　×　0 | ×　×　×　0 | ×　　×　　×　0 | ×　　×　　×　0 |
| 圆舞 板 敲 空 | 小 铃 敲 空 | 圆舞板小铃敲 空 | 圆舞板小铃敲 空 |

| ×　×　×　× | ×　×　×　× | (口念) | 咚咚叭 | 咚叭 | 咚〇 | 耶—! |
| 大家一起敲敲 | 大家一起敲敲 |

② 幼儿在歌曲的伴奏下,边唱歌曲《四大发明》第二段边练习两遍。

提醒幼儿最后一句,不敲节奏乐,高兴地念:| 咚咚叭 | 咚叭 | 咚〇 | 耶—! |

2. 完整地练习,为歌曲《四大发明》伴奏三遍

提醒幼儿想一想什么时候该自己敲?想一想自己是第几组的?演奏第一遍时,自己拿什么节奏乐?演奏第二遍时,自己应该拿什么节奏乐?演奏第三遍时,要拿自己没有拿过的节奏乐?鼓励幼儿动脑筋思考,培养幼儿的逻辑思维能力,并请认真动脑筋思考的幼儿说说演奏每一遍自己应该拿的节奏乐器,请幼儿向其学习。

提醒幼儿认真观察多媒体与出示的歌曲《四大发明》节奏乐演奏的顺序图,看

看自己拿的对不对，引导幼儿随音乐边唱边演奏三遍。

（六）幼儿手拿好自己的节奏乐，边唱《四大发明》的歌曲，边按节拍走出活动室。

多元智能统整课程评价表

语言智能
1. 学会儿歌《四大发明》齐诵、轮诵；《中国人了不起》二声部。学会：《指南针》儿歌的对诵
2. 能讲出"四大发明"的名称、用途
3. 能和多媒体上的玲玲对话

数学逻辑智能
1. 在分析、比较探索中学唱歌曲，培养自学能力
2. 会根据节奏乐图形谱，在探索中自学节奏乐
3. 会根据节奏乐演奏的顺序图，分析出示节奏乐器的规律，培养孩子逻辑思维能力
4. 分析演唱二声部唱歌的规律

自然观察智能
1. 能观察出图片的内容，根据内容发声
2. 能观察出多媒体中的人物并进行对话
3. 观察分析教师的示范表演，会观察图形谱学节奏乐
4. 会观察老师指挥的手势及口型学唱二声部

肢体运动智能
1. 边唱边做符合《四大发明》内容的不同动作
2. 模仿拿乐器的方法，书空练习节奏乐
3. 听着老师鼓声的节奏，用脚走出相应的节奏型

视觉空间智能
1. 会用目测的方法找空地表演，互不碰撞
2. 会用目测的方法，观察出节奏乐图形谱的节奏乐图形的大小进行演奏

韵律活动（大班）：《四大发明》

人际智能
1. 两声部轮唱、儿歌对诵，幼儿要互相配合，体验幼幼互动的快乐
2. 和多媒体上的玲玲互动，体验互动的快乐

音乐智能
1. 在感受、探索中学唱歌曲《四大发明》，二声部轮唱，在老师的引导下自学节奏乐
2. 用自然、好听的声音唱歌

内省智能
1. 根据歌曲的内容，感受到我们的祖先最聪明、最能干、最会动脑筋，为发明创造而感到自豪，激发幼儿的爱国主义情感
2. 能遵守节奏乐演奏的常规，自主、自律
3. 能专注的学习，用迁移的方法学习节奏乐和歌曲

韵律活动(大班)：
《中国功夫》

一、活动背景

中华武术源远流长,中国功夫是中华民族数百年流传下来的以养身、健身、防身为一体的神功,深受广大人民群众的喜爱。

进入大班,幼儿的爱国意识逐步增强,再配合"我是一个中国人"的主题,我们选择了给幼儿感受中国功夫,体验中国功夫的神韵,从而产生爱中国功夫、爱祖国的情感,以及增强幼儿的民族自豪感。

二、教材

中 国 功 夫

$1 = G \quad \frac{4}{4}$

宋小明 词
伍嘉冀 曲

宏伟有力

(1) 6· 1 5 6 1 7 | (2) 6 — — — | (3) 6· 1 5 6 4 5 | (4) 3 - 0 0 |

1. 卧 似 一 张 弓,　　站 似 一 棵 松,
2. 南 拳 和 北 腿,　　少 林 武 当 功,

(5) 3 3 2 5 5 6 | (6) 3 4 3 2 1 — | (7) 2· 3 5 6 1 7 | (8) 6 - 0 0 |

不 动 不 摇 坐 如 钟, 走 路 一 阵 风。
太 极 八 卦 连 环 掌, 中 华 有 神 功。

(9) 6 1 5 3 6 0 | (10) 6· 1 5 4 3 0 | (11) 3·2 5 6 3 2 1 | (12) 2·3 5 6 1 7 6 0 |

卧 似 一 张 弓, 站 似 一 棵 松, 不 动 不 摇 坐 如 钟, 走 路 一 阵 风。

(13)				(14)				(15)				(16)			
$\underline{6 \cdot \dot{1}}$	5 3	6 0		$\underline{6 \cdot \dot{1}}$	5 4	3 0		$\underline{3 \cdot 2}$	5 6	3 2 1		$\underline{2 \cdot 3}$	$\underline{5 6 \dot{1} 7}$	6 0	
南拳	和北	腿，		少林	武当	功，		太极	八卦	连环 掌，		中华	有 神	功。	

(17) $\underline{XX}\underline{XX}$ X 0	(18) $\underline{XX}\underline{XX}$ X 0	(19) $\underline{XX}$ $\underline{XX}$ $\underline{XX}$ X	(20) $\underline{XX}$ $\underline{XX}$ X 0
棍扫 一大 片，	枪挑 一条 线，	身轻 好似 云中 燕，	豪气 冲云 天，

(21) XX $\underline{XXX}$ 0	(22) $\underline{XX}$ $\underline{XX}$ X 0	(23) $\underline{XX}$ $\underline{XXXX}$ X	(24) $\underline{XX}$ $\underline{XX}$ X 0
外练 筋骨 皮，	内练 一口 气，	刚柔 并济 不低头我们	心中 有天 地。

(间奏)	(25) $\underline{XXX}\underline{XX}$ X 0	(26) $\underline{XXX}\underline{XX}$ X 0	(27) $\underline{XXX}\underline{XX}$ X 0	(28) $\underline{XXX}\underline{XX}$ X 0

(29)				(30)				(31)				(32)			
$\underline{6 \cdot \dot{1}}$	5 3	6 0		$\underline{6 \cdot \dot{1}}$	5 4	3 0		$\underline{3 \cdot 2}$	5 6	3 2 1		$\underline{2 \cdot 3}$	$\underline{5 6 \dot{1} 7}$	6 0	
卧似	一张	弓，		站似	一棵	松，		不动	不摇	坐如 钟，		走路	一 阵	风。	

(33)				(34)				(35)				(36)			
$\underline{6 \cdot \dot{1}}$	5 3	6 0		$\underline{6 \cdot \dot{1}}$	5 4	3 0		$\underline{3 \cdot 2}$	5 6	3 2 1		$\underline{2 \cdot 3}$	$\underline{5 6 \dot{1} 7}$	6 0	
南拳	和北	腿，		少林	武当	功，		太极	八卦	连环 掌，		中华	有 神	功。	

(37) $\underline{XX}$ $\underline{XX}$ X 0	(38) $\underline{XX}$ $\underline{XX}$ X 0	(39) $\underline{XX}$ $\underline{XXXX}$ X	(40) $\underline{XX}$ $\underline{XX}$ X 0
清风 剑在 手，	双刀 就看 走，	行家的 功夫 一出手，	就知 有没 有，

(41) $\underline{XX}$ $\underline{XX}$ X 0	(42) $\underline{XX}$ $\underline{XX}$ X 0	(43) $\underline{XX}$ $\underline{XXXX}$ X	(44) $\underline{XX}$ $\underline{XX}$ X 0
手是 两扇 门，	脚下是 一条 根，	四方 水土 养育了我们	中华 武术 魂。

(45)				(46)			
6	—	—	—	6	0	0	0

三、教材分析

（一）音乐

整个音乐是有力的,并有宏伟的气势,给人一种振奋人心的感觉,听到音乐就想动起来。

（1）—（8）小节：慢而有力（2）、（4）、（6）、（8）小节四拍渐强的延长给人宏伟气势的感觉。

（9）—（16）小节：节奏鲜明，强弱分明，快而有力。

（17）—（24）小节：节奏鲜明、铿锵有力的念白，表现出中国功夫的精髓，中国功夫是我们中华民族数百年流传下来的集养身、健身、防身为一体的武术神功。

（二）歌词

（1）—（4）句：介绍了中国功夫的要点，"卧"即手撑住脸，另一只手放在胯上，要有力，给人以盛气凌人的气势；站得要直（挺拔）就像一棵松树；坐得很正、稳，像一座钟；走路走得快而有力像一阵风。

（5）—（6）句：介绍了少林寺是一座庙，那个地方有许多练各种神功的人。

（7）—（8）句：介绍了练功的人有的练太极拳，有的练八卦掌，这些都是神功的种类，是我们中华民族发明的，只有我们中国才有，别人称之为"中华神功"。

（三）动作

中 国 功 夫

宋小明 词
伍嘉冀 曲
任 憨 编动作
朱 佳 朱学寒 唐 燕 编语言节奏
陈淑琴 配鼓的节奏

$1=G \dfrac{4}{4}$

宏伟有力

(5) 3 32 5 56 | (6) 34 321 - | (7) 2· 3 56 17 | (8) 6 - 0 0 |

歌词：不动 不摇 坐如钟， 走路一阵风。

动作：第一二拍右手握拳向右侧 第一拍双手握拳前平 第一拍两手握拳放腰间， 第一拍两手握拳侧平举，第三四拍左手握拳举， 两腿分开蹲马步。 脚走小碎步自转一圈。 平举左脚吸腿。
向左侧平举。

语言节奏：不动 不摇 坐 如 钟 — 碎 步 转 圈 单脚 站站 稳—
(动作提示)

鼓：X X X X X X X……(连击)

歌词：太极 八卦 连环 掌， 中华有神功。

动作：第一二拍双手从下面慢慢 第一拍用力向前推。 第一拍向右跳一个侧弓箭
提起，第三四拍收至胸前， 步，同时两手做各拿一把剑
手心向外。 的动作，在胸前交叉再一手向
上，一手向下挥出。

语言节奏：两 手 提到 胸前 用 力 推 — 挥 剑 侧 蹲 见 神 功 —
(动作提示)

鼓：X X X X X X X……(连击)

171

(9) 6·1 5 3 6 0 | (10) 6·1 5 4 3 0 | (11) 3·2 5 6 3 2 1 | (12) 2·3 56 17 6 0 |

歌词：卧似一张 弓， 站似一棵 松， 不动不摇坐如钟，走路一阵 风。

动作：(9)—(12)小节动作同(1)—(4)小节

语言节奏：(9)—(12)小节语言节奏同(1)—(4)小节
(动作提示)

鼓：X X XX X XXX X XXX X XX

(13) 6·1 5 3 6 0 | (14) 6·1 5 4 3 0 | (15) 3·2 5 6 3 2 1 | (16) 2·3 56 17 6 0 |

歌词：南拳和北腿， 少林武当功， 太极八卦连环掌，中华有神 功。

动作：(13)—(16)小节动作同(5)—(8)小节

语言节奏：(13)—(16)小节语言节奏同(5)—(8)小节
(动作提示)

鼓：X X X X X X X X X X X X X X X X

	(17) X X X X X 0	(18) X X X X X 0	(19) X X X X X X	(20) X X X X X 0
念白：	棍扫一大 片，	枪挑 一条 线，	身轻 好似云中 燕，	豪气 冲云 天，
动作：	第一拍左手握拳向后绕一圈前平举，第二拍右手握拳向后绕一圈前平举。	第一二拍双臂向后拉按节拍做扩胸动作，第三四拍两手握拳向前用力打出。	(19)—(20)小节动作同(17)—(18)两小节	
语言节奏（动作提示）	左绕 一圈 右绕 一圈	后拉 两下 再出拳（嘴喊"嘿嘿哈—"）	(19)—(20)小节语言节奏同(17)—(18)两小节	
鼓：	X X X X X X	X X X X X X	X X X X X X	X X X X X X

	(21) X X X X X 0	(22) X X X X X 0	(23) X X X X X X	(24) X X X X X 0
念白：	外练 筋骨 皮，	内练 一口气，	刚柔 并济不低头我们	心中有天 地。
动作：	(21)—(24)小节动作同(17)—(20)小节			
语言节奏（动作提示）	(21)—(24)小节语言节奏同(17)—(20)小节			
鼓：	X X X X X X	X X X X X X	X X X X X X	X X X X X X

	(25) X X X X X 0	(26) X X X X X 0	(27) X X X X X 0	(28) X X X X X X 0
间奏				
动作：	蹲下按节拍拍手	站起手在头上方按节拍拍手	(27)小节动作同(25)小节	(28)小节动作同(26)小节
语言节奏（动作提示）	蹲下 拍拍 手—	站起 头上 拍拍手。	(27)小节语言节奏同(25)小节	(28)小节语言节奏同(26)小节
鼓：	X X X X X 0 X X X	X X X 0 X X X X X	X 0 X X X X X 0	

	(29) 6.1 5 3 6 0	(30) 6.1 5 4 3 0	(31) 3.2 5 6 3 2 1	(32) 2.3 5 6 1 7 6 0
歌词：	卧似 一张 弓，	站似一棵松，	不动不摇坐如钟，	走路一 阵 风。
动作：	(29)—(32)小节动作同(1)—(4)小节			
语言节奏（动作提示）	(29)—(32)小节语言节奏同(1)—(4)小节			
鼓：	X X X X X	X X X X X	X X X X X	X X X X X X

```
              (33)                (34)               (35)                (36)
             6̇·1̇ 5 3  6 0 | 6̇·1̇  5 4  3 0 | 3̇·2̇ 5 6  3 2 1 | 2̇·3̇  5 6 1̇ 7 6 0
```

歌词：南拳和北 腿， 少林 武当功， 太极八卦 连环掌，中华有 神 功。
动作：（33）—（36）小节动作同（5）—（8）小节
语言节奏：（33）—（36）小节语言节奏同（5）—（8）小节
（动作提示）
鼓：X X   X X X   X X X X X X X X X X X X X

```
              (37)              (38)              (39)               (40)
             X X  X X  X 0 | X X  X X  X 0 | X X  X X X X X | X X X X X 0
```

念白：清风 剑在 手， 双刀 就看 走， 行家的功夫 一出手，就知道 有没 有，
动作：第一二拍左手食指、 第一二拍屈肘收至肩部，（39）—（40）小节换右手右脚，
　　　中指并拢做剑状，放 第三四拍再挥出剑， 动作同（37）—（38）小节
　　　在右肩、右手握拳放腰 同时左脚向左跨弓箭步。
　　　间，第三四拍时左手向
　　　左侧平举做挥剑。
语言节奏：左手 拿把 剑— 用力 击出 去— 右手 拿把 剑— 用力 击出 去—
（动作提示）   （嘴喊"嘿嘿哈—"）   （嘴喊"嘿嘿哈—"）
鼓：X   X   X X X X   X   X X X X   X   X X X   X   X   X X X

```
              (41)              (42)              (43)               (44)
             X X  X X  X 0 | X X  X X  X 0 | X X  X X X X X | X X X X X 0
```

念白：手是 两扇 门， 脚下是一条 根， 四方 水土 养育 了我们 中华 武术 魂。
动作：（41）—（44）小节同（37）—（40）小节
语言节奏：（41）—（44）小节语言节奏同（37）—（40）小节
（动作提示）
鼓：X X   X X X   X   X X X   X   X   X X X   X   X   X X X

```
              (45)              (46)
间奏：        6  —  —  — | 6  0  0  0 ‖
```

动作：第一拍手心向上，双手　　第一拍右腿向右后侧弓箭步，
　　　握拳放腰间，　　　　　　两臂自然用力打开做结束亮相动作。
语言节奏：中 华 有 神　　　功 — — —
（动作提示）
鼓：X……（连击）

1. 动作建议
(1) 太极拳的特点
大小适中，柔和紧凑，拳架舒展，动作柔和，绵里藏针，姿势顺达。
(2) 动作

第一部分(1)—(8)小节：慢而有力的音乐做8个练功动作。

第(1)小节：第一二拍双手握拳前平举，第三四拍拉弓，右手向右后拉弓同时脸向左转，左臂向左侧平举。脚向右做弓箭步。

第二段：第一拍双腿分开，马步下蹲，两臂握拳屈肘放腰间。

第(2)小节：第一拍抬头同时左臂向上方抬，脸向左看。

第(3)小节：双脚并拢双手握拳。掌心向上，放至腰间。

第二段：第一二拍右手向前出右拳，第三四拍收拳至腰间。

第(4)小节：第一拍跺左脚，右手上举，贴住耳朵头往左看。

第二段：换手出拳和收拳。

第(5)小节：第一二拍右手握拳向右侧平举，第三四拍左手握拳向左侧平举。

第二段：第一二拍双手从下面慢慢提起，第三四拍至胸前，手心向外。

第(6)小节：第一拍双手握拳前平举，两腿分开蹲马步。

第二段：第一拍用力向前推。

第(7)小节：第一拍两手握拳放腰间，脚走小碎步自转一圈。

第二段：第一拍向右跳一个侧弓箭步，同时两手做各拿一把剑的动作，在胸前交叉再一手向上，一手向下挥出。

第(8)小节：第一拍两手握拳侧平举左脚吸腿。

第二部分(9)—(16)小节：在快而有力的音乐伴奏下做速度快的练功动作。

第(9)—(16)小节动作同第(1)—(8)小节。

第三部分(17)—(24)小节：念儿歌的部分做体操动作。

第(17)小节：第一拍左手握拳向后绕一圈前平举，第二拍右手握拳向后绕一圈前平举。

第(18)小节：第一二拍双臂向后拉按节拍做扩胸动作，同时嘴喊"嘿嘿(ＸＸ)"，第三四拍两手握拳向前用力打出，嘴喊"哈"。

第(19)—(20)小节动作同第(17)—(18)两小节。

第(21)—(24)小节同第(17)—(20)小节。

第四部分(25)—(28)小节：间奏部分做蹲下拍手，站着拍手的动作。

第(25)小节：蹲下按节拍拍手。

第(26)小节：站起来，手在头上方按节拍拍手。

第(27)小节：动作同(25)小节。

第(28)小节：动作同(26)小节。

第五部分(29)—(36)小节：快而有力的音乐做速度快的练功动作。

第(29)—(36)小节动作同第(1)—(8)小节。

第六部分(37)—(44)小节：在语言节奏伴奏下做击剑动作。

第(37)小节：第一二拍左手食指、中指并拢做剑状，放在右肩、右手握拳放腰间第三四拍时左手向左侧平举做挥剑。

第(38)小节：第一二拍屈肘收至肩部，嘴喊"嘿嘿"第三四拍再挥出剑，嘴喊"哈"同时左脚向左跨弓箭步。

第(39)—(40)小节换右手右脚，动作同(37)—(38)小节。

第(41)—(44)小节同第(37)—(40)小节。

第(45)—(46)小节：做亮相动作。

第(45)小节：第一拍手心向上，双手握拳放腰间。

第(46)小节：第一拍右腿向右后侧弓箭步，两臂自然用力打开做结束亮相动作。

(3) 韵律活动顺序

① (1)—(8)小节：慢而有力的音乐做8个练功动作。

② (9)—(16)小节：快而有力的音乐做8个速度快的练功动作。

③ (17)—(24)小节：念白的部分做体操动作。

④ (25)—(28)小节：间奏部分做蹲下拍手，站着拍手的动作。

⑤ (29)—(36)小节：快而有力的音乐做速度快的练功动作。

⑥ (37)—(44)小节：在语言节奏伴奏下做击剑动作。

(45)—(46)小节：做亮相动作。

2. 动作难点

动作慢而有力，幼儿控制力差，不易按两分音符的节奏做出。

(四) 教材重点、难点

1. 教材重点

第一教时：感受音乐内容。

第二教时：学习动作。

第三教时：熟练表现。

2. 教材难点

(1) 动作慢而有力，幼儿控制力差，不易按两分音符的节奏做出。

(2) 快节奏的歌词，幼儿不易掌握，只要能理解，用简单有力的动作表现即可。

注：本教材幼儿特别喜欢，听到音乐就想跟跳，但旋律较难、歌词长不易记住。编的武术动作，虽然是用符合歌词内容的简单的武术动作来表现，但幼儿的年龄小，要在3个教时内全部学会，是有一定的难度的，所以必须在课前做好必要的知识准备，因幼儿是在已知经验基础上的建构。

① 用儿歌的形式，按音乐的节拍、节奏、速度、力度将歌词逐步学会后，在反复感受音乐后试着将歌词填入旋律中，逐步学会歌曲。

② 学习教材之前用游戏的方法，感知跟学武术的基本招式和八个基本动作。这样幼儿在三个教育活动中，才有可能学会此教材，从而获得成功的快乐。

第 一 教 时

一、活动目标

（一）在听音乐看表演的过程中感受音乐的性质宏伟有力，前边慢而有力，中间快而有力，从而感受到乐曲的宏伟气势，萌发爱中国神功的情感。

（二）能初步会用简单有力的动作和敲击鼓表现音乐，并能初步跟唱歌曲。

（三）激发幼儿参加音乐活动的愿望。

二、活动准备

（一）表现歌曲内容的8张图片（见第二教时）、动作示范录像、鼓（每人一个）。

（二）初步了解中国功夫的简单知识，并初步学会功夫的基本招式（步法：蹲马步、侧弓步、出拳、推手、出剑）和基本动作。

（三）学会歌词（按音乐的节拍、节奏、速度、力度学儿歌）。

三、活动过程

（一）进场：律动《小兵》

在《闪闪的红星》的音乐伴奏下，幼儿身背小鼓边按节拍敲鼓边走进活动室。

（二）发声：《锻炼身体》

根据多媒体出示的内容幼儿唱出。

| 1 2 | 3 4 | 5 — | 5 4 | 3 2 | 1 — |

(师) 他们在 干什 么？ (幼) 打 太极 拳。 （做操、射箭、打拳、练武功）

他们 怎样 练功？ 请你们 看一 看。(播放录像，幼儿观看《中国功夫》)

（三）游戏：《请你学一学》

教师边做动作边说，启发幼儿边学动作边说。

| ×× ×× | × — | ×× ×× | × — |

(师) 1. 我做 拉开 弓， (幼) 我学 拉开 弓。

2. 瞄准 射出 剑， 瞄准 射出 剑。

3. 我做 站得 直， 我学 站得 直。

就像 一棵 松， 就像 一棵 松，

4. 我做 坐如 钟。 我学 坐如 钟。

5. 我做 八卦 连环掌， 我学 八卦 连环掌。

中华 有神 功。 中华 有神 功。

（四）新授

1. 在听听、看看的过程中,感受音乐的性质。

(1) 听一遍音乐。

师:"这首音乐听上去有什么感觉?"(有力)

(2) 再听一遍,幼儿边听边拍手,教师配鼓。

(3) 边听音乐边看教师的示范表演,感受音乐的前边、中间、最后的不同。

师:"听听音乐,看看表演,想想音乐的前边、中间、最后一样吗?"(不一样)

(4) 再次听音乐一遍,问:"听出不一样了吗?"

幼儿泛讲后教师小结:"前边音乐慢而有力,中间音乐快而有力,最后是念儿歌,快而有力。"

(5) 启发幼儿用鼓表现音乐,幼儿拿鼓,边听音乐边跟随老师敲的大鼓在(1)—(8)小节用两分音符敲出,在(9)小节用四分音符敲出,(2)、(4)、(8)、(10)、(12)、(16)小节用鼓棒连敲,敲出渐强的宏伟气势。(两遍)

2. 通过听故事以及听音乐感受歌曲的内容,启发幼儿将儿歌用迁移的方法填入旋律中并初步跟唱。

小故事:(教师边讲边做动作)在少林寺有许多专门练武功的人,他们练功时不怕苦,夏天不怕太阳晒,冬天不怕冷风吹,很有精神地练功,站着像一棵松树一样,站得很直,坐着像钟一样很稳,走起来很快,很有力,像刮来一阵风,有了真功夫后就什么也不怕,可以养生,使人的精神越来越好,使身体越来越健康,还可以防身,用武功对付坏蛋。我们中国功夫是我们中华民族的神功,只有我们中国才有,这是我们的骄傲。

(1) 欣赏歌曲(清唱)师:"听一听歌里唱了什么?"幼儿说出,教师用儿歌念出、唱出,并在相应的位置出示相应的图片。

(2) 教师清唱,师:"听一听歌里还唱了什么?"幼儿说出,教师用儿歌念出、唱出,并在相应的位置出示相应的图片。

(3) 教师再次清唱,师:"小朋友,听听老师唱的歌词,你们听到过吗?"(和中国功夫的儿歌一样)教师告诉歌曲名称(《中国功夫》)。

(4) 听音乐念儿歌,试着把歌词填入歌曲中。

师:"既然儿歌和歌词是一样的,那么我们边听音乐试着念儿歌,好吗?"

(5) 听音乐边看图片边试着跟唱(放慢速度唱一遍)。

(6) 看教师表演,幼儿伴唱。

师:"看你们唱得这么好,老师也要来表演了,你们帮老师来伴唱吧!"

(7) 看录像中的示范表演,幼儿随意跟唱跟跳。

(五)律动:《去练功》

在《中国功夫》音乐的伴奏下,幼儿边走边敲鼓出活动室。

师:"小朋友,我们听着音乐敲着鼓去练功喽!"

第二教时

一、活动目标

（一）在反复感受音乐、初步能跟随唱歌的基础上，启发幼儿在探索中学跳基本动作，培养自学能力，萌发自己学会跳舞的自豪感。

（二）激发幼儿参加活动的兴趣，大胆跟跳，不怕跳错。

二、活动准备

录像、表现内容的8张动作图片、每人一个小鼓、幼儿在左脚上贴一朵小红花。

三、活动过程

（一）律动：《小兵》

在"闪闪的红星"音乐伴奏下，按节拍边敲鼓边走步入活动室。

（二）发声：根据教师的问话边唱边做动作

| 1 2 | 3 4 5 — | 5 4 | 3 2 1 — ‖

(师) 练功人 怎样 走 路？ (幼) 走 路 快 如 风。

　　 练功人 有精神 站 着， 　　 就 像 一 棵 松。

　　 练功人 坐 得 很 正， 　　 就 像 一 座 钟。

　　 练功人 身 体 怎么 样？ 　　 棒 又 棒。

　　 练功人 功 夫 棒又 棒 　　 我们 要 学 一 学。

（三）游戏：《请你跟我学一学》

启发幼儿按舞蹈顺序跟随教师练习做8个基本动作，及时表扬专注、大胆跟做、不怕做错的幼儿。

(师) 我做 拉开 弓 —　(幼) 我学 拉开 弓 —

　　 我做 站得 直 —　　　 我学 站得 直 —

　　 我做 坐如 钟 —　　　 我学 坐如 钟 —

　　 我做 走如 风 —　　　 我学 走如 风 —

　　 我做 南拳 和北腿　　　 我学 南拳 和北腿

　　 我做 少林 武当功　　　 我学 少林 武当功

　　 我做 八卦 连环掌　　　 我学 八卦 连环掌

　　 中华 有神 功　　　　　 中华 有神 功

（四）新授

1. 听前奏回忆歌曲名称。

2. 观看教师的示范表演录像，进一步了解舞蹈动作的内容。

（1）看录像：看看录像里表演的中国功夫是怎么跳的？

幼儿说出，教师唱出、跳出，并出示相应的图片。

（2）再看教师表演，看看舞蹈从头到尾是怎么跳的。

（3）教师边指图片、边讲、边跳一遍分解的动作。

① 卧似一张弓 　　② 站似一棵松 　　③ 不动不摇坐如钟 　　④ 走路一阵风

⑤ 南拳和北腿 　　⑥ 少林武当功 　　⑦ 太极八卦连环掌 　　⑧ 中华有神功

3. 教师逐个动作进行局部示范，启发幼儿在探索中学习。

动作一：

（1）教师手指图片：第一个动作是什么？（卧似一张弓）

幼儿泛讲后，告诉幼儿第一个动作叫"拉弓射箭"。

（2）教师边做动作边问："卧似一张弓"动作是怎样做的？手怎样做？脚怎样做？

幼儿泛讲后，教师边做动作边小结："两手拿起弓，握拳向前平举，右脚向右跨出一小步，右手向右边拉开弓，左手举起箭，瞄准射出箭。"

（3）幼儿在语言节奏的伴奏下练习："拿起　箭，拉开　弓，瞄准　射出　箭。"

（4）问："在射箭的时候做了什么动作？"

幼儿泛讲后，教师小结："瞄准射箭时头要看着箭，射出箭时，左手向上抬一下，要把箭向斜上方射出。"

（5）幼儿在语言节奏的伴奏下练习，边唱歌曲第一句边练习。

动作二：

（1）教师手指图片问："第二个动作是什么？"（站似一棵松）

（2）教师边示范边问："看看老师的动作是怎样做的？"

幼儿泛讲后,教师唱"站似一棵松"带幼儿做,后问:开始做什么动作?(两手握拳放在腰间)"什么时候举起手?脚做什么动作?"(唱到"松"时,把右手举得高高的,同时踩不贴粘纸的右脚。)

(3) 幼儿在语言节奏伴奏下练习:"挺胸站直,就像 一棵 松。"边唱第二句边练习。

动作三:

(1) 教师手指图片问:"第三个动作是什么?"(不动不摇坐如钟)

(2) 这个动作怎么做的,你们试一试,教师唱幼儿试做。

(3) 教师边讲边示范:"先把右手向旁边侧平举,再把左手向旁边侧平举,最后两手向前平举,蹲马步。"

(4) 教师边唱边带幼儿练习。

动作四:

(1) "走路一阵风,动作是怎么做的?"

启发幼儿试做后,教师边示范边讲:"两手握拳放在腰间,脚走小碎步转一圈,唱到'风'时两手向两边平举,右脚吸腿。"

(2) "吸腿动作怎么做?"

幼儿试做后,教师边做动作边启发幼儿分析后教师小结:"右脚抬起,放在左腿的膝盖旁边,脚尖要用力绷直。"

(3) 幼儿在语言节奏的伴奏下练习:碎步 转圈 单脚站 稳。

动作五、动作六:

(1) 师边指图片边问:"第五句和第六句唱的是南拳和北腿,少林武当功,他们是怎么样练功的?"

(2) 幼儿试做后,教师边示范边讲解:"两手握拳放在腰间,腿蹲成马步后先用力伸出右拳、再伸出左拳。"

(3) "马步是怎么做的?"

启发幼儿做出后,教师请动作做得好的幼儿示范,启发幼儿随意跟学。

(4) 教师边念语言节奏边带幼儿练习:两手 握拳 蹲马 步,先出 右拳 再出左 拳。

动作七:

(1) 教师边示范边提问:"老师做的是什么动作?"(太极八卦连环掌)

(2) 教师边唱边做动作,"这个动作是怎么做的?"

幼儿试做后,教师边做动作边小结:"两手从下面慢慢提起后放到胸前,唱到连环掌的'连'时,两手用力向前推。"

(3) 幼儿在语言节奏的伴奏下练习:"两 手 提到 胸前 用力 向前 推 —",边唱这一句边带幼儿练习。

动作八:

(1)"最后一句是什么?"(中华有神功)

(2)"这一句动作怎么做?"

幼儿试做后,教师边做动作边小结:"小朋友唱到'中华有神功'时很自豪,很高兴地向右跳了一个侧弓箭步,两手拿着两把剑挥出去,一把剑指着天,另一把剑指着地。"

(3)在语言节奏的伴奏下练习:"挥剑 侧蹲 见神 功。"在歌曲伴奏下练习。

4．教师完整示范(1)—(8)小节,幼儿敲鼓伴奏。

5．幼儿在音乐伴奏及语言节奏伴奏下练习两遍。

6．启发幼儿用迁移的方法将(1)—(8)小节的动作速度较快地表现(9)—(16)小节。

第一遍速度可稍慢,第二遍回到原速练习。

7．完整表演,教师配鼓。

(五)幼儿在《中国功夫》的音乐伴奏下,边唱边敲鼓走出活动室。

第 三 教 时

一、活动目标

(一)在初步学会歌曲舞蹈动作的基础上,启发幼儿在探索中学习念白的语言节奏的动作,表现出中华神功的宏伟气势。

(二)完整舞蹈,体验集体跳舞的快乐,萌发热爱中国功夫的自豪感。

二、活动准备

多媒体、录像、鼓。

三、活动过程

(一)律动:《小兵》同第二教时。

(二)发声《练功人》:启发幼儿根据教师的问话边唱边做动作

"小朋友,请你们用好听的声音和有力气的动作来告诉大家练功人是怎么练功的?"

1 2 3 4	5 -	5 4 3 2	1 - ‖
(师)练功人 怎样 走 路?		(幼)走 路 快	如 风。
练功人 有精神 站 着,		就 像 一 棵	松。
练功人 坐得 很 正,		就 像 一 座	钟。
练功人 身体 怎么 样?		棒 又	棒。
练功人 功夫 真 棒,		我们 要 学 一	学。

（三）游戏：《请你跟我学一学》同第二教时

幼儿按舞蹈顺序做8个基本动作，教师边做动作边说，幼儿边学边说。

（四）新授

1. 复习巩固(1)—(16)小节的动作

(1) 听前奏回忆名称。

师："小朋友，请你们听听这段音乐的前奏，听听它的名字叫什么？"（《中国功夫》）

(2) 观看示范录像第(1)—(16)小节。

师："现在让我们来看一遍《中国功夫》录像吧！"

(3) 幼儿练习一遍，教师配鼓。

师："看完录像，你们是不是也想来做一遍？（想）好，那老师配鼓，请你们找到空地方站好，我们开始练功！"

(4) 教师再次示范，启发幼儿配鼓。

师："你们表演得真棒啊！现在我们来换一下，老师表演，你们来给我配鼓，好吗？"

2. 在探索中学习边念语言节奏边做动作

(1) 教师在第(17)—(24)小节的音乐伴奏下示范。

师："现在老师又要来表演了，请你们看看老师表演了什么动作？"

(2) 教师再次示范："小朋友，你们一边看表演一边想想老师表演了什么动作？这种动作里有几样？前边表演了什么动作？后边表演了什么动作？"幼儿泛讲后，教师小结："我做了两样做体操动作，第一样动作是右边绕一圈，左边绕一圈，第二样动作是后拉两下再出拳。"

(3) 教师示范做体操动作："现在再来看看做体操动作是怎么做的？"幼儿看完后泛讲，教师用语言节奏小结："<u>右绕一圈，左绕一圈，后拉两下再出拳。</u>"

(4) 幼儿练习第(17)—(24)小节动作。

① 教师带幼儿放慢速度，在语言节奏的伴奏下练习：<u>右绕一圈，左绕一圈，后拉两下再出拳。</u>

② 放慢速度，逐渐回到原速带幼儿练习。

③ 幼儿练习做体操动作，教师在(18)、(20)、(22)、(24)小节处喊："嘿嘿哈。"

"小朋友，你们做体操看看老师做什么动作？"幼儿泛讲后，教师小结："做体操时很有力，很高兴，我就喊了嘿嘿哈。"

④ 幼儿在音乐伴奏下练习，启发幼儿在(18)、(20)、(22)、(24)小节处跟喊："嘿嘿哈。"

(5) 教师在音乐第(37)—(44)小节语言节奏的伴奏下示范第二种动作："<u>左手</u>

拿把剑 —,用力 击出 去 —;右手 拿把 剑 —,用力 击出 去 —。"

① "现在看一看老师后面做了什么动作？是怎么做的?"教师示范后启发幼儿放慢速度在语言节奏的伴奏下跟做两遍。

② 教师带幼儿听音乐,在语言节奏的伴奏下练习两遍。

师："现在也让我们听着音乐来试一试做击剑动作吧!"幼儿练习,教师在(38)、(40)、(42)、(44)小节处配喊："嘿嘿哈",启发幼儿随意跟喊："嘿嘿哈。"

(6) 教师完整示范第(17)—(44)小节动作,后问："小朋友,老师做两个动作中间做了什么动作?"(拍手)教师局部示范拍手："再看一遍我怎样拍手的?"(蹲下拍手、站着手在头上拍手)在语言节奏的伴奏下,幼儿练习拍手动作。(蹲下 拍拍 手 —,站起 头上 拍拍 手)

3. 教师完整示范,幼儿欣赏完整舞蹈,掌握舞蹈动作的顺序

(1) 教师："看一看表演,想一想在慢而有力的音乐时做了什么动作？在快而有力的音乐时又做了什么动作？念儿歌时做了什么动作?"幼儿回答后,出示相应的图片。

(2) 教师边指图片边提问边小结："在慢而有力的音乐时做了几个练功动作?"幼儿数后回答(八个)。"在快而有力的音乐时也是做了几个练功动作?"数一数(八个),但动作是快的。"在念儿歌时,做几个做体操的动作?"(四个)有间奏的地方,做蹲下、站起拍手的动作,接着又是快而有力的音乐,做快的八个练功动作,最后念儿歌时做了几个击剑动作?(四个)

顺序	音 乐	动　　作	间 奏
1	— (慢而有力)		
2	— — (快而有力)		
3	(念白)		

续表

顺序	音乐	动作	间奏
4	— (快而有力)		
5	（念白）		

（3）教师出示顺序错误的图片，启发幼儿纠正调整，进一步掌握舞蹈动作的顺序。教师："现在让我们再来看一张图片，看看，你发现了什么问题？想一想慢而有力的音乐应该是几个练功动作？快而有力的音乐应该是几个练功动作？念儿歌时又应该是几个什么动作？它们的顺序对吗？"教师根据幼儿的回答，随机调整舞蹈动作的顺序。

顺序	音乐	动作	间奏
1	— (慢而有力)		
2	— — (快而有力)		
3	（念白）		.... (间奏)
4	— — (快而有力)		

续表

顺序	音乐	动作	间奏
5	(念白)		

（4）出示舞蹈动作顺序正确的图片，教师和幼儿共同小结舞蹈的顺序。

顺序	音乐	动作	间奏
1	一 (慢而有力)		
2	— — (快而有力)		
3	(念白)		…… (间奏)
4	— — (快而有力)		
5	(念白)		

4. 完整练习

（1）教师跳，幼儿敲鼓一遍。

"现在舞蹈动作图对了，老师再表演一遍，你们帮我敲敲鼓！"

（2）启发幼儿找空地方站好表演一遍。

"小朋友,老师在音乐前奏时敲鼓,你们要高兴地走小碎步找一个空地方,等老师鼓停时就要在空地方站好并有精神地喊:'嘿嘿哈!'"幼儿在音乐伴奏下完整练习一遍。

(3) 幼儿随录像里的示范练习一遍,教师敲鼓。

5. 在慢而有力音乐的伴奏下,幼儿边敲鼓边走小碎步出活动室

多元智能统整课程评价表

语言智能
1. 认汉字:中国功夫
2. 游戏:《请你跟我学一学》(幼儿按照节奏边做动作边说)
3. 通过小故事,理解韵律活动《中国功夫》的内容

数学逻辑智能
1. 知道整首音乐可以分为5段
2. 知道整个韵律活动有8个基本动作及舞蹈动作的顺序
3. 通过舞蹈动作图,进行分析、比较、理解动作的顺序
4. 根据动作的顺序调整图片的位置

自然观察智能
1. 观察教师示范表演
2. 观察错误的图片来调整顺序
3. 在观察、模仿、探索中学习舞蹈动作

肢体运动智能
1. 听音乐《闪闪的红星》进场时的动作以及敲鼓的动作
2. 用肢体动作感受、表现音乐

视觉空间智能
1. 跟着老师表演
2. 找空地方做练功动作,互不妨碍
3. 根据间奏的长短,调整自己的舞步,找到空地方站好跳舞
4. 会用目测的方法调整位置进行表演

韵律活动(大班):《中国功夫》

人际智能
在活动过程中体验韵律活动的快乐

音乐智能
1. 感受音乐的性质,根据音乐的节拍、速度力度做相应的有力的动作
2. 跟唱歌曲

内省智能
1. 体验韵律活动的快乐
2. 在活动过程中感受中国功夫的宏伟气势,萌发爱祖国的情感
3. 用心、专注地在模仿、探索中学习

韵律活动（大班）：
《大中国》

一、活动背景

《大中国》是一首表现热爱大中国的音乐作品，音乐欢快有力，幼儿在欣赏音乐作品的同时，可以感受到歌曲中赞美祖国大好河山的内容，从而进一步萌发幼儿热爱我们大中国的情感。

整个活动运用探索的方法，通过在情景中多种渠道的感知，启发幼儿在已有经验的基础上尝试通过探索、讨论、分析、比较的方法学会看着节奏谱做声势，并在此基础上运用迁移的方法，用小乐器为乐曲伴奏。同时激发幼儿用各种韵律感强的肢体动作表达音乐。

二、教材

大 中 国

高　枫 词曲
陈淑琴 配声势谱

$1=C \dfrac{2}{4}$

(1)		(3)		(5)		(7)	
5.6 5 6	1 6 1	3.5 6 1	5 —	5.6 5 6	1 6 1	5.6 1 3	2 —
我们都有 一个 家，	名字 叫中 国，	兄弟 姐妹	都很 多，	景色 也不	错，
我们都有 一个 家，	名字 叫中 国，	兄弟 姐妹	都很 多，	景色 也不	错，

小铃	X X | X X	0 0 | 0 0	X X | X X	0 0 | 0 0
铃鼓	0 0 | 0 0	X′— | X′—	0 0 | 0 0	X′— | X′—
镲	0 0 | 0 0	X — | X —	0 0 | 0 0	X — | X —

家里盘着 两 条龙是 长江与黄 河呀,还有珠穆 朗玛峰儿 是最高山 峰
看那 一条 长 城万里 在云中穿 梭呀,看那青藏 高原比那 天空还辽 阔

我们的大 中 国呀,好大的一 个 家, 经过那个多少那个风吹和雨打,
我们的大 中 国呀,好大的一 个 家, 永远那个永远那个

我 要 伴 随 它, 中 国 祝福你, 你永

声势谱《大中国》

陈淑琴 编

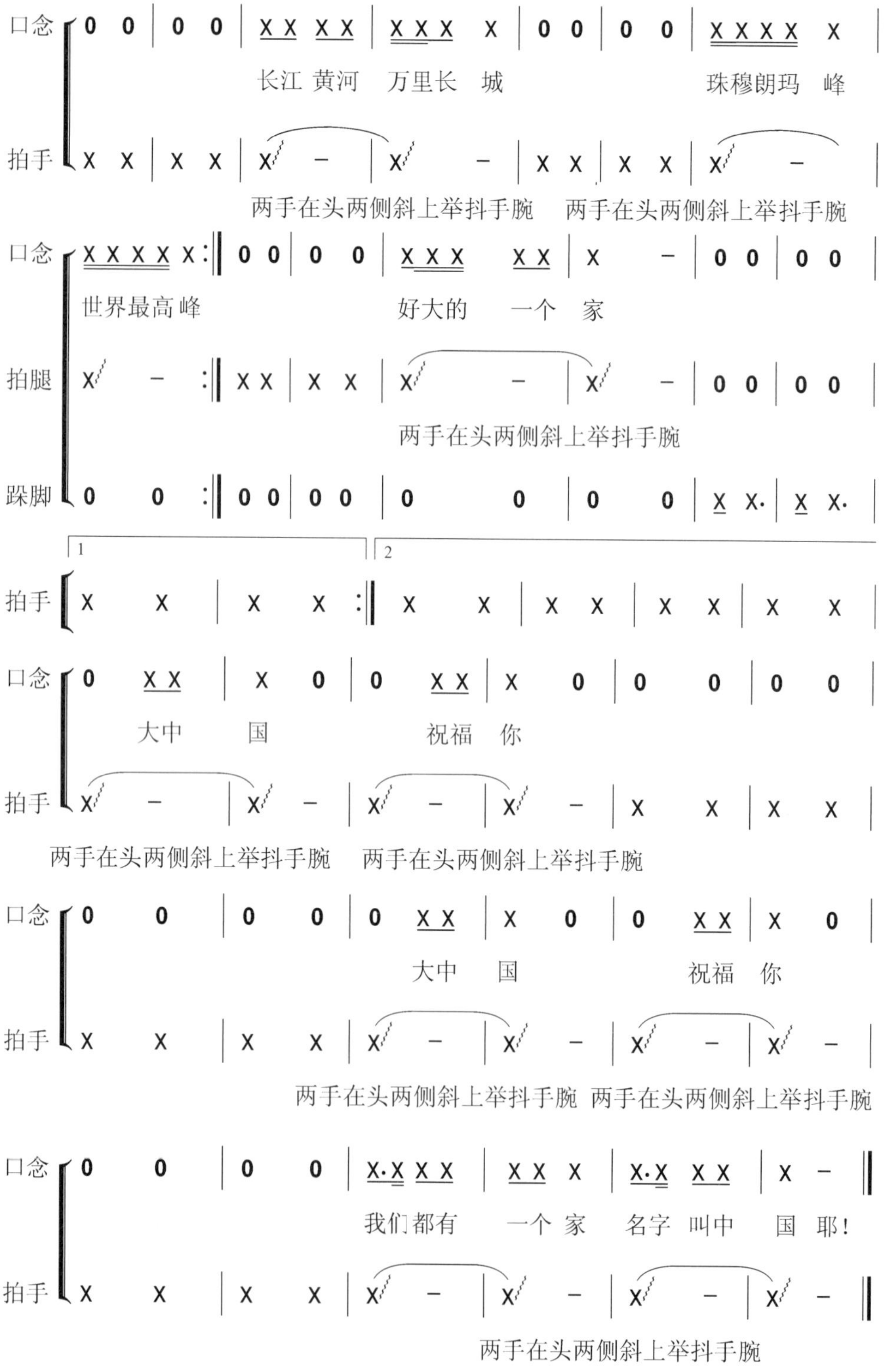
口念
长江 黄河 万里长 城
珠穆朗玛 峰
拍手
两手在头两侧斜上举抖手腕 两手在头两侧斜上举抖手腕
口念
世界最高峰
好大的 一个 家
拍腿
两手在头两侧斜上举抖手腕
跺脚
拍手
口念
大中 国
祝福 你
拍手
两手在头两侧斜上举抖手腕 两手在头两侧斜上举抖手腕
口念
大中 国
祝福 你
拍手
两手在头两侧斜上举抖手腕 两手在头两侧斜上举抖手腕
口念
我们都有 一个 家 名字 叫中 国 耶!
拍手
两手在头两侧斜上举抖手腕

节奏乐图形谱《大中国》

陈淑琴 配器

三、教材分析

(一) 音乐

这是一首表现热爱大中国的作品,音乐欢快有力,富有号召力,震撼我们的心灵,人们听到此曲后就自发地想跟随唱、跟随跳。幼儿也同样被音乐的情感性、形象性所渲染。当听到这首歌时,幼儿情不自禁地想跟随着唱和跳,但此曲旋律太难、音域太广,不适合幼儿演唱。为了满足幼儿的情感需要,根据幼儿的年龄特点及音乐的感知规律,把此曲编成概括歌曲主要内容的语言节奏,幼儿在欣赏音乐时,在相应的乐句处边做动作边朗诵,这样幼儿自然而然地把注意力集中在语言节奏的朗诵上就不唱歌了。

另外,此首音乐我们还配置了幼儿喜欢的节奏乐和韵律感强的动作表演。在这些感受音乐的过程中,听着歌曲在边跳、边朗诵、敲敲打打的过程中,激发了爱大中国的情感。同时在有趣的活动过程中满足了幼儿对祖国爱的情感表达需要。

在整个活动过程中,教师以自己的激情,各种韵律感很强的舞蹈动作,夸张的恰如其分的语言、表情、动作感染幼儿,激发幼儿参与音乐活动的愿望。因此这个活动是幼儿所喜爱和容易接受的好教材。

（二）动作

1. 前奏准备动作

（1）右手前平举，五指张开，掌心朝前，手掌左右转动；左手插在胯上，左脚点地向右扭胯。

（2）右手曲肘手握拳在右肩上方；左手斜上举，掌心朝下；左脚点地向右侧扭胯；眼睛看着右肩处。

（3）动作同（2），方向相反。

2. 基本舞蹈部分

（1）—（2）每小节第一拍左手叉腰，右手平举从左前方向右侧呈180°平移，右脚向右侧伸出跳动点地；右手收回曲肘在胸前，右脚跳回并拢，左脚原地向上跳动；一拍一跳。

（3）—（4）两脚跳至开立，双手斜上举，掌心朝前。

（5）—（6）每小节第一拍右手叉腰，左手平举从右前方向左侧呈180°平移，左脚向左侧伸出跳动点地；左手收回曲肘在胸前，左脚跳回并拢，右脚原地向上跳动；一拍一跳。

（7）—（8）两脚跳至开立，双手斜上举，掌心朝前。

（9）—（10）每小节第一拍伸出右脚向右前方出右胯，双手在右胯的两侧曲肘向上摆动；第二拍右胯回振，双手在右胯的两侧曲肘向下摆动。

（11）—（12）两脚跳至开立，双手斜上举，掌心朝前。

（13）—（14）每小节第一拍伸出左脚向左前方出左胯，双手在左胯的两侧曲肘向上摆动；第二拍左胯回振，双手在左胯的两侧曲肘向下摆动。

（15）—（16）两脚跳至开立，双手斜上举，掌心朝前。

（17）—（32）动作同（1）—（16）。

（33）右手曲肘从右肩处向外推至侧平举，同时扭胯。

（34）左手曲肘从左肩处向外推至侧平举，同时扭胯。

（35）—（36）两脚跳至开立，双手斜上举，掌心朝前。

（37）—（40）动作同（17）—（20）。

（41）—（42）双手合掌在胸前，左右扭胯。

（43）—（44）两脚跳至开立，双手斜上举，掌心朝前。

（45）—（46）身体左转，左手前平举，右手臂伸直从前向后360度旋转，两拍一圈；左腿伸直右腿曲膝跳、并拢，一拍一跳。

（45）双手侧平举的同时右脚侧跨一步，双手收至胸前时，左脚靠拢右脚。

（46）双手上举同时右脚跨出一步，双手收至胸前时，左脚靠拢右脚。

(47)—(48)动作同(45)—(46)。

(49)双手侧平举的同时左脚侧跨一步,双手收至胸前时,右脚靠拢左脚。

(50)—(53)当念到"中国"时,双手向上举,同时左脚向左跨出一步,要向左倾。念到"祝福你"时,双手收回再向上举,同时身体向右倾。

(54)—(57)双手甚至身体两侧打开45°,手掌跷起与地面平行,跑跳步转一圈。

(58)—(61)动作同(51)—(53)。

(62)—(68)动作同(54)—(57),在最后一小节口喊"耶",做各种跳跃欢呼的动作。

(三)难点与重点

难点:根据歌曲主要内容用声势、相应的语言以及韵律感的肢体动作,夸夸我们的大中国。

重点:第一教时:反复感受音乐。

第二教时:用节奏乐表现音乐。

第三教时:用韵律感强的动作表现音乐。

第 一 教 时

一、活动目标

(一)通过反复感受,使幼儿了解音乐性质(欢快有力),知道名称,了解歌曲的主要内容。

(二)通过为歌曲配语言节奏,声势节奏,夸夸我们的大中国,体现歌曲的情感,在活动过程中激发幼儿做一个中国人的自豪感。

(三)激发幼儿参加音乐活动的兴趣,大胆参与活动,不怕跳错。

二、活动准备

(一)认识过中国地图。(知道长江、黄河、万里长城,珠穆朗玛峰是世界最高峰)。

(二)地图的图片。

(三)声势图形谱。

三、活动过程

(一)欣赏音乐,感受音乐的性质

1. 欣赏第一遍音乐后问:"这首音乐听上去有什么感觉?"(有力、欢快)

2. 幼儿边听音乐边拍手。

(二)听音乐感受歌曲的主要内容

1. 欣赏一遍音乐后问:"听听歌里唱了些什么?"幼儿说出教师用相应的乐句唱出,同时告诉名称《大中国》。

2. 听一遍,"歌里唱了什么?"出示地图说:这个像大公鸡一样的地方就是我们中华人民共和国的版图。

(三)进一步感受歌曲的主要内容

1. 欣赏音乐后问:"歌里还唱了什么?"幼儿说出长江、黄河、万里长城和珠穆朗玛峰,教师在地图的相应位置贴出相应图片,后念:

×× ×× ××× ×

长江 黄河 万里长 城

×××× × ×××× ×

珠穆朗玛 峰 世界最高 峰

2. 幼儿按顺序放慢速度边看地图上的长江、黄河、万里长城、珠穆朗玛峰,边按节奏念出,练习四遍。

3. 幼儿按节奏念出语言节奏。

(四)幼儿听音乐,教师配语言节奏朗诵:教师随音乐指着地图引导幼儿放慢速度断断续续地练习两遍语言节奏

1. 重点练习(1)—(16)小节。

(1)"我们国家的名字叫什么?"(中国)带幼儿练习:名. 字 叫 中 国 —。(两遍)

(2)"我们国家的景色怎么样?"(景色不错)带幼儿练习:景. 色 也 不 错。(两遍)

(3)"我们国家有许多世界上没有的,只有我们中国才有的地方是什么?"(长江、黄河、长城)带幼儿练习:长 江 黄 河 万里长 城。(两遍)

(4)"我们国家有一座世界最高的山叫什么?"(珠穆朗玛峰)放慢速度,教师以自己夸大的口型带幼儿反复练习:珠穆朗玛 峰 世界最高 峰。(两遍)

(5)"小朋友,我们都有一个温暖的大家庭,名字叫什么?"(叫中国)教师边用夸大的口型有感情地朗诵,启发幼儿跟学"我们一起告诉别人,我. 们 都 有 一 个 家,名. 字 叫 中 国 耶!"念一遍,边拍手念两遍,引导幼儿念完"名字叫中国"后,边喊"耶!"边跳跃欢呼。

2. 幼儿完整地跟着音乐,跟随教师念语言节奏。

3. 教师带幼儿边听音乐边用语言节奏夸大中国。

（五）启发幼儿边听音乐边配声势练习

1. 启发幼儿用拍手、跺脚和语言节奏做声势练习。出示声势图形谱，启发幼儿在探索中学习用拍手、语言节奏做声势练习。"小朋友，你们看一看图形谱都可以用什么动作表现这首音乐？"(拍手、跺脚、嘴朗诵)"你们是怎样看出来的？"幼儿泛讲后，教师边指图形谱边小结：声势谱的左边有拍手，两手举起来，有跺脚，还有嘴念的语言节奏。

(1) 教师手指声势图形谱，引导幼儿边听音乐边念语言节奏。

声势图形谱

陈淑琴 编

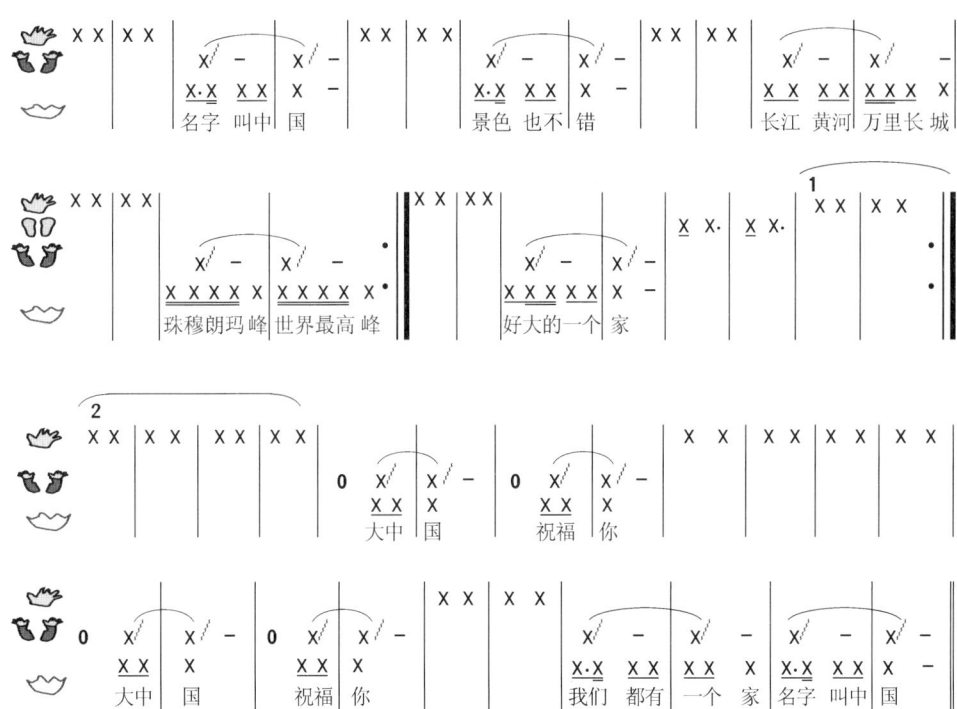

(2) "你们一边听听音乐，一边看看图形谱，拍拍手试一试，哪些地方是拍手的？"幼儿边听音乐边尝试。

(3) 教师用自己热烈的情感和夸赞的动作带幼儿一起练习。"小朋友，我们边拍手边高兴地告诉别人：拍手拍手 名字叫中国，拍手拍手 景色也不错——……。"

(4) 教师边指图形谱，边带幼儿用拍手、语言节奏练习两遍，重点练习第(27)小节到最后一小节。

① 节奏较紧凑地拍出

$$\underline{1\ 2}\ |\ 3\ -\ |\ 3\ \underline{2\ 1}\ |\ 2\ -\ |\ 2$$

0 X X X　　　　0 X X X

　　　　　　大 中 国　　　　　祝 福 你

教师边示范边讲："当我们听到音乐里唱到 $\underline{1\ 2}\ |\ 3\ -\ |$ 中 国 时,我们马上要接着很自豪地边拍手边接着说'大 中 国',当唱到'祝福你'时,要马上自豪地边拍手边接着说 X X X 。"

祝福 你

② 教师示范最后一句,提问："小朋友,听一听老师在什么地方接着说 我.们 都有 │ 一个 家 │ 名.字 叫中 │ 国 — │?"幼儿泛讲后教师小结："当唱到最后一句 $\underline{3\ 2}\ |\ \underline{1.\ 1}\ |\ \underline{6\ 5}\ |\ \underline{1}\ -\ |$ 的'语'字时,我们边拍手边用好听的声音夸不用 千言 和万 语 我们的大中国我.们 都有 │ 一个 家 │ 名.字 叫中 │ 国 — │"教师带幼儿练习两遍。

③ 启发幼儿边听音乐边探索用跺脚的方法参与夸大中国。"小朋友边听音乐边看一看图形声势谱,什么时候跺脚?"在音乐的伴奏下,教师指着图形谱引导幼儿探索后泛讲,泛讲后教师小结："我们国家经过了许多艰难险阻才取得了胜利,所以在唱到 $\underline{1\ 1}\ \underline{6\ 5}\ |\ \underline{1\ 1}\ \underline{6\ 5}\ |$ 时用跺脚的方法告诉别人我们国家取得胜利不经过 多少 容易。"教师边唱边带幼儿练习。

2. 幼儿边看声势图形谱,坐着随音乐边念语言节奏边做声势。

3. 幼儿找任一空地方边听音乐边念语言节奏并做声势。

(六)幼儿边听音乐边随意做声势走出活动室

第 二 教 时

一、活动目标

(一)在反复感受音乐的基础上,在初步学会为歌曲配语言节奏、声势节奏的基础上,运用迁移的方法为歌曲配节奏乐,在活动过程中激发幼儿做一个中国人的自豪感。

（二）激发幼儿参与音乐活动的兴趣，在活动过程中萌发爱祖国的自豪感。

二、活动准备

（一）幼儿已初步学会用声势表现音乐。

（二）节奏乐图形谱，教师表演的韵律活动的录像。

三、活动过程

（一）幼儿听着《大中国》的音乐，手拿小乐器，神气地按节拍走进活动室。

（二）发声《这是什么地方》，启发幼儿根据教师的问话和多媒体出示的图片，用歌声回答。

1 = G

	1 2 3 2	3	3 3 2 1	6	3 3 3 2	1 2 3 5	2 1 6 2	1
（师）	小 朋	友	告 诉	我，	这 是	什 么	地	方？
（幼）	朱 老	师	告 诉	你，	这 是	长 江	黄	河。
（师）	小 朋	友	告 诉	我，	这 是	什 么	地	方？
（幼）	朱 老	师	告 诉	你，	这 是	祖国的	珠穆朗玛	峰。

（三）复习歌曲《北京，我们的首都》，听前奏回忆名称，并在音乐的伴奏下边唱边跳一遍。

（四）新授《大中国》

1. 进一步感受音乐的性质

（1）听前奏回忆名称。

（2）看着声势谱，用声势来夸夸"大中国"。

2. 看着声势节奏谱，用讨论、探索、尝试的方法为节奏配乐器

（1）启发幼儿为声势谱配器。

① "小朋友，小乐器也想来夸夸我们的大中国。"（手指多媒体）"请你们敲一敲、试一试，两只手高兴地举起来，边抖动边夸我们大中国的地方用什么乐器演奏比较合适，为什么？"幼儿试敲后，请幼儿回答（铃鼓）"为什么用铃鼓？"（因为铃鼓摇起来的声音，听起来很好听、很开心、很高兴，哗啦啦摇起来的声音就好像我们小手举起来欢呼的声音。）教师在声势谱举手欢呼的地方贴上铃鼓的图片。幼儿在音乐的伴奏及语言节奏的提示下，练习一遍。

② "跺脚的地方用什么乐器比较合适呢？"（圆舞板）"为什么？"（因为跺脚的声音比较重，和圆舞板的声音很像）教师在小脚前贴上圆舞板的符号后，边演示

边讲"用圆舞板用力地告诉别人,说'中国．中国．很伟大'"。带幼儿用圆舞板练习两次。

③"拍手的地方,用什么乐器比较合适?"(小铃)"为什么?"(因为小铃的声音很脆、很欢快,和小手拍出来的声音很像。)教师在声势谱拍手的地方贴上小铃的符号。幼儿在音乐的伴奏及语言节奏的提示下,练习两遍。

(2) 分组合奏,启发幼儿边听音乐边根据乐器排位图拿着相应的乐器,看着节奏乐图形谱试着合奏一遍。

①"现在我们要三种乐器一起来演奏,该怎么办?"(分成三组)

②"看看乐器排位图,想想你们这一组该拿什么乐器?你们这一组拿什么乐器?你们这一组呢?"幼儿取相应的小乐器演奏一遍。

③ 看看乐器排位图,这次你该拿什么乐器?

幼儿再演奏一遍。

④"这次请你们拿没有拿过的乐器来演奏?"

3. 激发幼儿用动作夸大中国的兴趣

(1)"刚才我们都用小乐器来夸我们的大中国,你们想用动作来表现我们的大中国吗?"

(2) 观看多媒体中教师的表演,激发幼儿用不同的、有力欢快的动作夸夸我们的大中国。

①"电影中的老师想用动作来夸夸我们的大中国,你们想看吗?"(幼儿看表演)

② 幼儿边听音乐边随意跟着教师表演一遍。"你们回去想想,还可以用什么有力的、好看的动作来夸夸我们的大中国,下堂课表演给大家看。"

4. 幼儿手拿小乐器,听着《大中国》的音乐,边跳边走出活动室

附:

小乐器图形谱

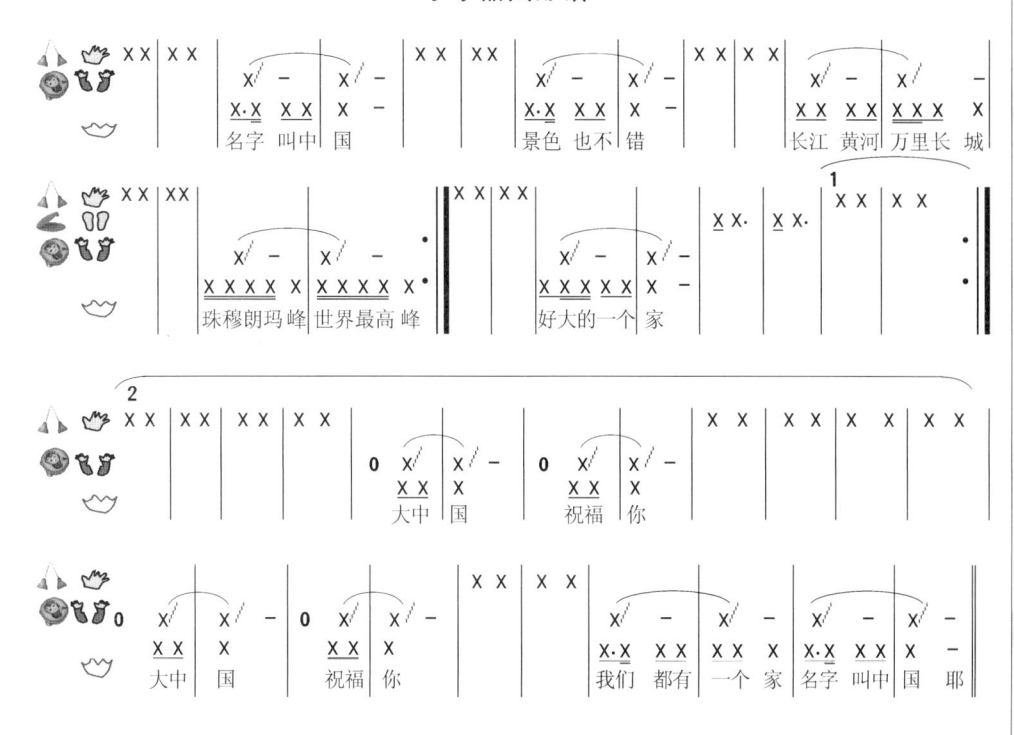

第 三 教 时

一、活动目标

(一) 在初步学会为歌曲配节奏乐的基础上,启发幼儿尝试用韵律感强的动作表现音乐,在活动过程中进一步激发幼儿做一个中国人的自豪感。

(二) 激发幼儿对活动的兴趣,大胆参与表现,不怕做错。

二、活动准备

(一) 幼儿已初步学会节奏乐。

(二) 节奏乐图形谱。

(三) 教师表演的韵律活动的录像。

三、活动过程

(一) 幼儿听着《大中国》的音乐,手拿小乐器按节拍神气地走进活动室

(二) 进一步感受音乐的性质

1. 听前奏回忆名称。

2. 看着小乐器图形谱,用小乐器来夸夸"大中国"。

(三)启发幼儿用动作夸大中国

1. "刚才我们都用小乐器来夸我们的大中国,你们想用动作来夸夸我们的大中国吗?"

2. "我们可以用什么有力的动作来夸我们的大中国?"幼儿尝试,教师观察幼儿动作,选择富有韵律感的动作,将之上升为艺术动作示范后,启发幼儿跟其学习。

3. 观看多媒体中教师的表演,进一步启发幼儿做出不同有力欢快的动作夸夸我们的大中国。

(1)"电影中老师们想用动作来夸夸我们的大中国,你们想看吗?"(想)"看看他们是用哪些动作来夸我们的大中国的?"

(2)幼儿将个别喜欢的媒体中教师表演的有力的动作表现出来,教师梳理上升为艺术动作后,集体跟学。

(3)跟着多媒体中教师一同表演,请动作好的幼儿上来当小老师,表演个别动作,引导幼儿跟其学习。

(4)启发幼儿用欢快有力、手向上举的动作,热烈的情绪表现最后一句:我.们 都有 | 一个 家 | 名.字 叫中 | 国 耶 |。

①"小朋友,想一想我们用什么样的动作、表情告诉别人 我.们 都有 | 一个 家 | 名.字 叫中 | 国 —。"幼儿说出、跳出后,教师将之上升为艺术动作,边跳边讲:"动作要很有力、欢快,做各种跳跃的动作,因为我们很高兴。最后我们可以把双手举起来,也可以边拍手边跳,边转圈边双手摆动,最后要高兴地跳起来欢呼'耶'!"

② 教师带幼儿边念语言节奏边跳最后一句三遍。及时表扬热情奔放动作的小朋友,请其做小老师为大家示范表演,引导其他幼儿向其学习。

③ 幼儿边听音乐边跟着不同的教师们表演两遍。

(四)幼儿手拿小乐器,跟着《大中国》的音乐,边跳边走出活动室。

附:

小乐器图形谱

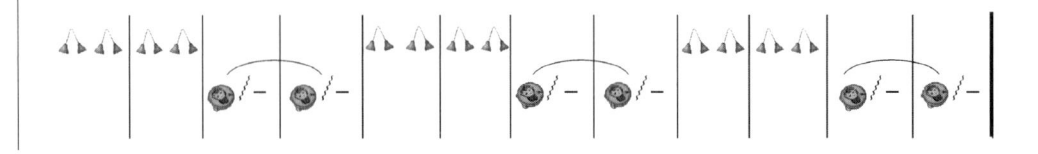

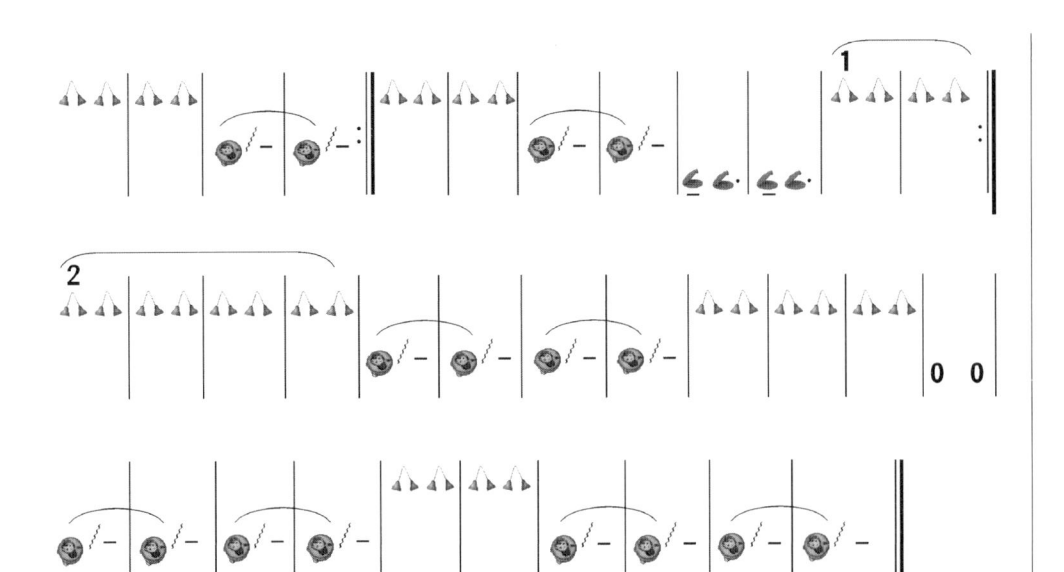

多元智能统整课程评价表

语言智能
1. 认读汉字《大中国》
2. 通过语言节奏来帮助幼儿掌握音乐的节奏
3. 能看着声势谱中汉字来念语言节奏

数学逻辑智能
1. 在探索中学习用声势表现音乐,并在此基础上运用迁移的方法为声势谱配上小乐器
2. 根据多媒体中不同老师的表演,有选择性模仿、创编出符合音乐内容的动作

自然观察智能
1. 根据多媒体出示的内容练声、做声势、做与内容相符的动作
2. 观察、探索、学习各种动作

肢体运动智能
1. 操作学习:在活动中人人参与念、做声势、跳的过程中表现音乐
2. 用各种有力、欢快的动作表现音乐

韵律活动(大班):《大中国》

视觉空间智能
1. 能自己找空地方表演,互不碰撞
2. 能想象、联想和创造
3. 教材视觉化。看多媒体、图片及表演进行活动

人际智能
1. 在互动中学习,生生互动、师生互动和观众互动
2. 在小乐器演奏时,能互相倾听同伴的乐器演奏并进行合奏。体验合作表演的快乐

音乐智能
1. 音乐素质:掌握节奏,根据音乐性质表现音乐
2. 能在看着老师的表演及多媒体上的内容,探索学习动作
3. 能用声势、动作、节奏乐表现音乐

内省智能
1. 自我控制、自主和自律
2. 对音乐活动感兴趣,能大胆、勇敢地表演,并能听音乐学会做动作,遵守音乐常规
3. 在探索、迁移过程中获得自信和相应的情感
4. 专注、主动地学习
5. 在活动过程中激发爱祖国的情感

武术操(大、中、小、托班)：
《中国功夫》

宋小明 词
伍嘉冀 曲
徐 欢 徐 笑 编动作
陈淑琴 徐 欢 编鼓节奏
文字、图片整理：浙江省义乌市儿童乐园幼稚园
毛逸萍、徐欢、徐笑、倪远丹、陈金凤

(1) 6 6 6 6 1 6 6 2 1 2 1 | 6 - - - | (3) 6 6 6 6 1 6 6 2 3 2 3 | 6 - - - |

x - x - | xx xx xx xx | x - x - | xx xx xx xx |

鼓节奏：

(5) 6·1 5 6 1 7 | 6 - - - | (7) 6·1 5 6 4 5 | 5 3 3 - - |
　卧 似 一 张 弓，　　　　　　站 似 一 棵 松，

x - x - | xx xx xx xx | x - x - | xx xx xx xx |

(9) 3 3 2 5 5 6 | 3 4 3 2 1 - | 2·3 5 6 1 7 | 6 - - - ‖
　不 动 不 摇 坐 如 钟，走 路 一 阵 风。

x - x - | xx xx xx xx | x - x - | xx xx xx xx |

(13) 6·1 5 6 1 7 | 6 - - - | (15) 6·1 5 6 4 5 | 5 3 3 - - |
　南 拳 和 北 腿，　　　　　　少 林 武 当 功，

| x - x - | xx xx xx xx | x - x - | xx xx xx xx |

(17) (19)
| 3 3 2 5 5 6 | 3 4 3 2 1 - | 2· 3 5 6 1 7 | 6 - - - |
太 极 八 卦 连 环 掌， 中 华 有 神 功。

| x - x - | xx xx xx xx | x - x - | xx xx xx xx |

(21) (23)
| 6· 1 5 3 6 - | 6· 1 5 4 3 - | 3· 2 5 6 3 2 1 | 2· 3 5 6 1 7 6 - |
卧 似 一 张 弓， 站 似 一 棵 松， 不 动 不 摇 坐 如 钟， 走 路 一 阵 风。

| x - x - | x - x - | x - x - | x - x - |

(25) (27)
| 6· 1 5 3 6 - | 6· 1 5 4 3 - | 3· 2 5 6 3 2 1 | 2· 3 5 6 1 7 6 - |
南 拳 和 北 腿， 少 林 武 当 功， 太 极 八 卦 连 环 掌，中 华 有 神 功。

| x - x - | x - x - | x - x - | x - x - |

(29) (31)
棍扫 一大片— 枪挑 一条线— 身轻好似云中燕， 豪气冲 云天—。
| x x x x | x x x x | x x x x | x x x x |

(33) (35)
外 练 胫骨皮， 内练 一口 气— 刚柔 并济不低头， 心中有天地—。
| x x x x x | x x x x x | x x x x x | x x x x x |

(37) (39)
| 6· 1 5 3 6 - | 6· 1 5 4 3 - | 3· 2 5 6 3 2 1 | 2· 3 5 6 1 7 6 - |
卧 似 一 张 弓， 站 似 一 棵 松， 不 动 不 摇 坐 如 钟， 走 路 一 阵 风。

| x - x - | x - x - | x - x - | x - x - |

(41) (43)
| 6· 1 5 3 6 - | 6· 1 5 4 3 - | 3· 2 5 6 3 2 1 | 2· 3 5 6 1 7 6 - |
南 拳 和 北 腿， 少 林 武 当 功， 太 极 八 卦 连 环 掌，中 华 有 神 功。

(45) (47)
| x - x - | x - x - | x - x - | x - x - |

(49) 清风剑在手— 双刀就看走— (51) 行家功夫一出手， 就知有没有—。

(53) 手是两扇门— 脚下是一条根— (55) 四方水土养育了，中华武术魂—。

(57) 6 6666 166 2121 | 6 - - - (59) 6 6666 166 2323 | 6 - - -

(61) 6· 1 5 6 1 7 | 6 - - - (63) 6· 1 5 6 4 5 | 5 3 3 - -
东方一条龙， 儿女似英雄

(65) 3 3 2 5 5 6 | 3 4 3 2 1 - | (67) 2· 3 5 6 1 7 | 6 - - -
天高 地远 八 面 风，中华 有 神 功。

(69) 6· 1 5 6 1 7 | 6 - - - (71) 6· 1 5 6 4 5 | 5 3 3 - -
东方一条龙， 儿女似英雄

(73) 3 3 2 5 5 6 | 3 4 3 2 1 - | (75) 2· 3 5 6 1 7 | 6 - - -
天高 地远 八 面 风，中华 有 神 功。

中、大班操

(1)小节：双手握拳收于腰间，向左看齐。（图1）
(2)小节：还原。
(3)小节：双手握拳收于腰间，向左看齐。
(4)小节：还原。
(5)小节：跺右脚，半蹲，右手握拳击于左掌上。（图2）
(6)小节：虚步，手心朝上，打开。（图3）

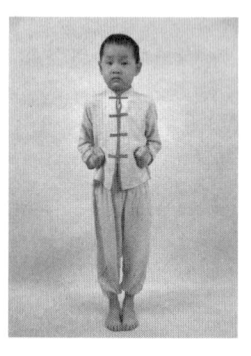

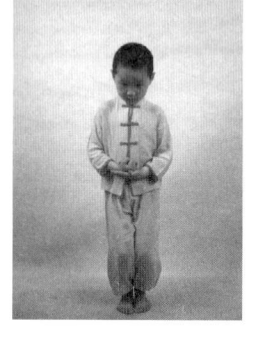

图1　　图2　　图3

(7)小节：同(4)小节。
(8)小节：左手握拳于腰间，右手翻掌于头顶。（图4）
(9)小节：马步，左右手依次握拳于腰间。
(10)小节：右手托掌于胸前，左手立掌切于右掌上，左脚跟向前点地。（图5）
(11)—(12)小节：左手握拳于腰间，右手翻掌于体侧，原地转一圈。（图6）
(13)小节：同(5)小节。
(14)小节：吸右腿，两臂侧平举，手做鹰爪状。（图7）

图4　　图5　　图6　　图7

(15)小节：同(5)小节。

(16)小节：左手握拳屈肘于胸前，右掌靠于左拳上。(图8)

(17)小节：做太极拳姿势，左右各一次。(图9)

(18)小节：马步，双手向前推掌。(图10)

(19)小节：同(16)小节。

(20)小节：两手向外打开，收于腰侧。

(21)小节：身体朝右，跺右脚，半蹲，右手握拳击于左掌上。(图11)

图8 　　　　图9 　　　　图10 　　　　图11

(22)小节：同(5)小节。

(23)—(24)小节：马步，左右手依次在胸前推拳。(图12)

(25)—(28)小节：同(21)—(24)小节，依次朝四个方向。

(29)小节：第一、二拍，同(5)小节，第二拍，左手握拳于腰间，右手握拳于头顶。(图4)

(30)小节：同(29)小节，方向相反。

(31)小节：第一拍同(5)小节，第二拍同(14)小节。

(32)小节：第一拍同(5)小节，第二拍，两臂侧平举，右腿抬起向后伸展。(图13)

图12 　　　　图13

(33)—(36)小节：同(29)—(32)小节。

(37)—(56)小节：同(21)—(36)小节。

(57)—(76)小节：同(1)—(20)小节。

小、托班操

(1)小节：双手握拳收于腰间，向左看齐。(图1)

(2)小节：还原。

(3)小节：双手握拳收于腰间，向左看齐。

(4)小节：还原。

(5)小节：跺右脚，半蹲，右手握拳击于左掌上。(图2)

(6)小节：左手握拳于腰间，右手托天掌。(图3)

(7)—(8)小节：同(5)—(6)小节动作相反。

(9)小节：马步，左右手依次握拳于腰间。

(10)小节：右手托掌于胸前，左手立掌切于右掌上。

左脚跟向前点地。(图4)

图1 　　　　图2 　　　　图3 　　　　图4

(11)—(12)小节：左手握拳于腰间，右手翻掌于体侧，原地转一圈。(图5)

(13)小节：同(5)小节。

(14)小节：吸右腿，两臂侧平举，手做鹰爪状。(图6)

(15)—(16)小节：同(13)—(14)小节。

(17)小节：同(5)小节。

(18)小节：马步，双手向前推掌。(图7)

(19)小节：同(16)小节。

(20)小节：两手向外打开，收于腰侧。

(21)小节：身体朝右，跺右脚，半蹲，右手握拳击于左掌上。(图8)

图5 　　　　　图6 　　　　　图7 　　　　　图8

(22)小节：同(5)小节。

(23)—(24)小节：马步，左右手依次在胸前推拳。(图9)

(25)—(28)小节：同(21)—(24)小节。

(29)小节：第一、二拍，同(5)小节，第二拍，左手握拳于腰间，右手托掌于头顶。(图3)

(30)小节：同(29)小节，方向相反。

(31)—(32)小节：同(29)—(30)小节。

(33)—(36)小节：同(29)—(32)小节。

(37)—(56)小节：同(21)—(36)小节。

(57)—(76)小节：同(1)—(20)小节。

图9

歌表演（大班）：
《北京，我们的首都》

一、活动背景

《北京，我们的首都》是一首带有京味的歌曲，其中还伴有锣鼓经，是幼儿从未接触过的歌曲形式，由于新鲜，他们的兴趣特别浓厚，同时在学歌曲的过程中，他们还了解了很多京剧方面的知识，在唱唱、跳跳的过程中，激发他们对我们中国的国剧——京剧的兴趣，从而更爱我们的祖国。

整个活动通过多种形式的感知，理解歌曲的内容与风格，学唱歌曲，并在探索的过程中学会一些花脸、花旦的动作，并将之迁移到歌曲中，创编自己的歌表演。

二、教材

北京，我们的首都

乔　木 陈淑琴 词
汪　玲 曲
陈淑琴 编动作

1=F 2/4

(1) 1 2 3 2　3 ｜ (3) 3 3 2 1　6 ｜ 3 3 2 1 2 3 5 ｜ (5) 2 1 6 2 1 ｜ 7·7 6·7 ｜ 5 3 5 6 1 ｜
北 京 城 多 雄　伟，我 们 的 首 都　　放　光　明。天 安 门　城 楼 上

(7) 3·2 1 2 ｜ (9) 5 6 5 3 ｜ 0 X 0 X ｜ (11) 0 X X ｜ 0 X 0 X ｜ 0 X X ｜ (13) 7·7 6·7 ｜ 5 5 6 1 ｜
大 红 灯 笼 高 高　挂，乙 台 乙 台　乙 台 匡，乙 台 乙 台　乙 台 匡。大 会 堂　多 壮　丽

(15) 3·5 2 3 ｜ 5 - ｜ (17) X X X X X ｜ X X X X X ｜ (19) X X X X X ｜ X X X X X ｜
金 碧 辉　煌，　　　仓 仓 才 才 仓　才 才 才 才 仓，仓 仓 才 才 仓　才 才 才 才 仓，

```
    (21)                    (23)                                 (25)
 1 2 3 2  3 | 3 3 2 1  6̣ | 3 3 2  1 2 3 5 | 2 1 6 2  1 | 3 3 2  1 2 3 5
  全 国 那 小 朋 友 心 心  向 往  北 京  城，心 心  向 往

 2 1 6 2  1 | 3·5  2 3 | 5 — | 5 0  (27)  X X X X 0 X X | X X X X 0 X X (29)
  北 京  城 北 京  城。        仓仓 七仓  乙台 仓  仓仓 七仓 乙台 仓

(31)
 X X  X X | X — ‖
  才才 才才  仓。
```

三、教材分析

（一）音乐

这是一首有京味的歌曲，比较难唱。但歌曲中间有三处锣鼓经，幼儿非常喜欢，能激起幼儿想唱想表演的愿望。

1. 旋律的难点：掌握十六分音符（拐弯很多，且要有重音，附点音符，锣鼓经，两拍、三拍的延长）。

2. 词的难点：音乐的旋律快，一拍多字，难唱准歌词。难咬的字：壮丽、金碧辉煌，咬准锣鼓经中的字音。

（二）动作

1. 基本动作

花旦：

手的基本动作：兰花指，拇指和中指相对卷曲，其余3个手指跷起的姿势。

脚的动作：圆场步。

花脸：

花脸手的动作：掸膀，按手或握拳。

花脸脚的动作：踱步、勾脚斜前方踢出，走成外八字形。

亮相：表演时，由动的身段变为短时的静止的姿势（手做不同的动作，同时很神气的睁大眼睛，甩头后向左看）。

2. 动作顺序的建议

京剧中的角色很多（花旦、花脸、老旦、丑角、武生），由于幼儿的年龄小，因此我们重点学习花旦、花脸的主要动作，这样幼儿比较容易学习，会更有兴趣。

（1）根据歌词的内容，用花旦、花脸的脚步和手位，做出相应的符合内容的不同动作。

（2）在三处的锣鼓经处，脚走花旦的圆场步（或花脸的踱步）手做亮相动作。在（10）（12）（18）（20）小节的最后一拍，（32）小节的第一拍做不同的亮相动作。

（3）表演当中可以变换不同的角色表演，发挥幼儿的想象力和创造力。

（三）重点、难点

1. 难点

(1) 学会歌曲，掌握基本动作是歌表演的基础。

(2) 掌握动作的节奏：花旦　×× ××

　　　　　　　　　　花脸　× —|

2. 重点

(1) 第一教时目标：多种形式的感受。（听教师唱、听录音、看录像、看表演等多种手段）

(2) 第二教时目标：初步学唱歌曲。

(3) 第三教时目标：会唱歌曲，初步学习花旦、花脸的基本动作，并能根据歌词表演。

(4) 第四教时目标：小组合作创编进行表现与表达。

第 一 教 时

一、活动目标

（一）在听、唱、看，多种形式的感受中，初步理解歌曲的内容及风格。

（二）在活动过程中，初步跟学锣鼓经。

（三）初步了解京剧的特点，萌发热爱京剧的情感。

二、活动准备

（一）认识北京及准备关于北京的图片。

（二）介绍京剧角色、脸谱的图片。

（三）锣鼓经。

（四）学会念儿歌（歌词）。

三、活动过程

（一）游戏：《去旅游》

幼儿随着音乐节奏开火车，同时口念"咔嚓"声，要求两声部较协调一致。"小朋友我们一起开着火车去北京旅游好吗？"

```
X X  X | X X  X | X X X  X X | X X  X | X  —  | X  —  |
```
小朋 友 快快 来 我们的 火车 就要 开 呜 — 呜 —

```
5 3  3 3 | 5 3  3 3 | 5 5 6 5 | 4  —  | 4 2 2 2 | 4 2 2 2 | 5 5 4 2 | 3  —  |
```
咔 嚓 咔 嚓 咔 嚓 咔 嚓 咔 嚓 咔 嚓 咔 嚓 咔 嚓 咔 嚓 咔 嚓

咔 嚓 咔嚓 咔嚓 咔嚓 咔嚓 咔嚓 咔嚓 咔嚓 咔嚓 咔嚓 咔嚓 咔嚓 咔嚓 咔嚓

```
5 3  3 3 | 5 3  3 3 | 5 5 6 5 | 4  —  | 4 2 2 2 | 4 2 2 2 | 5 5 4 2 | 1  —  ‖
```
咔 嚓 咔 嚓 咔 嚓 咔 嚓 咔 嚓 咔 嚓 咔 嚓 咔 嚓 咔 嚓 咔 嚓

咔 嚓 咔嚓 咔嚓 咔嚓 咔嚓 咔嚓 咔嚓 咔嚓 咔嚓 咔嚓 咔嚓 咔嚓 咔嚓 咔嚓

音乐结束后"北京到了！"大家欢呼。

（二）发声练习：《这是什么地方》

幼儿根据多媒体出示的图片来回答教师的问唱。

```
1 2 3 2  3 | 3 3 2 1  6 | 3 3 2  1 2 3 5 | 2 1 6 2  1 ‖
```

(师) 小 朋 友 告 诉 我, 这是 什 么 地 方？

(幼) X 老 师 告 诉 你, 这是 北 京 天 安 门。

(师) 小 朋 友 告 诉 我, 这是 什 么 地 方？

(幼) X 老 师 告 诉 你, 这是 人 民 大 会 堂。

(师) 小 朋 友 告 诉 我, 这是 什 么 地 方？

(幼) X 老 师 告 诉 你, 这是 万 里 长 城。

（三）念儿歌：《北京，我们的首都》

北京 城 | 多雄 伟 | 我们的 首都 | 放光 明 | 天安 门 | 城楼 上 | 大红 灯笼 | 高高 挂 |

大会 堂 | 多壮 丽 | 金.碧 辉 煌—— | 全国那 小朋 友 | 心心 向往 | 北京 城 |

心心 向往 | 北京 城 | 北 京 | 城—— ‖

（四）新授

1. 感受音乐的性质

(1)"听听音乐有什么感觉？"(有点像京剧)

（2）"这首有点像京剧的歌，和平时唱的歌有什么不一样？"（快、拐很多弯，还有锣鼓伴奏，还有锣鼓点子、锣鼓经）

（3）小结："这首歌曲听上去有点像京剧，京剧是我们国家的国剧，只有我们中国才有，也叫国粹。"（播放京剧剧照，简介京剧中的主要角色）"现在请你们看看京剧里有哪些演员？"（花旦：是年轻的女子，又叫小姐；花脸：是男的，有黑色的胡子；武生：是拿刀、枪的，武艺高强的人；丑角：做好玩的动作，样子很好笑；老旦：年纪大的女的，虽然年纪大，但精神很好；老生：年纪大的男的）

2. 感受歌曲的内容

（1）"让我们再来听听这首有点京剧味的歌曲吧，这次请你们仔细听听歌里唱了什么？"幼儿说出，教师讲出并唱出相应的歌词。

（2）听第二遍，"歌里还唱了什么？"幼儿说出，教师讲出并唱出。"请你们告诉我，歌曲中说到了天安门、大会堂。天安门、大会堂在什么地方呀？"（北京）"对了，这首歌曲的名字就叫《北京，我们的首都》"，出示汉字认读。

3. 在感受歌曲内容的过程中，初步学习锣鼓经

"老师再次示范唱，听听除了唱的内容，老师还念了什么？"（锣鼓经）

（1）教师逐条示范锣鼓经，启发幼儿在探索中学习，做不同的亮相动作，发挥幼儿的想象力和创造性。

"老师边走边念锣鼓经时，每一小段锣鼓经后做了什么动作？"（亮相）

"亮相动作怎么做的？头是怎么样的，眼睛怎么样？"幼儿试做后，请做得好的幼儿示范，启发幼儿分析亮相的要领后教师小结："亮相时要很精神地睁大眼睛，猛地向一个方向甩头，好像在说看！我多神气！"

（2）教师再次扮演花旦、花脸，用不同的动作逐条示范锣鼓经

① 学习花旦的亮相动作：引导幼儿分析花旦亮相动作的要领。"小朋友看看我是谁？"（花旦）教师模仿花旦的声音用细细地拉长的声音说："我是小——姐——，看看我亮相时手是怎么做的？"（兰花手）"做兰花手可以怎样做？"引导幼儿自由做，及时表扬在不同的方位用兰花手做亮相动作的幼儿，并请其做小老师带幼儿做后，教师小结："做锣鼓经时，可以两只手做兰花指，可以向左或向右；还可以一只手在上，一只手在胸前；可以站着做；也可以单腿跪或蹲下做……"

幼儿边念锣鼓经，边扮演花旦做不同的亮相动作。

② 学习花脸的亮相动作，引导幼儿分析花脸的亮相动作的要领。

教师戴上花脸的大胡须，模仿花脸的声音："呀！哈哈哈哈，看看我是谁？"（花脸）"看看我亮相时手的动作怎样，和花旦的手的动作有什么不一样？"（花旦手是兰花手，花脸手是握着拳头的，很有力气）

教师示范握空拳："看看手是怎样握拳的？"幼儿泛讲后教师小结："手是半握

拳的。"

教师再次示范花脸的亮相:"胳膊是怎样的?"(两只胳膊架起来,很有力)

启发幼儿模仿花脸边念锣鼓经,边做向不同方位的亮相动作,教师及时表扬做不同亮相动作的幼儿。

③ 看"电视""锣鼓经":启发幼儿自愿扮演花旦或花脸做亮相动作,教师拍摄后在多媒体中放出,启发幼儿相互欣赏、评析,相互学习。

4. 在音乐的伴奏下,教师边唱边表演三遍,进一步感受歌曲的内容和动作

(1)"这么好听的歌曲,我都想跳舞了,我来给大家表演好吗?"教师扮演花旦、花脸、汉族各表演一遍。

(2)幼儿观看录像两遍,"录像里的人也来表演了,我们一起来看看吧。"(录像中,花旦、花脸、汉族等三个角色同时表演用符合各自角色的不同动作,供幼儿创造性地选择模仿)

在第二遍时,启发幼儿随意跟跳。

五、幼儿边念锣鼓经边走圆场步离教室,最后一小节摆一个造型亮相

仓仓七仓 乙台仓 | 仓仓七仓 乙台仓 | 才才 才才 | 仓 — |

第 二 教 时

一、活动目标

(一)在多种形式感受的基础上,启发幼儿联系歌词的内容,用迁移的方法试着逐步学唱歌曲,培养幼儿的自学能力。

(二)能将锣鼓经较自如地插入歌曲中,体验成功的乐趣。

二、活动准备

(一)介绍京剧脸谱,京剧中的角色。(花旦、花脸、武生、丑角、老生)

(二)初步学习锣鼓经。

(三)认识北京,知道北京是我们的首都,知道天安门有城楼,大红灯笼高高挂,人民大会堂金碧辉煌。

理解词:壮丽、金碧辉煌。

三、活动过程

(一)游戏:《开火车去旅游》

要求两声部协调一致:幼儿分成四组,两辆快车、两辆慢车,随着音乐的节奏开着快车和慢车进场,同时口念不同的"咔嚓"声。"小朋友我们一起开着火车去北

京旅游好吗?""耶!"

内容同第一教时。

音乐结束后即北京到了,大家欢呼。

(二)发声练习:《这是什么地方》

幼儿根据多媒体出示的图片用歌声来回答教师的问唱。内容同第一教时。

(三)两声部儿歌:《北京,我们的首都》

提醒幼儿注意倾听其他声部,两声部较协调一致。

北京 城	多雄 伟	我们的 首都	放光 明	天安 门	城楼 上
	多雄伟		放光明		城楼上

大红 灯笼	高高 挂	大会 堂	多壮 丽	金碧 辉 煌 —	全国 那
	高高挂		多壮丽	金碧辉煌	

小朋 友	心心 向往	北京 城	全国 那	小朋 友	心心 向往	北京 城
			北京城			北京城

心心 向往	北京 城	北京 城 —
心心 向往	北京 城	北京 城 —

(四)新授

1. 听歌曲回忆名称。

2. 在分析比较中逐步学会歌曲。

(1)小朋友,你们听一听,这首歌曲和我们念的儿歌哪些地方是一样的,哪些地方是不一样的?(歌词和儿歌一样,歌曲里有锣鼓经。)

(2)再听一遍,"听听在什么地方加上锣鼓经的?"幼儿说出后,逐条复习锣鼓经:坐着念→边走边念并加上亮相动作,及时表扬亮相好的动作与表情好的幼儿。

3. 启发幼儿尝试将锣鼓经唱进歌曲。

(1)教师范唱:启发幼儿分析锣鼓经加在歌曲相应的地方。

①"你们一边听老师唱,可以轻声跟着唱唱,想想都在哪句话后面加上锣鼓经的? 一共加了几段锣鼓经?"(三段)

②"先在什么地方加了什么锣鼓经?"(先在"大红灯笼高高挂"的后面加了

<u>0 X</u> | <u>0 X</u> | <u>0 X</u> X | <u>0 X</u> <u>0 X</u> | <u>0 X</u> X |
乙台 乙台 乙台 匡 乙台 乙台 匡

)"这段锣鼓经要做几次亮相动

作?"(两次)教师边唱边带幼儿练习并接着做锣鼓经。

③ "接着又在什么地方加上了什么锣鼓经?"(在"金碧辉煌"后面加上了

X X	X X X	X X X X X	X X	X X X	X X X X X
仓仓	才才仓	才才才才 仓	仓仓	才才仓	才才才才 仓

)"这段锣鼓经做几次亮相动作?"(两次)教师边唱边带幼儿练习接上锣鼓经→边唱边跳。

④ 教师范唱,启发幼儿轻轻跟唱:"一边跟老师唱,想想最后一段锣鼓经是怎么念的?"幼儿说出,教师和幼儿一起练习。(

X X X X 0 X X	X X X X 0 X X
仓仓七仓 乙台仓	仓仓七仓 乙台仓

X X X X	X — ‖
才才 才才	仓。

)"最后一段锣鼓经要做几个亮相动作?"(一个)

(2) 听音乐,启发幼儿较自如地将锣鼓经插入歌曲内。

(放慢速度唱一遍—逐渐回到原速)

4. 启发幼儿放慢速度学唱歌曲:"这首歌曲的歌词和你们念的儿歌加上锣鼓经后是一样的,你们边听歌曲,慢慢地试着把儿歌唱进歌曲里行吗?"(行)放慢速度唱两遍

(1) 看着多媒体片唱一遍。

(2) 站起来唱一遍。

(3) 看表演配唱歌曲两遍。

(4) 师生一起边唱边跳两遍。"我也学会表演了,我们一起来跳吧!"

(五)边唱歌曲边跳出活动室。

第 三 教 时

一、活动目标

(一)在初步学会歌曲的基础上,在感受中学习花旦、花脸等角色的基本动作,初步用迁移的方法运用于歌词中,根据歌词内容较自如地做出符合内容的不同动作,发挥幼儿的想象力和创造力。

(二)激发幼儿参加音乐活动的兴趣。

二、活动准备

了解京剧的有关知识并观看多媒体。

三、活动过程

(一)边唱《北京,我们的首都》边即兴做动作进入活动室。

（二）发声：《这是什么角色》

根据多媒体出示的京剧脸谱，以及教师用代表不同角色的音色、音调、音量的问唱，启发幼儿用相应的音色、音调、音量来答唱。

1 2 3 2	3	3 3 2 1	6̣	3 3 2	1 2 3 5	2 1 6̣ 2	1 ‖
(师) 小 朋	友	告 诉	我，	这 是	什 么	角	色？
(幼) X 老	师	告 诉	你，	这 是	京 剧	花	旦。
(师) 小 朋	友	告 诉	我，	这 是	什 么	角	色？
(幼) X 老	师	告 诉	你，	这 是	京 剧	花	脸。
(师) 小 朋	友	告 诉	我，	这 是	什 么	角	色？
(幼) X 老	师	告 诉	你，	这 是	京 剧	老	生。
(师) 小 朋	友	告 诉	我，	这 是	什 么	角	色？
(幼) X 老	师	告 诉	你，	这 是	京 剧	武	生。
(师) 小 朋	友	告 诉	我，	这 是	什 么	角	色？
(幼) X 老	师	告 诉	你，	这 是	京 剧	丑	角。

（三）复习歌曲：《我爱天安门》

启发幼儿用3/4拍的节奏，唱出欢快的情感。

（四）新授

1. 复习歌曲《北京，我们的首都》

(1) 听前奏，回忆歌曲名称。

(2) 唱歌曲一遍，后配VCD唱一遍。

2. 在感受中学习花旦角色的动作

(1) 教师边唱边做花旦的动作："你们看看老师表演时做了京剧里什么角色的动作？"（花旦）

(2) 看另一位教师边唱边表演。（与第一遍不同动作）"看一看老师表演时还做了京剧里什么角色的动作？"（花脸）

3. 游戏《参观京剧院》：在游戏过程中学习花旦、花脸的基本动作，"小朋友，你们看谁在唱京剧呢？"教师边学小姐说话边做花旦动作："咦……小姐我来了！""是谁来了？"（花旦）

(1) "什么是花旦？"（京剧表演中的小姐）

(2) "花旦的动作怎么做，你们跳跳试试。"（教师放音乐幼儿自己试跳）"京剧

花旦的动作到底是怎么做啊?"(请个别动作好的幼儿做小教师表演)

(3) 探索、学习花旦的脚上动作:"下面请京剧院的花旦为我们表演花旦的动作,欢迎!"

① "花旦"边示范边提问:"你们看一看,花旦走路是怎么走的,是快的还是慢的?"(走得很快)"步子是大还是小?"(小的)"你看我的脚是什么地方先落地?"(脚后跟)"两条腿离得近还是远?"(离得近,两条腿并在一起走)

② 观看花旦走路的录像:"仔细看看电视里花旦到底是怎么走路的?"

③ 幼儿看录像自愿跟跳:"我们也做花旦跟着京剧院的演员一起表演吧!"

④ 教师配上语言节奏练习。"<u>花旦</u> <u>走路</u> <u>快如</u> <u>飞</u>,<u>两腿</u> <u>并紧</u> <u>迈小</u> <u>步</u>,<u>一步</u> <u>挨着</u> <u>一步</u> <u>走</u>,<u>挺胸</u> <u>走路</u> <u>真开</u> <u>心</u>!"

⑤ 幼儿在音乐和语言节奏的提示下练习花旦走路的动作。

(先慢速练习→原速度练习)

(4) 探索、学习花旦的手上动作

① 观看演员(教师)表演:"看看'小姐'表演时手上做什么动作? 手指怎样?"(兰花指)"怎么做?"(启发幼儿试做后讨论,教师小结:五个手指打开,中指向下,大拇指靠近中指。小结后幼儿练习)

② 启发幼儿做出不同的手位造型。"做兰花手时,两个胳膊可以怎么做?"幼儿说出一种方法,教师念锣鼓经<u>仓仓七仓</u> <u>乙台仓</u>,边做出相应的手位造型。如:两只手臂放在两边成半圆形(两手臂放在上面、左边、右边;一只手在上,一只手在下)蹲下或半蹲,两只手臂做不同的手位造型。

③ 幼儿随教师做各种方位的手部动作,"小朋友,我们一起来试一试!"(幼儿跟做,配上一句歌词做每个动作)

④ 手脚配合练习花旦的动作,教师配唱歌曲两遍。

(5) 在观看比较中感受学习花脸的动作

① 教师带上花脸的胡须,模仿花脸的声音和动作,边念"哇 哈哈哈哈 —— 匡 —— 才 —— 匡 —— 才 ——"边做花脸的动作走出场,问:"小朋友,你们看看我又变成了谁?"(花脸)

② 教师局部示范动作,启发幼儿讲出动作的要领:"花脸的动作和花旦有什么不一样? 动作是快的还是慢的?"(慢)"脚步大还是小?"(大)"走路还有什么不一样?"(腿要抬高向前方踢的,踢时脚是向上勾起来的,身体要正,迈的步子不要太大)幼儿说出一句,教师做一样,配合锣鼓经:匡 —— 才 —— 匡 —— 才 ——……

③ 教师再次局部示范,问:"花脸走路两只脚是怎么放的?"(丁字步)老师边做示范边小结:"一脚勾起向斜上方踢,脚要抬起来,另一脚跟在前脚的后边,走成丁字步。"

④ 教师局部示范花脸的手的动作启发幼儿分析比较和花旦有什么不一样。(花脸的动作有力,两手握拳,两胳膊架起来)幼儿练习,及时表扬动作好的幼儿。

▲ 教师在语言节奏的伴奏下示范:(两拍走一步)"花脸 走路 真神 气,勾脚用力向 斜前方 踢,前脚 迈出 后脚跟 紧,腰板 挺直 两臂用力 提。"

▲ 幼儿在语言节奏提示下,放慢速度练习。

▲ 教师配歌曲做动作,启发幼儿跟跳。

⑤ 游戏《学演京剧》:"参观了京剧院的表演,我们也来学着表演吧!"教师模仿花旦、花脸说话的音色、音调、音量,幼儿用相应角色的音色、音调、音量应答后表演,启发幼儿创造跳出符合角色内容的不同动作。

▲ 教师用细、尖的声音"咦……小 — 姐 — ,快看表演,看谁的动作最美↑↓。"全体幼儿:"咦……来↑ — 了↓ — "全体幼儿听前奏走圆场步出来,边听音乐边用花旦的不同动作进行表演。

▲ 教师用粗、有力的声音"哇↗哈哈哈哈 ……,花脸们快上来表演,看谁表演得最神气!"全体幼儿边捋胡须边说:"哇↗哈哈哈哈 ……,来了"全体幼儿口念锣鼓经"匡 — 才 — 匡 — 才 —"边走蹚步出场后,在音乐的伴奏下练习一遍。

4. 游戏《和演员一起表演》:

"小朋友,我们有点会表演了,现在我们化装和演员们一起表演吧!"教师出示简单的道具,如:花旦的长袖、花冠;花脸的面具、大胡须等。"你们看这儿有许多小朋友自己做的道具,你们愿意扮演什么角色,就选择什么道具,互相帮助打扮后,和他们一起表演好吗?"

播放演出开场的锣鼓点子:"匡才 匡才 匡才 匡才……"多媒体中的幕拉开。幼儿根据多媒体中出现的角色,扮演相应角色的幼儿跟随一起表演。共播放三遍音乐表演三遍。(一遍花旦、一遍花脸、一遍花脸花旦合演)

5. 游戏《去表演》:"'演员们',敬老院的老爷爷、老奶奶可喜欢看我们中国的京剧了,咱们一起去给他们表演吧!"

第 四 教 时

一、活动目标

(一)在初步学会歌曲及花旦、花脸、维吾尔族、藏族等基本动作的基础上,启发幼儿根据歌曲的内容,较大胆地尝试以小组的形式用符合歌曲内容的动作合作进行表现和表达,培养幼儿的合作协商能力。

(二)在创编、表现、表达的过程中,学习交流与分享,体验合作、成功的快乐。

（三）在活动过程中，萌发幼儿爱国主义情感。

二、活动准备

（一）幼儿会跳花旦、花脸、维吾尔族、藏族、汉族的基本动作。

（二）幼儿自制的服装、头饰、道具。

三、活动过程

（一）情景引入：创设迎奥运情景

师：小朋友，你们知道2008年在北京要举行一个什么重大活动吗？（2008北京奥运会）看福娃来欢迎我们各族的小朋友啦！

听不同民族和京剧的音乐进场，幼儿分别用花旦、花脸、维吾尔族、藏族的动作进行表现。

（二）练声：《这是什么族的小朋友》

	1 2 3 2	3	3 3 2 1	6̣	3 3 2	1 2 3 5	2 1 6 2	1 ‖
（师）	小 朋	友	告 诉	我	这 是	什么族的	小 朋	友？
（幼）	X 老	师	告 诉	你	这 是	新疆的	小 朋	友。（藏族）
（师）	小 朋	友	告 诉	我	这 是	京剧里的	什 么	角色？
（幼）	X 老	师	告 诉	你	这 是	京剧里的	花	旦。（花脸）

（三）复习歌曲：《北京，我们的首都》

1. 听前奏回忆名称。

2. 复习歌曲。（唱一遍）

师：这首歌曲中唱了什么？

根据幼儿说出的内容，在多媒体上出示相应的图片。

师："这是一首什么样的歌曲？（具有京剧感觉的歌曲）你们从哪里知道的？京剧歌曲和一般的歌曲有什么不一样？"（有锣鼓经）

（四）启发幼儿边念锣鼓经边做不同的亮相动作

幼儿边念锣鼓经边随意做不同的亮相动作

（1）师："你表演的是哪个角色？"（花旦）"你是用什么动作表现花旦的？"（脚走圆场步，手做兰花指）

教师用拍电影的方法进行反馈，激发幼儿表演的兴趣及体验成功的自豪感。幼儿分析讨论。

幼儿集体边念锣鼓经边用花旦的动作做一遍。

（2）师："你刚才表演的是哪个角色？"（花脸）"你是用什么动作表现花脸的？"（脚走蹉步，动作有力、有精神，还有捋胡子的动作）

幼儿集体边念锣鼓经边用花脸的动作做一遍。

（五）新授

1. 激活幼儿的已知经验，引导幼儿较大胆地用花旦、花脸、维吾尔族、藏族的基本动作，围绕歌曲的主要内容进行表现与表达

（1）引导幼儿探索，为歌曲《北京，我们的首都》创编动作的规律

① 师："全国的小朋友都爱北京，都爱唱京剧。你们想一想，我们全国有哪些民族？"（56个民族）你们都知道哪些民族啊？

师按 ×× ×× ｜××× × ｜节奏提问。

　　你知 道有 什么民 族？

幼儿按 ×× ×× ｜×× ×× ｜的节奏回答自己知道的民族。

　　我知 道有 汉 族。（蒙古族、藏族、朝鲜族……）

师："我们都学过哪些民族的舞蹈啊？"（维吾尔族、藏族）

师："今天，老师要请你们用学过的花旦、花脸、维吾尔族、藏族的基本动作为歌曲《北京，我们的首都》编舞蹈。"

A. 师："你们想想，编出的动作，怎么样让别人一看就知道是京剧呢？"（要有锣鼓经）"对，有锣鼓经的地方，我们要做锣鼓经的动作，别的地方可以进行创编。"

B. 师："你们再想想，怎么样让别人一看就知道你们是哪个民族的小朋友跳的京剧舞蹈？"（在有歌词的地方做各民族舞蹈的动作，在锣鼓经的地方做锣鼓经的动作）"对，编哪个民族或哪个角色的舞蹈，就要用哪个民族或角色的动作。"

C. 师："我还要让你们想想，怎么样让别人一看就知道，你是为歌曲《北京，我们的首都》编的舞蹈动作的呢？"（编的动作要符合歌曲的内容）

② 幼儿听音乐边唱边自由探索尝试。

师："现在就请你们试试，或和好朋友商量商量，可以跳些什么动作。"

A. 幼儿自由尝试。

师："让我们跟着较慢的音乐，你边唱边跳试试怎么样编舞蹈才能符合歌曲的内容？在编的过程中要是有什么困难、什么问题，一会儿请你提出来，我们大家一起来帮你解决。"

B. 幼儿自由尝试创编后提出困难和问题，师生共同协商、解决。

创编难点：

a. 歌词内容相似，动作较难编。

（如："放光明""金碧辉煌"和"雄伟""壮丽"）

b. 幼儿在边唱边创编中，动作来不及换。

（提醒幼儿在跳舞时，要提前想下一句歌词的内容，想好后再编）

c. 根据幼儿提出的问题，教师引导幼儿讨论，试跳后小结：

"各民族小朋友编的舞蹈必须用自己民族的基本舞步，新疆族的小朋友就必须用新疆舞的舞步，如：脚跳垫步等，手做转手腕、托帽等的动作。藏族的小朋友就必须用藏族的基本舞步，如：脚跳退踏步，三步一抬等，手做甩袖等动作。花旦必须脚走圆场步，手做兰花指等。花脸的动作要有力、有精神，腿要抬高等。"

（2）幼儿创编。编的动作必须是符合歌曲内容的不同动作

根据幼儿提出创编的难点，引导幼儿讨论，试用不同民族的动作创编同一歌曲内容。教师及时表扬大胆尝试的幼儿并请其做小教师，在小朋友面前展示，教师适时总结提升幼儿经验并上升为艺术动作后启发幼儿跟学。

（3）小结创编的规律

① 歌曲中锣鼓经的地方还要做锣鼓经。

② 你扮演哪个民族或哪个角色，就用这个民族或角色的基本动作跳舞。

③ 编的舞蹈动作要符合歌曲的内容。

2. 引导幼儿用已知经验，以小组的形式协商创编

（1）幼儿分组，用抽签的形式协商创编。

师："小朋友我们学过什么京剧角色？"（花脸、花旦）"还学过哪些民族的舞蹈？"（藏族、维吾尔族）"我们可以创编几种不同类型的动作？"（四种）"我们一组创编一种动作，我们可以分几组？"（四组）"现在我们就分成四组抽签，看看你们是用哪个角色的动作和扮演哪个民族的小朋友进行创编的？"

幼儿抽签后，进行小组协商讨论。

师："你们再想想可以用什么形式来跳舞？在电视里或舞台上，你们看见过别人是用什么形式来表演舞蹈的？"

（2）幼儿分组协商创编，教师参与讨论，及时给予激励、支持，适时给予辅导、帮助。

（3）幼儿分组展示后，引导幼儿说出小组是怎样讨论的，遇到什么困难，是怎么样解决的，提醒幼儿认真欣赏并分享朋友成功的经验。

教师及时给予梳理、提升，并引导幼儿扩展讨论不同的队形及不同的表演形式。

（4）幼儿自愿扮演不同的角色，简单装扮后，进行表演。

师："刚才小朋友已经以小组的形式分别为歌曲《北京，我们的首都》创编了不同的动作，现在你们自己愿意创编哪个角色的动作，就去化装后进行表演。"

幼儿化装后，听音乐进行表现。

（六）幼儿边表演边出活动室

多元智能统整课程评价表

语言智能
1. 认识汉字《北京，我们的首都》
2. 语言节奏提示幼儿学习花旦、花脸的动作

数学逻辑智能
1. 培养幼儿迁移能力
2. 根据语言节奏提示学习动作
3. 根据自己扮演京剧里的角色及不同民族的小朋友，用相应的动作表现出

自然观察智能
1. 观察多媒体图片
2. 幼儿通过观察老师、幼儿的示范动作后自学动作

肢体运动智能
1. 律动：用身体动作表现
2. 听不同的锣鼓经扮演角色亮相
3. 边唱歌曲边表演

歌表演(大班)：《北京，我们的首都》

视觉空间智能
1. 观看图片、多媒体
2. 找空地方跳舞

人际智能
1. 在自学中讨论、协商创编动作
2. 分享同伴的快乐，大胆自信地表演
3. 会小组协商创编符合内容的不同动作，体验合作的快乐

音乐智能
1. 感受京剧风味的歌曲
2. 感受、理解、记忆、表现音乐
3. 听老师用不同的音色提问，幼儿用相对应的音色回答

内省智能
1. 自主自律和谐与统一
2. 大胆自信地表演，获得成功
3. 在集体活动中能自主自律
4. 能发挥想象进行创编
5. 激发幼儿爱祖国的情感

参考文献

1. 许卓娅:《韵律活动》,南京师范大学出版社 2005 年版。
2. 陈淑琴:《游戏化音乐教育》,上海社会科学院出版社 2002 年版。
3. 曹理、何工:《音乐学习与音乐教育》,上海音乐出版社 2000 年版。
4. [苏] 捷普洛夫著,孙晔译:《音乐能力心理学》,人民教育出版社 1990 年版。
5. 许卓娅编著:《学前儿童音乐教育》,人民教育出版社 1990 年版。
6. [美] 罗宾·福格蒂、朱迪·斯托尔著,郅庭瑾主译:《多元智能与课程整合》,教育科学出版社 2003 年版。
7. 朱小曼:《情感教育论纲》,南京出版社 1994 年版。
8. 学习型中国·读书工程教研中心编:《三字经》,哈尔滨出版社 2008 年版。
9. 常云鹰、王丹平等选编:《唐诗》(上、下),吉林美术出版社 2000 年版。
10. 刘峰主编,李卫华、刘峰编著:《蒙氏经典诵读·唐诗》,西安出版社 2009 年版。
11. 刘峰主编,李卫华、刘峰编著:《蒙氏经典诵读·弟子规》,西安出版社 2009 年版。
12. 刘峰主编,李卫华、刘峰编著:《蒙氏经典诵读·儿歌》,西安出版社 2009 年版。